AF691713

Karola Wiedemann

Karola Wiedemann liebt naturgesunde Lebensmittel, ganz besonders Obst und Gemüse frisch vom Feld und in Bioqualität. Sie kocht und backt gern pflanzenbetont und vielseitig. Das ist genau das Richtige für einen ausgeglichenen Säure-Basen-Haushalt.

Ihre Berufung wurde Karola Wiedemann quasi in die Wiege gelegt. Von Kindheit an hat sie auf dem elterlichen Bauernhof miterlebt, wie aus einfachsten guten Zutaten gesundes und leckeres Essen wurde. Später hat sie an der Universität Hohenheim, Stuttgart, studiert. Als Diplom-Haushaltsökonomin weiß sie seither, den gesundheitlichen Wert von einfachem Essen zu optimieren und dabei mit der Zeit gut zu haushalten. So kommen ihre Rezepte supergesund und herrlich alltagstauglich daher. Die Zutaten sind unkompliziert und überall erhältlich.

Mit ihren Kreationen ist die erfahrene Redakteurin und passionierte Köchin überaus erfolgreich. Tausende ihrer Kochbücher stehen in deutschsprachigen Küchen. Übersetzungen in viele andere Sprachen krönen ihren Erfolg international. Zu ihren Werken gehört einer der meistverkauften Long- und Topseller unter den Säure-Basen-Kochbüchern.

WUNDER-WAFFE BASENFOOD

Melone-Beeren-Müsli mit Grapefruit

Mangold-Tomaten-Strudel mit Schinken

Rote-Linsen-Curry mit Brokkoli

Minutensteaks mit Pilzen und
Süßkartoffel-Steckrüben-Stampf

Orientalischer Süßkartoffel-Schmortopf

Feldsalat mit Wildkräutern und Sardinenfilets

Beeriger Frozen Yogurt

Kartoffel-Möhren-Nocken mit
Salbei-Bacon und Pilzsauce

Mousse-au-Chocolat-Nocken
mit tropischem Obstsalat

PROF. DR. JÜRGEN VORMANN

WUNDER-WAFFE BASENFOOD

Wie die latente Übersäuerung uns ab 40 krank macht und vorzeitig altern lässt

Rezepte Karola Wiedemann **Food-Fotos** Hubertus Schüler

Inhalt

Theorie

Rezeptteil

Wissenschaftlicher Anhang

WAS MAN ÜBER BASEN WISSEN SOLLTE

Jede Wahrheit durchläuft drei Stufen. Zuerst wird sie lächerlich gemacht. Zweitens: Sie wird gewaltsam bekämpft. Drittens wird sie als selbstverständlich akzeptiert. --- Arthur Schopenhauer ---

Basenstark genießen!

Übersäuerung ist immer noch eine unerkannte Volkskrankheit – mit fatalen Folgen. Immer mehr Studien lassen darauf schließen. Die Zusammenhänge sind komplex, aber logisch. Sie lassen sich mit unserem biochemischen und medizinischen Wissen erklären. In diesem Grundlagenwerk bieten wir erstmals einen umfassenden Überblick dazu. Wir zeigen, wie die Wunderwaffe Basenfood regeneriert, lindert und heilt sowie vorzeitiges Altern abwendet.

Das Beste bei alledem: Die Übersäuerung ist heilbar. Innerhalb von wenigen Wochen können Sie mit Basenfood Ihre Basenspeicher in den Knochen, in den Zellen und in allen Bereichen des Körpers wieder auffüllen und Ihre maximalen geistigen und körperlichen Kräfte zurückgewinnen.

Die zweite gute Nachricht: Es ist gar nicht so schwer, sich basisch zu ernähren – und damit auch das Richtige für eine gesunde Versorgung mit allen wichtigen Nährstoffen zu tun. Und es gibt keine Verbote.

Aber wie? Entscheidend ist vor allem die Auswahl und Gewichtung der Lebensmittel auf dem Speisezettel. Genug basenstarke Gerichte zum Sattwerden mit ausreichend Eiweiß, nicht zu vielen Kohlenhydraten, nicht zu viel Fett und ganz vielen Mineralstoffen, Vitaminen und Spurenelementen beamen Ihre Säure-Basen-Bilanz ins Basische. Ihre Säure-Basen-Bilanz sollte überwiegend bei null liegen, besser jedoch sogar basenüberschüssig sein.

Die Zutaten für unser Basenfood haben wir dafür sorgfältig austariert und liefern Ihnen den jeweiligen Säure-Basen-Wert (PRAL) direkt mit. Stellen Sie damit ganz bequem Ihr persönliches Basenfood zusammen und addieren Sie für Ihre individuelle Bilanz die Säure-Basen-Werte (PRAL) bei den Rezepten.

Unser Basenfood besteht vor allem aus einfachen Zutaten, die Sie überall erhalten. Es erfordert wenig Aufwand und ist in der kleinsten Küche schnell gemacht, selbst dann, wenn Sie (noch) ein Kochmuffel sind. Wir wollen Ihnen gesundes Essen im turbulenten Alltag leicht machen – mit maximalem Gaumengenuss, versprochen!

Genießen Sie unsere Wunderwaffe Basenfood mit allen Sinnen!

Prof. Dr. Jürgen Vormann und
Karola Wiedemann

Übersäuerung – ein bisher vernachlässigtes Gesundheitsproblem

Die moderne westliche Ernährung zeugt von unserem Wohlstand, ist zugleich aber auch zu einem Hauptrisikofaktor für Krankheiten vielfältigster Art geworden. Dieses Wissen hat sich in der Medizin aber erst in den zurückliegenden Jahrzehnten etabliert. Über einen langen Zeitraum wurde in der akademischen Medizin bezweifelt, dass es einen engen Zusammenhang zwischen Ernährung und chronischen Erkrankungen gibt. Doch die wissenschaftlichen Untersuchungen der vergangenen Jahre zeichnen ein gänzlich anderes Bild.

Mehr als die Summe einzelner Substanzen

Bereits seit langer Zeit ist es Allgemeinwissen, dass uns unsere Nahrung mit wichtigen Inhaltsstoffen versorgt – wir müssen unseren Bedarf an Vitaminen, Mineralstoffen und Spurenelementen ausreichend decken. Gleichzeitig sollten wir auf ein ausgewogenes Verhältnis der drei sogenannten Makronährstoffe – Kohlenhydrate, Fette und Proteine – achten. Einzelne Lebensmittelinhaltsstoffe wurden in der Ernährungswissenschaft in den vergangenen Jahren intensiv untersucht. Allerdings besteht unsere Ernährung nicht allein aus der Summe einzelner Substanzen. Mehr und mehr erkennt man, dass systemische Faktoren, also Einflüsse aus der Nahrung, die sich insgesamt an vielen verschiedenen Stellen auf unseren Stoffwechsel auswirken, für die Homöostase (Gleichgewichtszustand in einem selbstregulierten System) unseres Körpers von wesentlicher Bedeutung sind. Einer dieser Faktoren ist das Säure-Basen-Gleichgewicht.

!

Überlebenswichtig

Ebenso wie unser Körper auf eine gleichbleibende Temperatur angewiesen ist und wir über umfangreiche Mechanismen verfügen, die es uns ermöglichen, mit großen Schwankungen der Umgebungstemperatur umzugehen, ist es für unseren Stoffwechsel überlebenswichtig, innerhalb und außerhalb der Zellen eine möglichst konstante Säurekonzentration aufrechtzuerhalten.

Diese Konstanthaltung erfordert jedoch umfangreiche Regelsysteme, da durch unsere Ernährung und viele unserer Lebensgewohnheiten die Zufuhr und Bildung von Säure von Mensch zu Mensch und von Situation zu Situation sehr unterschiedlich sein kann. Eine Entgleisung des Säure-Basen-Haushalts ist lebensbedrohlich und erfordert oft eine notfallmedizinische Versorgung. Glücklicherweise sind massive Azidosen – also das Absinken des pH-Wertes unter den unteren Sollwert von 7,35 – selten.

TIPP

pH-Tests nicht aussagefähig

Über Urinteststreifen lassen sich über den Tag zwar Schwankungen messen, Aussagen zu einer chronisch leichten Übersäuerung können diese jedoch nicht anzeigen. Bis heute gibt es kein zuverlässiges Routine-Messverfahren.

Geringfügige Azidosen selten diagnostiziert

Viel häufiger sind geringgradige Verschiebungen der Säure-Basen-Homöostase zum Sauren hin, die sich mit einfacher Messung des Blut-pH-Wertes nicht nachweisen lassen. In der akademischen Medizin werden diese weniger schweren Azidosen deshalb oft nicht erkannt und somit als Ursache beziehungsweise Risikofaktor für das Auftreten vieler chronischer Erkrankungen nicht ernst genommen. In den vergangenen Jahren ist es jedoch sowohl der Grundlagenforschung als auch der klinischen Medizin gelungen, die fundamentale Bedeutung eines ausgeglichenen Säure-Basen-Haushalts näher zu beleuchten und sich mit der Beeinflussung dieses systemrelevanten Stoffwechselparameters neue Behandlungsoptionen zu eröffnen. Nicht nur kann durch eine höhere Zufuhr von Basen das Krankheitsrisiko reduziert werden, sondern auch in der Behandlung von Krankheiten sollten Basen zur medizinischen Grundausrüstung gehören – Heilen mit Basen ist möglich.

Auslöser unzähliger Beschwerdebilder und Systemerkrankungen: die chronisch leichte Übersäuerung

(latente Azidose)

Ein neues Kapitel der Medizin? Keineswegs! Aber stark unterschätzt ist es in jedem Fall. Weil es bis jetzt keinen wirklich sinnvollen Standardtest gibt, auf den der Arzt zurückgreifen könnte, um eine latente Azidose nachzuweisen, und weil das Thema von alternativen Heilern lange Zeit überstrapaziert wurde, mit manchmal zweifelhaften pseudowissenschaftlichen Annahmen. Zudem ist es ein sehr langsam auftretendes Problem, was erst in der zweiten Lebenshälfte seine Bedrohlichkeit voll entwickelt.

Wie gesagt: Neu ist das Thema allerdings nicht. Schon 1930 gab es den Medizinnobelpreis für die Erkenntnis, dass Krebszellen Säure produzieren. Inzwischen weiß man, dass diese Säure die benachbarten Zellen in den Zelltod stürzt und dem Krebswachstum Platz verschafft.

Klar ist aber längst: Ganz vieles im Körper funktioniert überhaupt nur, wenn der pH-Wert im Blut und in den anderen Körperkompartimenten in einem schmalen, vorgesehenen Korridor bleibt. Täglich geben wir diesem System über unser Essen mit jedem Bissen Säuren und Basen, ohne genau zu wissen, ob wir ein Säure- oder Basenübergewicht zuführen. Läuft der pH-Wert dieses lebenswichtigen Gleichgewichts nur geringfügig aus dem Ruder, werden wichtige Prozesse im Körper mit oftmals dramatischen Folgen beeinflusst: Struktur und Funktionalität von Enzymen und Hormonen können sich verändern, die Durchlässigkeit der Zellen kann sich ändern, der Stofftransport wird behindert. Deswegen tut der Körper wirklich alles, um vor allem den pH-Wert des Blutes konstant zu halten. Hier wäre bereits eine geringe Änderung fatal. Wenn die Übersäuerung zwar leicht, aber dauerhaft ist, kann das jedoch auch langfristige Folgen für den Körper haben, wenn die Reserven nach und nach aufgebraucht werden.

!

Ergebnisse wichtiger Studien

Osteoporose, ein gesteigertes Schmerzempfinden, ein geschwächtes Immunsystem und andere schwere Krankheitsbilder sind Folgen des Abbaus von Basenreserven im Körper, um eine akute Übersäuerung zu verhindern.

Dabei ist die Studienlage seit Jahren alles andere als undurchsichtig. Von Corona bis Rheuma, von Krebs bis Demenz, von Hautveränderungen bis Osteoporose kommen Studien zu dem Ergebnis, dass die Übersäuerung mit steigendem Alter, bedingt durch eine unvermeidbar sinkende Leistung der Nieren ab dem 30. Lebensjahr, immer größere Schäden anrichtet und selbst den Alterungsprozess über einen erhöhten Muskelabbau, die Ablagerung an den Nerven und Versorgungsmängel massiv verstärkt.

In diesem Buch versuche ich, das Basenthema für ein breites Spektrum unserer Gesellschaft wissenschaftlich neu aufzubereiten und der aktuellen Studienlage mehr Gewicht zu geben. Nach meiner Meinung gehört die latente Azidose zu den am gravierendsten und gleichzeitig fortlaufend unterschätzten Einflussfaktoren für eine systemische Gesundheit. Alle Studien deuten darauf hin: Kein Mensch kann dauerhaft chronisch übersäuert bei bester Gesundheit bleiben. Es ist nicht die Frage, ob es zu Krankheiten kommt, sondern nur, wann und wie das geschieht.

TIPP

Was kann ich tun?

Die gute Nachricht ist, dass sich mit dem Ausgleich der Übersäuerung durch eine etwas umgestellte Ernährung oder ergänzende Basengaben innerhalb weniger Monate viele krankhafte Prozesse wieder zurückdrehen und sich zum Beispiel bei vielen Schmerzpatienten erhebliche Linderungen des Schmerzbildes erzielen lassen.

Für alle Leser, die sich für die detaillierten chemischen Zusammenhänge interessieren, gibt es hinten im Buch einen wissenschaftlichen Anhang.

Regulation des Säure-Basen-Gleichgewichts beim gesunden Menschen

Die Regulation des pH-Wertes innerhalb und außerhalb der Zellen ist eine wesentliche Voraussetzung für die Funktionsfähigkeit der enzymatisch gesteuerten Stoffwechselvorgänge unseres Organismus. Das Verhältnis von Säuren zu Basen ist nicht nur für einen gesunden Stoffwechsel von Bedeutung, sondern entscheidet auch über die Struktur und Funktion von Proteinen (Eiweißen), die Permeabilität (Durchlässigkeit) von Zellmembranen, die Verteilung von Elektrolyten – hierzu zählen positiv geladene Kationen wie Natrium, Kalium, Calcium und Magnesium sowie die negativ geladenen Anionen Chlorid, Bicarbonat und Phosphat – sowie die Funktion des Bindegewebes. Langfristige Störungen des natürlichen Säure-Basen-Gleichgewichts finden aufgrund des gegenwärtigen wissenschaftlichen Erkenntnisstandes als Risikofaktor für die Entstehung und Entwicklung chronischer Erkrankungen zunehmend Beachtung.

Schwere Entgleisungen des Säure-Basen-Haushalts verursachen zahlreiche Erkrankungen des Herz-Kreislauf-Systems, der Atmung, der Nerven und des Stoffwechsels, die intensiv- und schulmedizinisch zu behandeln sind. In der Praxis sind diese massiven Probleme glücklicherweise eher selten. Wesentlich häufiger ist die chronisch-milde metabolische Azidose (CMMA) oder sogenannte latente Azidose, also eine unterschwellige Säurebelastung, zu beobachten, die bei vielen Patienten zum Krankheitsgeschehen beiträgt. Bei diesen latenten Azidosen ist der Blut-pH-Wert nur geringfügig zum Sauren verschoben, aber immer noch innerhalb des Normbereichs. Die Pufferkapazität ist ebenfalls nur geringfügig vermindert.

Beim gesunden Menschen hat das Blut einen konstanten Säuregehalt, ausgedrückt als Blut-pH-Wert.

> **!**
>
> **Soll-pH-Wert des Blutes: 7,35 bis 7,45**
>
> **Schon relativ geringe Abweichungen im Blut-pH-Wert führen zu massiven Störungen im Stoffwechsel, die unter Umständen lebensbedrohlich sind.**

Daher wird der Blut-pH-Wert durch umfangreiche Puffersysteme innerhalb sehr enger Grenzen zwischen den pH-Werten von 7,35 und 7,45 vom Körper nahezu konstant gehalten. Neben den Puffereigenschaften des Blutes sowie der extra- und intrazellulären Kompartimente (durch Membranen abgeteilte Bereiche) sind der Gasaustausch in den Lungen und die Ausscheidungsmechanismen der Nieren wesentliche Bestandteile dieses Regulationssystems, die alle miteinander in einem funktionellen Gleichgewicht stehen. Die Lunge kann zwar durch Abatmen indirekt einen Säureüberschuss ausgleichen, allerdings geht das mit gleichzeitigem Verlust von Basen einher – eine Nettoentsäuerung findet deshalb beim Abatmen nicht statt. Stattdessen sind es vor allem die Nieren, über die wir überschüssige Säure ausscheiden.

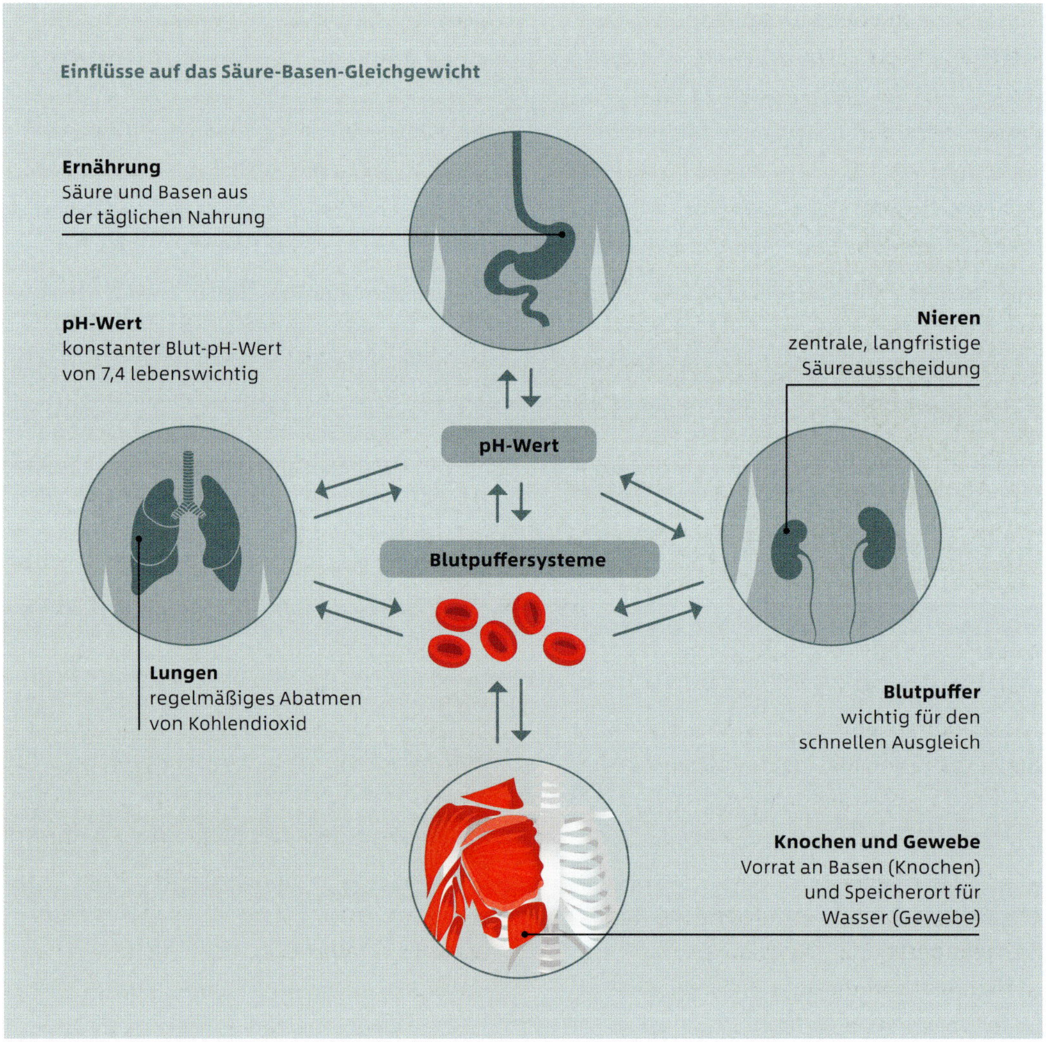

Bedeutung einer konstanten Säurekonzentration

Auch die Säurekonzentration in den verschiedenen Kompartimenten des Körpers muss in sehr engen Grenzen konstant gehalten werden.

Wissenswertes

Änderungen des pH-Wertes im Blut oder im Gewebe können eine Beeinflussung der räumlichen Darstellung von Proteinen hervorrufen, wodurch sich die biologische Funktion deutlich verändert.

So wird zum Beispiel die Aktivität von Enzymen erheblich durch die Säurekonzentration des umgebenden Mediums bestimmt, auch die Bindung von Mineralstoffen wie Calcium oder Magnesium an biologische Strukturen ist wesentlich von der Säurekonzentration abhängig. Generell werden praktisch alle physiologisch-biochemischen Funktionen bei geänderter Säurekonzentration in ihrer Aktivität gehemmt oder aktiviert. Eine derart massive Beeinflussung ist für den Organismus nicht tolerierbar und muss unter allen Umständen vermieden werden. Das oberste Ziel des Körpers hinsichtlich der Regulation der Säurekonzentration ist deshalb die Konstanthaltung. Das ist mit der Konstanthaltung der Körpertemperatur vergleichbar, denn auch hier sind nur geringfügige Schwankungen mit dem Leben vereinbar. Wird es zu warm, beginnen wir zu schwitzen, bei Kälte produzieren wir durch Zittern selbst Wärme. Vergleichbar muss unser Organismus bei zu viel Säure diese neutralisieren oder zwischenlagern. Ein Mangel von Säure hingegen wird problemlos durch eine erhöhte Ausscheidung von Basen kompensiert.

Grundsätzlich wird der Säure-Basen-Haushalt erheblich durch die Ernährung beeinflusst, da unsere Lebensmittel sowohl saure als auch basische Bestandteile enthalten. Hinsichtlich der Bedeutung des Säure-Basen-Haushalts ist es deshalb nicht sinnvoll, nur die Zufuhr von Säuren zu betrachten, ohne die zugeführte Menge von Basen zu berücksichtigen. Entscheidend für das Gleichgewicht in unserem Organismus ist nicht die Höhe des Verzehrs von Säuren oder Basen allein, sondern der sogenannte Nettoeffekt,

Fasten erhöht die Säurebelastung unseres Körpers.

da eine hohe Zufuhr von Säure durch eine hohe Zufuhr von Basen kompensiert werden kann. Entscheidend ist somit immer die Bilanz zwischen Säure- und Basenzufuhr.

Um den Blut-pH-Wert konstant zu halten, verfügen wir über verschiedene Puffersysteme. In erster Linie ist hier das sogenannte Bicarbonatsystem wichtig, aber auch die Proteine im Blutplasma sowie Hämoglobin, der rote Blutfarbstoff, und der Phosphatpuffer sind an der Konstanthaltung beteiligt. Die besonders effektive Reaktionsfähigkeit dieser Blutpuffersysteme bewirkt eine außerordentlich schnelle und konstante Regulation des Blut-pH-Werts. Sogar Infusionen mit verdünnten Säuren oder Basen (zum Beispiel bei einigen Arzneimitteln) können wir akut verkraften, solange unsere Pufferkapazität nicht überschritten wird.

Durch die Abatmung von Kohlendioxid kann eine akute Übersäuerung des Blutes (Azidose) in der Regel vermieden werden, dabei wird jedoch auch allgemein die Pufferkapazität verändert, das heißt, wenn eine bestimmte Menge an Säurebelastung über die Lunge abgeatmet wird, geht dabei auch eine äquivalente Menge an Basen verloren.

Für die Nettoausscheidung von Säure sind primär die Nieren verantwortlich. Diese Ausscheidung ist notwendig, da sauer wirkende Nahrungsbestandteile die Aufnahme von basisch wirksamen Substanzen beim Verzehr einer üblichen Mischkost überschreiten.

In der heutigen Ernährung trägt hauptsächlich der hohe Proteinverzehr zur täglichen Säurebelastung des Körpers bei, wenn er nicht durch eine ausreichende Zufuhr von basenlieferndem Gemüse, Salat und Obst ausgeglichen wird.

Auch andere Faktoren führen zu einer Belastung des Organismus mit Säure. Fasten erhöht durch die gesteigerte Bildung von Ketosäuren aus dem Fettsäureabbau die Säurebelastung des Körpers ebenso wie die beim Sport oder bei schwerer Arbeit entstehende Milchsäure. Zunehmend erkennt man auch, dass akute und chronische Entzündungen – ebenfalls durch die von den Immunzellen gebildete Milchsäure – lokal zu einer Übersäuerung führen können.

(Weiterführende wissenschaftliche Hintergründe finden Sie ab Seite 276.)

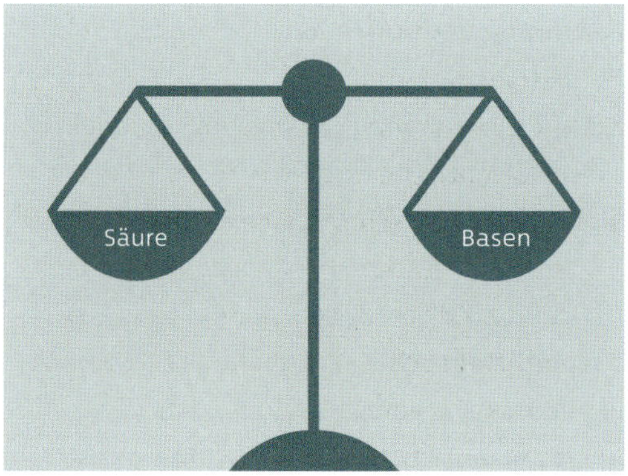

Was ist eigentlich „sauer" in Bezug auf Ernährung?

Unsere Geschmacksrezeptoren können nur fünf verschiedene Eigenschaften voneinander unterscheiden: salzig, süß, bitter, fleischig herzhaft und sauer. Zusammen mit der gleichzeitig stattfindenden Geruchswahrnehmung prägen diese fünf Wahrnehmungsarten den Geschmack eines Lebensmittels. Ein gewisses Maß an Säure wird dabei als angenehm empfunden. Sauer schmeckende Lebensmittel sind auf unserem Speiseplan häufig vertreten, auch Genussmittel schmecken häufig sauer, zum Beispiel Wein.

Bei manchen Lebensmitteln ist ein Übermaß an Säure mit unangenehmen Empfindungen verbunden. Lebensmittel mit hohem Gehalt an freier Säure führen zu heftigen Reaktionen – man denke daran, was man bei einem Biss in eine Zitrone empfindet.

Sogar in unserer Umgangssprache ist der Begriff „sauer" fest verankert. Oft wird damit etwas Unangenehmes – besonders hinsichtlich der psychischen Verfassung – verbunden. Man ist sauer, weil man sich über etwas geärgert hat oder Dinge nicht so funktionieren, wie man es sich wünscht. In diesem Zusammenhang bedeutet „sauer" also etwas überwiegend Negatives.

Die Fähigkeit, Säure zu schmecken, stellt neben der Geschmacksbedeutung einen wesentlichen Schutzfaktor dar. Ein Übermaß an Säure kann Verätzungen hervorrufen, vor denen uns unser Geschmack warnen kann.

Die an sich sinnvolle Funktion im Magen kann ebenfalls dazu führen, dass wir mit Säure Negatives verbinden: Ein unzureichender Verschluss des oberen Magenausgangs ermöglicht, dass saurer Mageninhalt in die Speiseröhre aufsteigt. Diese Säure reizt die Oberfläche der Speiseröhre, wodurch es zu den Symptomen des Sodbrennens kommt.

Jeder ist also in der Lage, mit dem Begriff „Säure" etwas zu verbinden. In wesentlich geringerem Umfang trifft das auf den Begriff „Base" zu.

Das lässt sich möglicherweise dadurch erklären, dass „Säure" mit einem starken Reiz bis hin zur Gefahr verbunden wird, wohingegen „Base" eher das Normale, Grundlegende, die Basis, das Fundament darstellt. Im sprachlichen Umgang bezeichnen die Begriffe „basisch" und „alkalisch" sowie „Base" und „Alkali" das Gleiche, konzentrierte Lösungen einer Base werden in der Chemie auch „Laugen" genannt.

Hauptursache für die Säurebelastung, die durch unsere Ernährung in unseren Körper eingebracht wird, ist aber nicht die Säure, die wir schmecken können. Vielmehr verzehren wir Lebensmittelbestandteile, die erst bei ihrem Abbau Säure entstehen lassen. Insbesondere sind es die schwefelhaltigen Aminosäuren Methionin und Cystein, die in Proteinen (Eiweißen) enthalten sind, die für die Säurebelastung verantwortlich sind.

Beim Abbau der Proteine und dieser Aminosäuren wird der Schwefel freigesetzt und kann nur als stark verdünnte Schwefelsäure wieder aus dem Körper entfernt werden.

Der „gesunde" pH-Bereich

Die Säure-Basen-Verhältnisse in unserem Körper sind nicht als starres System zu sehen, sondern vielmehr als ein sich in ständiger Bewegung befindliches dynamisches Fließgleichgewicht, das bestrebt ist, möglichst stabile pH-Verhältnisse aufrechtzuerhalten. Zwar ändert sich laufend die absolute Menge von Säuren und Basen, der pH-Wert in den verschiedenen Organen und Geweben sowie des Blutes bleibt jedoch innerhalb enger Grenzen nahezu konstant. Das ist notwendig, weil in jedem Organ beziehungsweise Stoffwechselabschnitt die Einstellung eines bestimmten pH-Bereichs für optimale Verhältnisse sorgt.

Der pH-Wert im Blut beziehungsweise in den Zellen darf sich also nicht ändern – und das, obwohl über die Nahrung kontinuierlich unterschiedliche Mengen von Säuren beziehungsweise Basen zugeführt werden. Hinzu kommen Situationen, bei denen direkt im Stoffwechsel sauer wirkende Endprodukte freigesetzt werden, wie es zum Beispiel bei schwerer körperlicher Arbeit oder beim Sport der Fall ist.

Akute Änderungen des pH-Werts im Blut sind glücklicherweise aber äußerst selten, erfordern dann jedoch Maßnahmen der Intensivmedizin: Mittels Infusionen kann der pH-Wert normalisiert werden.

	pH-Wert
Blutplasma	7,35–7,45
Magensaft	1,2–3,0
Darmsekret (Pankreassekret)	8
Galle	7,4–7,7
Urin	4,5–7,5
Speichel	6,8
Gehirnflüssigkeit (Liquor)	7,4
Gelenkflüssigkeit	7,4–7,8

Akute Änderungen des pH-Werts im Blut sind glücklicherweise äußerst selten, erfordern jedoch Maßnahmen der Intensivmedizin: Mittels Infusionen kann der pH-Wert normalisiert werden.

Wissenswertes

Bei Blut-pH-Werten unter 7,35 spricht man von akuter Azidose und oberhalb von 7,45 von Alkalose. Bei beiden ist Gefahr im Verzug.

Die Stoffe, die überschüssige Säure aufnehmen beziehungsweise abgeben können, sind die sogenannten Puffer. Der wichtigste Puffer ist das Bicarbonat (HCO_3^-). Bicarbonat ist eine Base und kann Säure (H^+) binden, dadurch entsteht Kohlensäure, die in CO_2 und Wasser zerfällt.

Des Weiteren tragen andere Puffersysteme zur Bindung überschüssiger Säure bei, hierzu gehören der Phosphatpuffer und die Proteine im Blutplasma.

Die Kapazität der Puffersysteme ist jedoch begrenzt. Es ist nicht möglich, die Säurelast, die täglich mit der Nahrung aufgenommen wird, auf Dauer einfach durch die Puffersysteme ausgleichen zu lassen. Das ergibt sich bereits aus einer quantitativen Abschätzung: Unser Blut hat eine Gesamtpufferkapazität von 48 mmol/l (Millimol pro Liter). Bei einem täglichen Säureüberschuss in der Nahrung von circa 100 mmol wäre die Pufferkapazität bei etwa 4 bis 6 Litern Blutvolumen nach zwei bis drei Tagen vollständig erschöpft. Aufgabe der äußerst wichtigen Puffer im Blut ist deshalb vor allem, akute Änderungen des Blut-pH-Werts zu vermeiden. Um auch langfristig im Säure-Basen-Gleichgewicht zu bleiben, benötigen wir aber die Möglichkeit, Säure auszuscheiden.

(Weiterführende wissenschaftliche Hintergründe finden Sie ab Seite 276.)

Ein Beispiel, um die quantitativen Dimensionen etwas klarer zu machen

Stellen Sie sich einen Pool mit 10 Millionen Litern Flüssigkeit (100 m × 50 m × 2 m) vor! Wenn dieser Pool dem Blutvolumen unseres Körpers entspricht, enthält der gesamte Pool nur 1 Liter Säure (H^+), wenn ein pH-Wert von 7,4 vorherrscht. Wären in dem Pool mehr als 1,5 Liter H^+ gleichzeitig enthalten, würde das – übertragen auf unseren Körper – bereits Gesundheitsprobleme verursachen. Langfristig mehr als 2 Liter H^+ führen zum Tod. Im Vergleich zum Gesamtvolumen sind es also sehr geringe Mengen von H^+, die konstant eingehalten werden müssen. Allerdings ist es nun so, dass wir mit der üblichen westlichen Ernährung täglich etwa 500.000 Liter Säure in den Pool einbringen – allerdings darf gleichzeitig nur ein einziger Liter H^+ gleichzeitig im Pool sein. Wie geht das? Unser Pool enthält basische Substanzen, die den Zustrom von Säure abpuffern können. Wieder von unserem Körper auf den Pool übertragen, reicht die Pufferkapazität des Blutes für etwa 1 Million Liter Säure aus. Das bedeutet jedoch: Nach zwei Tagen üblicher Ernährung ist die Pufferkapazität verbraucht. Sicher kein ausreichendes System. Glücklicherweise enthält unser Pool aber ein Überlaufventil für Säure, über das unter normalen Umständen circa 500.000 Liter Säure aus dem Pool abfließen können. In unserem Körper repräsentieren das die Nieren, umgerechnet können sie diese Säuremenge problemlos eliminieren.

Problematisch wird es, wenn wir eine deutlich höhere Säurelast in den Körper einbringen. Viele Menschen ernähren sich so, dass in den Pool nicht nur 500.000 Liter, sondern sogar bis zu 1.500.000 Liter Säure hineinkommen. Das kann den Abfluss überfordern. Allerdings ist unser Pool nicht von einer undurchdringlichen Wand umgeben, sondern in der Wand sind kleine Löcher, das heißt, wir können in der Umgebung des Pools – zum Beispiel aus Gestein – Substanzen freisetzen und damit die Pufferkapazität des Pools wieder auffüllen. In unserem Körper entspricht das der Freisetzung von Basen aus den Knochen unseres Skeletts. Dieses wird angezapft, um die Basenkapazität des Blutes wieder aufzufüllen. Kurzfristig eine sehr sinnvolle Möglichkeit, eine bedrohliche Übersäuerung des Blutes zu verhindern. Langfristig belastet das unsere Knochenstabilität jedoch erheblich, wenn das Defizit zwischenzeitlich nicht wieder ausgeglichen wird.

Eine weitere Möglichkeit, eine hohe Säurelast aus dem Pool zu entfernen, besteht darin, direkt Säure in die umgebende Erde abzugeben. In uns würde das dazu führen, dass in Bereichen außerhalb des Blutes, also beispielsweise in Flüssigkeiten, die unsere Gewebe umspülen, eine höhere Säurekonzentration vorherrscht. Auch das hilft, die Säurekonzentration im Pool konstant und nicht zu hoch zu halten. Die Säurebelastung der Gewebe kann sich jedoch ebenfalls langfristig negativ auf unsere Gesundheit auswirken. Das alles lässt sich vermeiden, wenn wir ausreichend Basen zuführen. Die Basen neutralisieren die Säure der Nahrung und die außerhalb liegenden Bereiche müssen nicht zur Stabilisierung des Pool-pH-Werts hinzugezogen werden.

Wie sieht es nun hinsichtlich der Diagnostik des Säure-Basen-Status aus? Üblicherweise wird im Pool (unser Blut) nur der pH-Wert gemessen und der ist praktisch immer im Normalbereich (weil er intensiv reguliert wird). Allerdings wird der Bereich außerhalb mit der üblichen Diagnostik nicht erfasst. Deshalb werden Probleme, die sich ursächlich auf eine zu hohe Säurebelastung zurückführen lassen, leider häufig nicht erkannt.

Reaktionen des Körpers

Was passiert im Körper, wenn man auf eine gesunde basenüberschüssige Ernährung umstellt?

Nach 12 Stunden	Die zugeführten Basen werden in der Leber metabolisiert, wobei Bicarbonat gebildet wird. Die Bicarbonat-Konzentration im Blut steigt leicht an, ein Säureüberschuss kann neutralisiert werden.
Nach 24 Stunden	Der pH-Wert des Urins verschiebt sich zum Basischen.
Nach 48 Stunden	Der Serumbicarbonatwert des Blutes hat sich weiter erhöht, säurebedingte Ablagerungen an den Nerven werden bereits entfernt. Das Wohlbefinden nimmt zu.
Nach 1 Woche	Die Wasserbindung im Gewebe hat sich verbessert. Das Bindegewebe ist elastischer. Der Nährstofftransport zwischen Blut und Zellen ist erleichtert. Die Belastbarkeit steigt.
Nach 4 Wochen	Entzündungen und entzündungsbedingte Schmerzen (zum Beispiel bei Rheuma und Arthrose) haben nachgelassen. Der Bedarf an Schmerzmitteln hat sich verringert. Morgendliche Gelenkbeschwerden sind geringer geworden oder ganz verschwunden.
Nach 6 Wochen	Das Nierensteinrisiko ist verringert. Gichtanfälle bleiben aus.
Nach 2 Monaten	Der Serumbicarbonatwert des Blutes ist auf seinem Optimum angekommen. Das Säure-Basen-Gleichgewicht ist erreicht. Der Körper ist bestmöglich mit Basen versorgt. Die Säureausscheidung über die Niere ist minimiert – vorzeitigen Alterungsprozessen wird vorgebeugt.
Nach 4 Monaten	Muskeln haben sich regeneriert. Die Muskelkraft hat sich erhöht.
Nach 6 Monaten	Die Knochendichte hat sich verbessert.
Mit gut gefülltem Basenspeicher	Die Gewichtsreduktion mit kalorienreduzierter Ernährung ist erfolgreicher. Ablagerungen an den Nerven des Gehirns sind geringer geworden oder verschwunden. Die Leistungsfähigkeit des Denkens und des Körpers ist wieder auf ihrem Optimum.

Unsere Evolution: warum wir übersäuern

Beginnend mit ihren frühesten Vorformen, den Hominiden, bevölkern Menschen seit circa vier Millionen Jahren die Erde, seit ungefähr 120.000 Jahren gibt es den Homo sapiens in seiner jetzigen Form. Die ersten Ackerbaukulturen entwickelten sich vor etwa 10.000 Jahren im Zweistromland, dem heutigen Irak. Neueste molekularbiologische Untersuchungen deuten allerdings darauf hin, dass die Menschen Mitteleuropas ihren Ursprung nicht direkt in diesen Kulturen haben, sondern vielmehr in Stämmen, die bereits vor 40.000 Jahren in Europa als Nomaden lebten. Die genetischen Unterschiede zwischen diesen Vorfahren und uns sind äußerst gering, weniger als 0,1 Prozent der genetischen Information hat sich in dieser Zeit verändert. Das bedeutet, dass praktisch alle physiologischen, biochemischen und auch psychologischen Prozesse, die in unserem Organismus ablaufen, noch an die Lebensbedingungen der Steinzeit angepasst sind. Aus diesem Grund entspricht unser gesamter Stoffwechsel auch noch den Ernährungsbedingungen der voragrikulturellen Periode.

Die Entdeckung des Ackerbaus hat in einem evolutionsgeschichtlich äußerst kurzen Zeitraum für dramatische Änderungen der Ernährungsweise gesorgt. Nicht nur ist die Verfügbarkeit von Lebensmitteln heute viel größer, was man leider nahezu weltweit am Übergewicht erkennen kann, auch das Spektrum der Lebensmittel, die wir verzehren, hat sich wesentlich verändert. So ist zum Beispiel der Anteil von Getreide und Getreideprodukten in unserer Nahrung heute sehr groß, während diese Lebensmittel unseren Vorfahren in der Steinzeit nicht oder nur in sehr geringen Mengen zur Verfügung standen. Unsere angestammte Lebensweise ist also die der Jäger und Sammler und nicht die der Bauern und Industrie- oder Büroarbeiter.

Die Steinzeiternährung unterschied sich somit erheblich von der Nahrung, die wir gegenwärtig in den westlich geprägten Gesellschaften zu uns nehmen. Ein wichtiger Teil damals bestand – wenn verfügbar – aus Fleisch beziehungsweise Fisch. Außerdem wurden große Mengen Blätter, Früchte, Beeren, Wurzeln, Nüsse und Pilze verzehrt. Nach heutigem Sprachgebrauch würde der Bereich „Obst, Gemüse und Salat" einen großen Platz im Nahrungskorb ausgemacht haben. Viele der zurzeit üblichen Lebensmittel waren für

Die Entdeckung des Ackerbaus hat in einem evolutionsgeschichtlich äußerst kurzen Zeitraum für dramatische Änderungen der Ernährungsweise gesorgt.

den Steinzeitmenschen jedoch nicht verfügbar. Insbesondere gilt das für praktisch sämtliche Getreideprodukte, die erst mit der Erfindung der Landwirtschaft in größerem Umfang produziert wurden. Ebenso waren dem Steinzeitmenschen Milch und Milchprodukte sicherlich unbekannt.

Umfangreiche Untersuchungen zeigen, dass der Proteinverzehr in der Steinzeit, zumindest zeitweise bei Jagdglück, bis zu dreimal höher war, als das gegenwärtig der Fall ist. Dieser hohe Anteil von Protein in der Nahrung könnte eine erhebliche Belastung des Säure-Basen-Haushalts mit sich gebracht haben, da Protein für den Organismus sauer wirkt (siehe später). Berücksichtigt man jedoch, dass neben dem Protein vor allem frische pflanzliche Nahrung (Wurzeln, Früchte, Blätter) verzehrt wurde, stellt sich heraus, dass die Steinzeiternährung insgesamt eher basenüberschüssig war, da die verfügbaren pflanzlichen Lebensmittel eine große Basenmenge aufwiesen.

Ein ganzer Wissenschaftszweig aus Anthropologen, Evolutionsbiologen, Medizinern und Ernährungswissenschaftlern beschäftigt sich seit einiger Zeit intensiv mit der Steinzeiternährung und den Auswirkungen der deutlichen Änderung der Nahrungsauswahl in der Gegenwart. So konnte beispielsweise gezeigt werden, dass bei einem weitaus überwiegenden Teil möglicher Steinzeitmenüs dem Körper insgesamt ein Überschuss an Basen zugeführt wurde. Im Mittel verzehrten unsere Vorfahren mit dieser Art der Ernährung einen täglichen Basenüberschuss von etwa 80 mmol. Unsere gegenwärtig übliche Ernährung mit ihrem hohen Getreide- und geringen Gemüseanteil versorgt den Körper jedoch mit einem deutlichen Säureüberschuss von 50 bis 100 mmol pro Tag. Aus evolutionärer Sicht sind unsere Stoffwechselsysteme jedoch vorwiegend an ein Leben als Jäger und Sammler angepasst. Man geht heute deshalb davon aus, dass viele der sogenannten Zivilisationskrankheiten deshalb entstehen, weil unsere biologischen Prozesse noch auf der Ebene unserer Vorfahren verharren und die Ernährungs-, Kultur- und Bewegungsmuster der Gegenwart nicht deren Lebensweise entsprechen.

Bedenkt man nun, dass sich unsere Stoffwechselfunktionen seit der Steinzeit nicht verändert haben, kann man daraus schließen, dass unsere physiologischen Abläufe

Man geht heute davon aus, dass viele der Zivilisationskrankheiten entstehen, weil unsere biologischen Prozesse nicht der Lebensweise unserer Vorfahren entsprechen.

eher an einen Basen- als an einen Säureüberschuss adaptiert sind. Als Folge kann sich durch unsere Art der Ernährung eine langfristig mit gesundheitlichen Problemen verbundene sogenannte chronisch-milde metabolische Azidose (CMMA) beziehungsweise eine geringgradige latente Übersäuerung oder latente Azidose entwickeln.

Einer der Ersten, der sich mit dem Problem einer ernährungsbedingten Säurebelastung beschäftigte, war der schwedische Ernährungswissenschaftler Ragnar Berg, der in Dresden tätig war. Schon Anfang des 20. Jahrhunderts sagte er: „Eine durchweg gesunde menschliche Ernährung muss mehr Basen als Säuren enthalten."

Dr. Bergs Untersuchungen zu diesem Thema führten bei einer Vielzahl von Krankheiten zur Verwendung von alkalischen Mineralien als ergänzende Therapie. Seither wird zumindest in Deutschland in den naturheilkundlichen Basistherapien die Bedeutung des Säure-Basen-Haushalts betont. Tatsächlich kamen die ersten Produkte, die zu diesem Zweck entwickelt wurden, bereits 1930 auf den Markt.

Quellen 1, 2

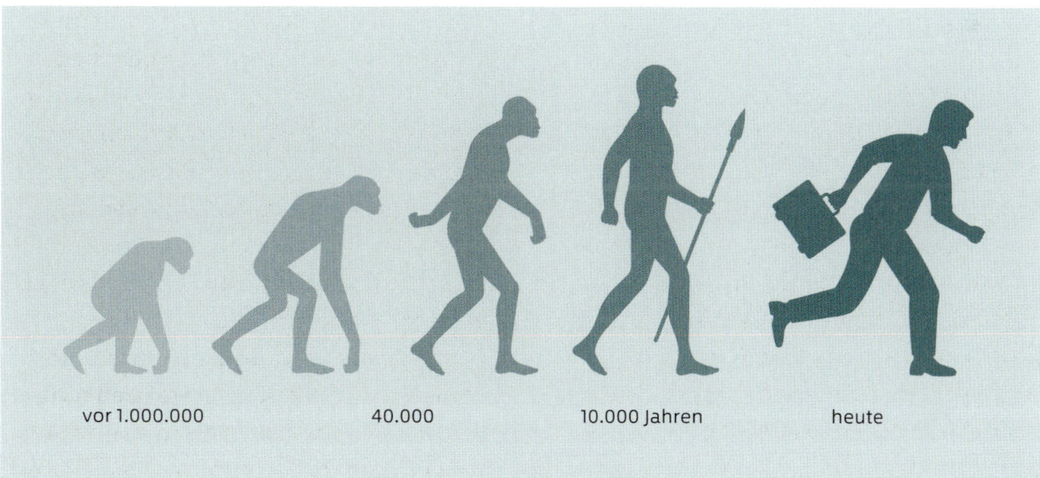

Säure-Basen-Haushalt und Krankheit

Der Ausgleich einer latenten Azidose, also einer vorhandenen, aber nicht in Erscheinung tretenden Übersäuerung, wird unsere Gesundheit verbessern. Diese geringfügige Azidose führt noch nicht zu Änderungen von Blutparametern, sondern äußert sich indirekt durch Änderungen in anderen Körperkompartimenten, also in Strukturen wie Muskeln, Knochen und Bindegewebe, wodurch es langfristig zu Gesundheitsbeeinträchtigungen kommt.

Das Bestreben des Organismus, den Blut-pH-Wert konstant zu halten, erfordert Kompensationsmechanismen im Hauptbasenspeicher, dem Knochen, und eine vermehrte Säurespeicherung im Bindegewebe. Am Knochen bewirkt eine geringfügige Azidose das Ablösen von an der Oberfläche gebundenem Bicarbonat und nachfolgend insbesondere den Abbau von Apatit – dem Hauptknochenmineral – mit der Freisetzung unter anderem von Calcium. In der Niere vermindert eine geringfügige Azidose dann die Rückresorption von Calcium und Magnesium aus dem Primärharn, sodass letztlich zu viel Calcium und Magnesium ausgeschieden werden. Dadurch erhöht sich die Gefahr eines entsprechenden Mineralstoffmangels.

Durch die Abnahme der Wasserbindung im Bindegewebe aufgrund einer latenten Azidose wird die Elastizität von Bändern und Sehnen geringer und das Risiko für Probleme im Knorpelgewebe erhöht. Bereits ein geringfügiger, physiologisch jedoch möglicher Abfall des pH-Werts im extrazellulären Bereich trägt erheblich zum Schmerzgeschehen bei. Sogenannte ASICs (Acid-sensing Ion Channels) sind im zentralen und peripheren Nervensystem wesentlich an der Auslösung von Schmerz beteiligt.

!

Oft Ursache für chronische Schmerzen

Eine lokale Übersäuerung im extrazellulären Bereich führt zu einer Senkung der Schwelle für die Erregung von Schmerzrezeptoren und verstärkt damit ganz allgemein Schmerzprobleme.

Im Folgenden werden die Bedeutung des Säure-Basen-Haushalts für verschiedene Körperbereiche und die Verbindung zu unterschiedlichen Erkrankungen dargestellt.

Jeder Austausch von Nährstoffen und Sauerstoff zwischen Blut und Zellen erfordert den Durchtritt dieser Substanzen durch den Zwischenzellbereich.

Wichtiger Pufferbereich: die extrazelluläre Matrix

Eine besondere Bedeutung für den Säure-Basen-Haushalt hat die sogenannte extrazelluläre Matrix, das heißt der Bereich, der sich zwischen den Blutgefäßen und den Zellen der verschiedenen Organe und dem Gewebe befindet. Im Beispiel unseres Schwimmbeckens stellt das um den Pool herum befindliche Erdreich die extrazelluläre Matrix dar. Da unser Pool über Löcher verfügt, besteht zwischen Poolinhalt und Erdreich die Möglichkeit des Stoffaustauschs. Weiter vom Pool entfernte Bereiche können jedoch nicht mehr schnell vom Poolinhalt erreicht werden. Übertragen auf unseren Körper bedeutet das, dass auch hier ein schneller Austausch zwischen Blut und extrazellulärem Gewebe stattfindet, während ein Austausch bis in die Zellen hinein zeitaufwendiger ist.

Alle unsere Zellen der verschiedenen Organe und der Muskulatur sind von dieser extrazellulären Matrix umgeben. Jeder Austausch von Nährstoffen und Sauerstoff zwischen Blut und Zellen erfordert somit den Durchtritt dieser Substanzen durch diesen Zwischenzellbereich. Natürlich besteht diese Matrix nicht einfach aus einer Wasserphase. Wäre das der Fall, würden wir aus einem gestaltlosen Zellhaufen bestehen.

!

Anfällig für Übersäuerung

Ein wesentlicher Teil der extrazellulären Matrix in unserem Körper wird dem Stütz- und Bindegewebe zugerechnet.

Wie der Name sagt, garantiert dieses Gewebe unsere räumliche Struktur, hält uns aufrecht und sorgt für Stabilität, Flexibilität und Beweglichkeit. Das Bindegewebe fungiert zum Beispiel als Füllgewebe für organfreie Räume, es dient als Hüllgewebe von Organen einschließlich der organeigenen Gefäße und Nerven und verleiht als Gerüstgewebe den Organen die notwendige Stabilität.

Biochemisch enthält das Bindegewebe die quantitativ bedeutenden Proteine wie Kollagen und Elastin sowie die stark verzweigten Eiweiß-Zucker-Bausteine, die Proteoglykane.

Proteoglykane ändern ihre physikalisch-chemischen Eigenschaften bereits bei

Die Wasserbindung nimmt ab und als Folgen sind die Elastizität im Bindegewebe und die Pufferung von mechanischen Beanspruchungen im Knorpelgewebe beeinträchtigt.

leichten Änderungen des umgebenden pH-Werts. Die negativen Ladungen dieser Makromoleküle ermöglichen die Anlagerung von Wasser. Beim üblichen pH-Wert in der extrazellulären Matrix ist die Wasserbindungsfähigkeit im optimalen Bereich. Kommt es jedoch lokal zu einer Ansäuerung, hat das zur Folge, dass ein Teil der negativen Ladung durch die höhere Konzentration von H^+-Ionen neutralisiert wird. Die Wasserbindung nimmt ab und als Folgen sind die Elastizität im Bindegewebe und die Pufferung von mechanischen Beanspruchungen im Knorpelgewebe beeinträchtigt.

Natürlich ist es auch von großer Bedeutung, wie leicht der Bereich zwischen Blut und Zellen von Nährstoffen passiert werden kann. Am schnellsten geschieht Diffusion in reinem Wasser. Stellen Sie sich ein Glas Wasser vor: Eine Prise Salz löst und verteilt sich darin sehr schnell. Haben Sie jedoch anstelle von Wasser einen Wackelpudding, ist die Diffusion des Salzes sicher dramatisch langsamer. In unserem Bindegewebe muss nun ein empfindliches Gleichgewicht zwischen Festigkeit und ausreichend schneller Diffusionsmöglichkeit für Substanzen mit niedrigem Molekulargewicht hergestellt werden. Auch hier ist ein gerade genau richtiger Wasseranteil in diesem Gewebe eine Voraussetzung. Flutet immer mehr Säure an, sodass die Wasserbindung abnimmt, ist die Versorgung der Zellen mit Nährstoffen beeinträchtigt, ebenso können Abbauprodukte des Stoffwechsels weniger schnell entfernt werden.

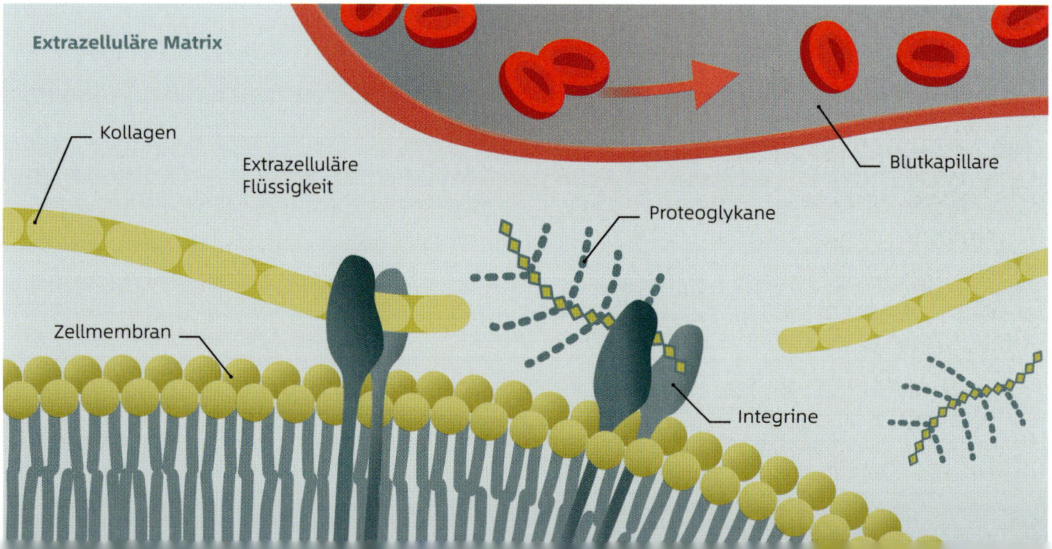

Säure-Basen-Ausgleich auf Kosten der Knochen

In den vergangenen Jahren haben die Ergebnisse vieler Untersuchungen gezeigt, dass eine schleichende Übersäuerung einen erheblichen Einfluss auf die Knochenfestigkeit hat. Wie beschrieben, sollte zur Aufrechterhaltung eines konstanten Blut-pH-Werts ein ernährungsbedingter Säureüberschuss mithilfe ausreichend zugeführter Basen ausgeschieden werden. Gelingt das nicht in vollem Umfang, weil nicht genug Basen dafür vorhanden sind, wird zur Säureneutralisierung Bicarbonat (HCO_3^-) aus dem Blut verwendet. Bei der Säureneutralisierung mithilfe von Bicarbonat aus dem Blut entstehen Kohlendioxid und Wasser.

INFO

Kohlendioxid wird abgeatmet und somit wird Säure aus dem Körper entfernt. Allerdings muss nun der Bicarbonatpuffer wieder aufgefüllt werden. Das geschieht zuerst durch Ablösen von an der Knochenoberfläche gebundenem Bicarbonat. Des Weiteren wird durch eine minimale Verschiebung des pH-Werts am Knochen die Oberfläche des Knochenkristalls Apatit angegriffen.

Calcium und in geringerem Umfang Magnesium werden durch H^+-Ionen verdrängt und zusätzlich wird das in das Kristallgitter eingebaute Phosphat in Lösung gebracht. Im Endeffekt nimmt dann die gelöste Menge – insbesondere von Calcium und Phosphat, aber auch von Magnesium – zu. Diese damit aus der Knochensubstanz herausgelösten wertvollen Mineralien gelangen ins Blut und werden über die Nieren mit dem Urin ausgeschieden. So führt eine Übersäuerung zu einem Verlust der wichtigen Mineralstoffe Calcium und Magnesium in den Knochen. Verschiedene Untersuchungen zeigen die Korrelation zwischen Säurebelastung mit der Nahrung und der Calcium-, aber auch der Magnesium-Ausscheidung im Urin.

(Weiterführende wissenschaftliche Hintergründe finden Sie ab Seite 276.)

Hält diese pH-Verschiebung über einen längeren Zeitraum an, führt das zum relevanten Verlust von Knochenmasse mit erheblich erhöhtem Osteoporoserisiko. Heute wird mit verschiedenen Substanzen versucht, diejenigen Faktoren, die für die Aktivierung der Osteoklasten verantwortlich sind,

Studien zeigen, dass eine säurereiche Ernährung mit einer geringeren Knochendichte einhergeht. Eine hohe Basenzufuhr dagegen schützt vor Osteoporose.

abzufangen und damit eine Therapiemöglichkeit der Osteoporose zu finden. Ein weiterer kausaler Ansatz wäre jedoch, es erst gar nicht zu einer Übersäuerung kommen zu lassen und von vornherein die Stimulierung des Knochenabbaus zu unterbinden.

Die neuen Erkenntnisse aus der Zellphysiologie werden durch epidemiologische Untersuchungen und Interventionsstudien in ihrer Bedeutung bestätigt.

Daten verschiedener Bevölkerungsstudien zum Einfluss der Ernährung auf den Knochenverlust bei Frauen während der Wechseljahre sowie im fortgeschrittenen Alter zeigen, dass bei geringerer Säurebelastung aus der Nahrung die Knochendichte signifikant höher ist als bei höherer Säurebelastung.

Diese Erkenntnisse werden durch zusätzliche Studien bestätigt, die an unterschiedlichen Populationen regelmäßig zeigten, dass eine Ernährung mit hoher Säurezufuhr mit einer geringeren Knochendichte einhergeht, während eine hohe Basenzufuhr die Knochenfestigkeit erhält und vor Osteoporose schützt.

Neue Untersuchungen aus den Niederlanden belegen ebenfalls den negativen Effekt einer ernährungsbedingten Säurebelastung auf die Knochenintegrität. Der „Trabecular Bone Score" als Maß der Knochenstabilität war bei höherer nahrungsbedingter Säurebelastung vermindert.

Bereits in fossilen Knochenfunden von Menschen der Steinzeit zeigte sich eine sehr hohe Knochenfestigkeit – und das, obwohl ihre Nahrung viel Eiweiß enthielt, insgesamt jedoch überwiegend basisch war. Ein hoher Eiweißgehalt der Nahrung ist günstig für den Knochen, da hierdurch ausreichend Bausteine (Aminosäuren) für das organische Knochengerüst zur Verfügung gestellt werden. Außerdem werden mit einer eiweißreichen Nahrung Wachstumsfaktoren zugeführt, die die Knochenbildung unterstützen. Allerdings enthält gerade Eiweiß die für die Säurebelastung verantwortlichen schwefelhaltigen Aminosäuren Methionin und Cystein. Interessanterweise enthält Protein aus pflanzlichen Nahrungsmitteln weniger Methionin und Cystein. Damit ist das pflanzliche Eiweiß für die Knochen günstiger. Es wirkt weniger stark säurebildend als tierisches Eiweiß. Zudem enthalten pflanzliche Nahrungsmittel mehr Basen als tierische. Die bereits erwähnte Untersuchung aus den

Pflanzliches Eiweiß zeigt sich für die Knochenstabilität als überlegen.

Niederlanden zeigte einen Zusammenhang zwischen Verzehr von tierischem Eiweiß und geringerer Knochenstabilität, während Protein aus vegetarischer Quelle nicht mit der Knochenstabilität korreliert war. Nur wenn die Belastung des Säure-Basen-Haushalts durch Eiweiß von einer ausreichenden Zufuhr basisch wirkender Lebensmittel begleitet wird, kommt der positive Effekt auf den Knochen durch die Eiweißzufuhr zum Tragen. Das erklärt auch die zum Teil widersprüchlichen Ergebnisse früherer Untersuchungen, von denen einige darstellten, dass ein hoher Konsum von Eiweiß günstig für den Knochen sei, während andere genau das Gegenteil fanden. Eiweiß wird immer dann positiv für den Knochen sein, wenn gleichzeitig viel basisch wirkendes Obst, Gemüse und Salat verzehrt wird. Selbst in Studien mit Kindern konnte der zweiphasige Effekt des Verzehrs von Eiweiß auf die Knochengesundheit gezeigt werden: Der positive Effekt von Eiweiß auf den Knochen wird teilweise aufgehoben, wenn die ernährungsbedingte Säurebelastung hoch ist, das heißt, wenn die Basenzufuhr mit Obst und Gemüse niedrig ist. Kinder mit einer ernährungsbedingt höheren Säurebelastung wiesen einen signifikant niedrigeren Knochenmineralgehalt auf.

Studien mit erhöhter Basenzufuhr bestätigen weitgehend die physiologischen Auswirkungen der latenten Azidose auf den Knochen und die epidemiologischen Erkenntnisse. Bei gesteigerter Säurebelastung durch erhöhte Eiweißzufuhr kommt es zunächst zu einem Anstieg der Säure- und Calcium-Ausscheidung über die Niere. Durch die gleichzeitige Zufuhr von Basen konnte jedoch auf die Dauer der zusätzliche Calcium-Verlust verhindert werden.

Eine grundlegende Studie, bei der postmenopausale Frauen mit bereits verminderter Knochendichte für die Dauer eines Jahres zusätzlich zur Calcium- und Vitamin-D-Substitution entweder das neutrale Salz Kaliumchlorid oder das basische Salz Kaliumcitrat in einer täglichen Dosis von 30 mmol erhielten, ergab, dass die Probandinnen mit Kaliumcitrat-Substitution eine deutliche Zunahme der Knochendichte zu verzeichnen hatten. In der Gruppe mit Kaliumchlorid-Substitution hingegen nahm die Knochendichte trotz Calcium- und Vitamin-D_3-Substitution weiter ab. Diese Ergebnisse wurden durch eine placebokontrollierte Doppelblindstudie über

Basenpräparate mit Calcium, die auch Kalium-, Natrium- und Magnesiumsalze enthalten, erweisen sich als wesentlich sinnvoller als Calcium allein.

die Dauer von zwei Jahren bestätigt. Die hier verwendete Dosis von 60 Milliäquivalent (mÄq) Kaliumcitrat kompensiert dabei etwa die tägliche Säurebelastung mit der westlichen Ernährung.

Die Ernährungsempfehlung, zur Osteoporose-Vorbeugung den Verzehr von calciumreichen, aber gleichzeitig proteinreichen Milchprodukten zu erhöhen, die insgesamt auf den Stoffwechsel sauer wirken, ist nur dann vertretbar, wenn gleichzeitig mehr Basenlieferanten (Salat, Gemüse und Obst) gegessen werden. Ohne diese Ernährungsänderung wird auch die erhöhte Zufuhr von Calcium, das zwar für den Einbau in den Knochen gebraucht wird, aber nicht eingebaut werden kann, wenn eine lokale Übersäuerung vorherrscht, nicht zu einer Verbesserung der Knochengesundheit führen.

Denken Sie daran, dass bei ausreichend Basen der weitere Verlust von Knochensubstanz nicht nur verhindert werden kann, sondern auch wieder eine Zunahme möglich ist. Um ausreichend Calcium in den Knochen einbauen zu können, reicht es somit nicht aus, nur Calcium-Supplemente einzunehmen, der Baseneffekt von reinen Calcium-Supplementen ist leider gering. Sie müssen zusätzlich dafür sorgen, dass am Knochen ein basisches Milieu herrscht. Basenpräparate mit Calcium, die zusätzlich basische Kalium-, Natrium- und Magnesiumsalze enthalten, sind deshalb wesentlich sinnvoller als Calcium allein.

Quellen 3–7

Sarkopenie – altersbedingter Muskel- und Kraftabbau

Der Verlust von Muskelmasse und -kraft ist ein grundlegendes Merkmal des Alterns. Sowohl die Muskelmasse als auch die Muskelkraft nehmen nach der Lebensmitte zwischen 3 und 8 Prozent pro Jahrzehnt ab, wobei sich die Rate nach dem 60. Lebensjahr beschleunigt. Der altersbedingte Muskelabbau wird durch den Lebensstil sowie endokrine, ernährungsbedingte und zelluläre Ursachen bestimmt, die in gesunden älteren Bevölkerungsgruppen gut untersucht sind. Studien, in denen junge und ältere Menschen verglichen wurden, legen nahe, dass chronische geringgradige Entzündungen, ein Verlust von aufbauend wirkenden Hormonen, ein geringerer Proteinverzehr und ein Vitamin-D-Mangel zu einem Verlust der Muskelplastizität während des Lebens

Gerade im Alter ist es besonders wichtig, den notwendigen Verzehr von Protein mit einer hohen Basenzufuhr zu kombinieren.

beitragen. Aber auch die Fähigkeit zur Säureausscheidung über die Niere nimmt mit steigendem Lebensalter immer mehr ab. Mit zunehmendem Alter sinkt als Folge der Blut-pH-Wert – zwar noch innerhalb des Normbereichs, gleichzeitig nimmt jedoch die Konzentration des Bicarbonatpuffers ab. Das wiederum zieht nicht nur einen erhöhten Verbrauch von puffernden Mineralstoffen aus dem Knochenreservoir nach sich, sondern hat auch nachteilige Auswirkungen auf unterschiedliche Stoffwechselfunktionen wie gerade den im Alter häufig zu beobachtenden verstärkten Muskelabbau.

Die Übersäuerung induziert beim Menschen intrazellulären Protein- und Aminosäureabbau, um den für die Säureausscheidung notwendigen Stickstoff bereitzustellen. In einer groß angelegten Studie wurden 2.689 Frauen im Alter von 18 bis 79 Jahren untersucht und die Muskelmasse wurde mit der Säurebelastung der Nahrung korreliert. Die Autoren beobachteten eine signifikante positive Assoziation zwischen basischer Ernährung und Muskelmassen-Indizes. Weitere Untersuchungen bei über 50-jährigen Probanden zeigten, dass eine Basen-Supplementierung zu einer verminderten Stickstoffausscheidung im Urin führte, was auf eine verbesserte Erhaltung der Muskelmasse hindeutet.

Die vermehrte Bereitstellung von Stickstoff ist eine nützliche adaptive Reaktion auf eine Säurebelastung. Dieser Stickstoff stammt jedoch letztendlich aus körpereigenem Protein und wird für die Ammoniaksynthese benötigt, was dabei hilft, überschüssige H^+-Ionen auszuscheiden.

Der Verlust von Muskelmasse mit zunehmendem Alter ist somit eng mit einer sich einschleichenden Azidose erklärbar. Da eine hohe Proteinzufuhr allgemein einen positiven Effekt auf die Bildung von Muskelmasse hat, aber gleichzeitig die Ursache für eine hohe Säurebelastung ist, ist es im Alter besonders wichtig, den Verzehr von Protein mit einer hohen Basenzufuhr zu kombinieren.
Quellen 8, 9

Einlagerung von Säure in das Bindegewebe

Eine Säurebelastung im Bindegewebe ist kein seltenes Ereignis. Untersuchungen haben gezeigt, dass bereits eine relativ moderate körperliche Bewegung an den Muskelfasern deutliche Änderungen des

Bei ausreichender Basenversorgung sinkt der pH-Wert bei Beanspruchung an den Muskelfasern deutlich weniger ab.

pH-Werts hervorruft. Durch eine kurzfristige körperliche Aktivität (5 Minuten) sank der pH-Wert unter 7 und bei gesunden Personen dauerte es circa 20 Minuten, bis der normale pH-Wert von 7,4 wieder hergestellt war.

Vergleichende Untersuchungen zeigten aber auch, dass bei Personen, die ausreichend mit Basen versorgt wurden (durch Gabe von Citraten), die Änderungen des pH-Werts bei gleicher Belastung nur sehr gering waren. Daraus ergibt sich, dass bei Basenmangel bereits normale körperliche Aktivität ausreicht, um eine Ansäuerung im Zwischenzellbereich hervorzurufen. Bei einem ausgeglichenen Säure-Basen-Haushalt hingegen wird die kurzfristig höhere Säurebildung durch ausreichend vorhandene Basen im Bindegewebe neutralisiert.

Interstitieller pH in der Wadenmuskulatur nach 5-minütiger Belastung mit 30, 50 bzw. 70 Watt bei verschiedenen Probanden

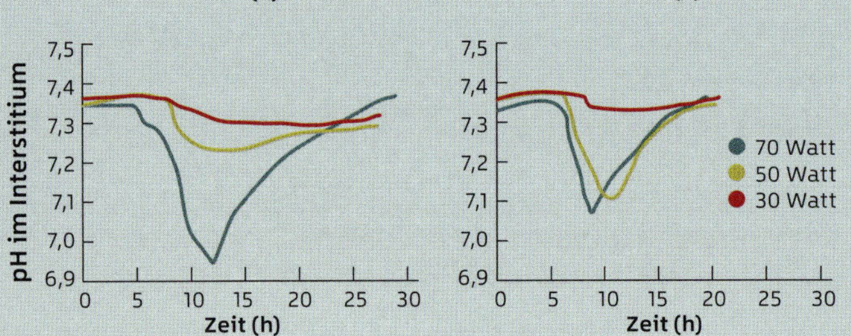

Street et al., J. Physiol. 537, 993–998, 2001

Interstitielle Säurekonzentration in der Wadenmuskulatur bei Belastung: Einfluss einer Citrat-Substitution

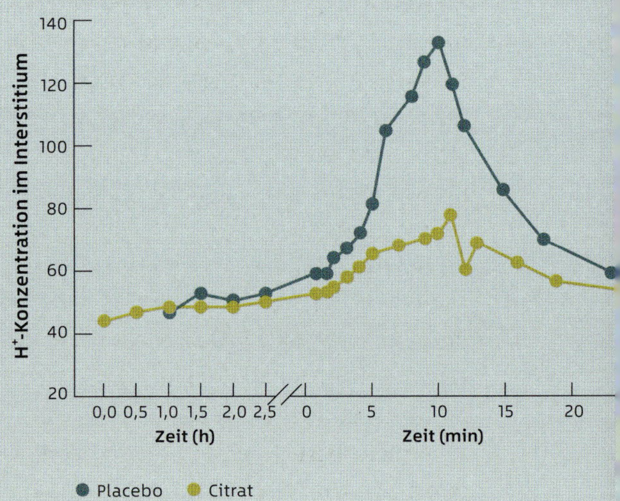

Street et al., J. Physiol. 566, 481–489, 2005

Weniger chronische Schmerzen nach Basentherapie

Bereits eine geringfügige Azidose in den Strukturen außerhalb der Zellen führt zu einer erheblichen Verstärkung der Schmerzintensität. Schmerzrezeptoren reagieren bereits auf eine geringfügige extrazelluläre Ansäuerung mit erhöhter Aktivität.

Eine in Japan durchgeführte Studie mit Studenten zeigte, wie sich kleine Änderungen des pH-Werts auf das Schmerzempfinden auswirken. Den Probanden wurde eine Kochsalzlösung mit unterschiedlichen pH-Werten unter die Haut injiziert. Sie bewerteten die Schmerzintensität anhand einer Skala von 0 bis 10, wobei 0 für „keine Schmerzen" und 10 für „intensivste Qual, die man sich vorstellen kann" stand. Erstaunlicherweise erhöhte eine kleine Änderung des pH-Werts von 7,4 auf 7,0 das Schmerzempfinden signifikant.

Wie beschrieben, sind das Änderungen der pH-Werte, die im extrazellulären Raum um unsere Muskelzellen herum durchaus auftreten können.

Vergleichbare Ergebnisse waren bereits von einer Arbeitsgruppe aus Schweden berichtet worden.

Was ist der Mechanismus hinter dieser Säureempfindlichkeit? Ist es nur eine säureinduzierte Zerstörung biologischer Strukturen? In den vergangenen Jahren wurden die für unser Schmerzempfinden verantwortlichen Rezeptoren entdeckt. Eine besondere Untergruppe dieser Rezeptoren reagiert empfindlich auf eine extrazelluläre Ansäuerung. Dabei handelt es sich um säureempfindliche Natriumkanäle (Acid-sensing Ion Channels, ASICs) in den Nervenendigungen. Bei einem pH-Wert von 7,4 sind die Kanäle normalerweise geschlossen, das heißt, es wird kein Schmerz empfunden. Bei zunehmender Konzentration bindet sich die Säure an die Kanalproteine, wodurch eine Strukturänderung hervorgerufen wird und die Kanäle sich öffnen. Natrium gelangt in die Zelle und löst im Nerv ein Schmerzsignal aus, das ans Gehirn gesendet wird.

Natürlich wird weltweit intensiv an den ASICs geforscht, um neue Schmerzmittel zu entdecken. Allerdings ist es auch möglich, die extrazelluläre Pufferkapazität so weit zu erhöhen, dass die extrazelluläre Säure abgepuffert wird und damit das Öffnen der Schmerzkanäle unterbleibt. Eine Basen-Supplementierung besitzt also automatisch

Eine deutlich basische Ernährung oder Basen-Supplementierung wirkt automatisch auf unser Schmerzempfinden.

eine Wirkung auf unser Schmerzempfinden. *Quellen 10–13*

Auch ohne das Wissen um das Vorhandensein und die Bedeutung von ASICs wurde der Wirkung von Basen-Supplementen auf das Schmerzgeschehen schon früh in klinischen Untersuchungen nachgegangen.

Bereits in den 1950er- und 1960er-Jahren untersuchte man an der schwedischen Universität von Umea den Zusammenhang zwischen peripheren Schmerzen – ob durch Krankheit oder chemische Substanzen verursacht. Der gemeinsame metabolische Nenner war jeweils eine erhöhte Wasserstoffionen-, also Säurekonzentration im extrazellulären Raum, in dem die freien Nervenenden enden. Diese Erkenntnis veranlasste die Forscher zu testen, ob sich eine Basensubstitution bei Patienten mit nicht lokalisierbaren Schmerzsymptomen günstig auswirkt. Diffuse Schmerzzustände, als „Varialgie" bezeichnet, wie sie oft bei orthopädischen und rheumatischen Erkrankungen auftreten, haben ihre Erklärung möglicherweise in einer allgemeinen Stoffwechselstörung, die einen lokalen und variierenden Anstieg der Wasserstoffionen-Konzentration bewirkt. Diese schmerzhaften Zustände haben keine typische Lokalisation, sondern sind hauptsächlich durch die Variabilität des Schmerzes charakterisiert. Die Schmerzen können praktisch überall im Körper empfunden werden, sie variieren oft mit dem Wetter und können den Patienten die ganze Nacht wach halten; am Morgen ist es oft am schlimmsten, der Patient fühlt sich steif und hat Schwierigkeiten, sich zu bewegen. Im Gegensatz zu funktionellen Schmerzen sind sie jedoch oft weniger stark ausgeprägt und lassen im Laufe des Tages nach.

In einer Studie mit 100 Patienten wurde untersucht, wie sich eine Basensubstitution mit einer Mischung verschiedener organischer Mineralstoffsalze bei gleichzeitiger Reduzierung der Verwendung sauer wirkender Arzneimittel, zum Beispiel der Acetylsalicylsäure, auswirkt. Nach einer Einnahmedauer von zwei bis sechs Monaten wiesen 69 Prozent der Patienten eine wesentliche Besserung, wenn nicht sogar eine vollständige Remission der Schmerzen auf.

In einer weiteren Studie an 50 Patienten mit Varialgie, die ebenfalls Basen-Supplemente erhielten, zeigte sich bei genauerer Untersuchung der einzelnen Patienten, dass gerade diejenigen eine besondere

Basentherapien setzen die Schwelle für die Auslösung von Schmerzempfindungen nachweislich herauf.

Besserung verzeichneten, bei denen sich der pH-Wert im Urin am stärksten zum Basischen verschoben hatte. Patienten ohne Änderung des Urin-pH-Werts verzeichneten keine Besserung. Diese Untersuchungen wurden in einer schwedischen Fachzeitschrift veröffentlicht – und leider international nicht beachtet. Erst beinahe 50 Jahre später wurden sie durch Online-Veröffentlichung der Originalarbeiten wiederentdeckt.

Arhuser Rückenschmerz

Ohne Kenntnis dieser Ergebnisse untersuchten wir circa 30 Jahre später, ob Patienten mit chronischen Rückenschmerzen ohne Beteiligung der Wirbelsäule von einer vierwöchigen Therapie mit basischen Mineralstoffen profitieren könnten. Wir quantifizierten die Schmerzen der Patienten mithilfe des Arhuser Rückenschmerzindex, einer validierten Methode zur Bewertung des Patientenstatus. Er besteht aus einem Fragebogen zu Rückenschmerzen und Schmerzen in den Extremitäten, zur Verwendung von Schmerzmitteln sowie zum Grad der Beeinträchtigung in täglichen Verrichtungen. Am Ende des Versuchszeitraums von einem Monat war offensichtlich, dass allein durch die Supplementierung mit alkalischen Mineralien die Schmerzen der Patienten um mehr als 50 Prozent abgenommen hatten. Auch die Beeinträchtigung der Beweglichkeit und der Invaliditätsindex verbesserten sich deutlich. Der Verbrauch von nichtsteroidalen, entzündungshemmenden Antirheumatika (NSAR) konnte ebenfalls gesenkt werden, sodass sich in der Summe eine deutliche Reduzierung des Arhuser Rückenschmerzindex ergab. Eine hohe Basenzufuhr ist deshalb bei diesen Erkrankungen im Bindegewebe von großer Wichtigkeit.

Das Risiko für Schmerzentstehung ist insbesondere immer dann gegeben, wenn eine ernährungsbedingte Säurebelastung mit einer erhöhten Säureproduktion im Stoffwechsel zusammenkommt. Das ist der Fall, wenn die Zellen mangels ausreichender Durchblutung oder durch vermehrten Bedarf nicht mehr ausreichend mit Sauerstoff versorgt werden. Unter diesen Umständen wird zur zellulären Energieversorgung der Brennstoff Glukose unvollständig abgebaut und es entsteht Milchsäure als Endprodukt dieser sogenannten anaeroben Glykolyse. Normalerweise kann diese Säurebelastung im Gewebe durch das vorhandene

Pufferreservoir abgefangen werden. Im bereits säurebelasteten Organismus geschieht das jedoch nicht mehr in ausreichendem Umfang und Schmerzen entstehen. Eine Basentherapie setzt somit die Schwelle für die Auslösung von Schmerzempfindungen herauf, das heißt, die Schmerzwahrnehmung setzt erst bei höherer Belastung ein. *Quellen 14–16*

Basentherapie hilfreich bei Rheuma

Von besonderer Bedeutung ist eine mögliche Schmerzreduzierung bei Patienten mit rheumatoider Arthritis. Bei dieser umgangssprachlich als Rheuma bezeichneten Krankheit führt eine gegen das eigene Gewebe gerichtete Abwehrreaktion zu einer chronischen Entzündung und leitet einen Prozess ein, bei dem insbesondere in Gelenken die schützende Knorpelschicht angegriffen wird.

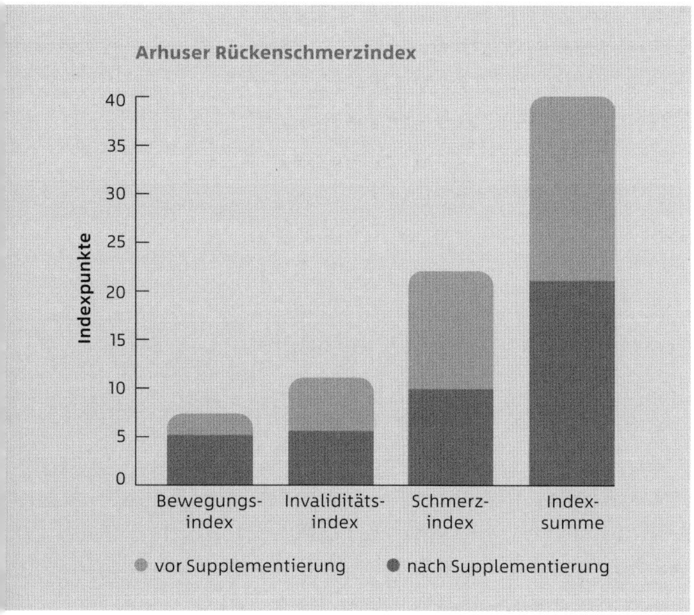

Vormann et al. J Trace Elem Med Biol 2001; 15: 179–83

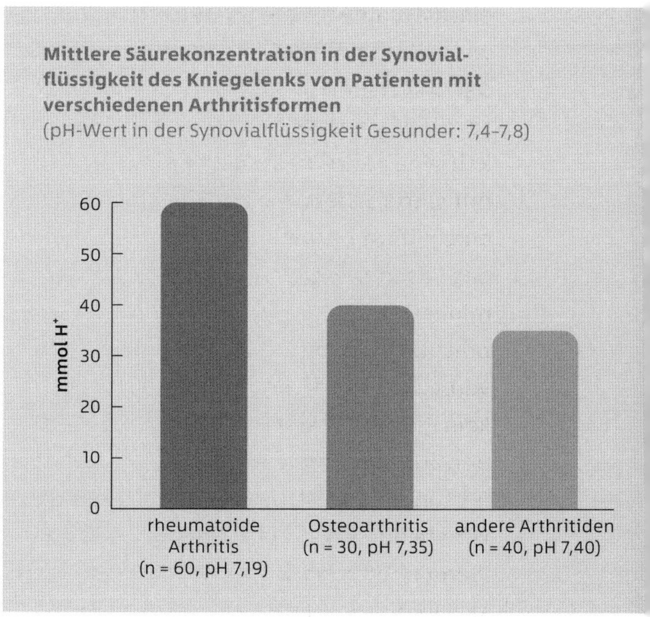

Farr et al., Clin Exp Rheumatol. 1985; 3: 99–104.

Auch bei Beschwerdebildern des Magen-Darm-Trakts, des Bewegungsapparats, des Herz-Kreislauf-Systems, der Erschöpfungsneigung und die Haut betreffend ließ sich mit basischen Mineralstoffen eine erhebliche Verbesserung verzeichnen.

Auch hier spielt der Säure-Basen-Haushalt eine Rolle. Verschiedene Untersuchungen zeigten, dass bei Rheumapatienten die Flüssigkeit im Gelenksspalt deutlich saurer ist als bei Gesunden. Das bedeutet, dass unter diesen Umständen die Schwelle zur Auslösung von Schmerzen eher erreicht wird, als das normalerweise der Fall ist.

Da bei Rheumapatienten gerade die Schmerzproblematik im Vordergrund der Beschwerden steht, bietet sich auch hier eine Basentherapie an. Untersuchungen, die wir in Zusammenarbeit mit Kollegen von der Universität Budapest an einer dortigen spezialisierten Rheumaklinik zur Wirksamkeit eines Basenpräparats bei Patienten mit chronischer rheumatoider Arthritis durchführten, ergaben, dass die Einnahme des Basenpräparats eine erhebliche Verminderung der Schmerzprobleme mit sich brachte. Die Lebensqualität der Patienten verbesserte sich gegenüber Patienten, die kein Basenpräparat erhielten, wesentlich und auch die Einnahme von schmerz- und entzündungshemmenden Medikamenten konnte durch die Basentherapie reduziert werden. Überraschenderweise zeigte sich in diesen Untersuchungen, dass die Basentherapie zum einen offenbar die Aktivität der Schmerzrezeptoren und das Entzündungsgeschehen hemmte, zum anderen aber auch noch die Bildung der körpereigenen Antischmerzsubstanzen, der sogenannten Endorphine, deutlich anregte. Die Herstellung oder der Abbau dieser auch als Glückshormone bezeichneten Substanzen wird offensichtlich ebenfalls durch das Säure-Basen-Gleichgewicht beeinflusst.

Bisher gibt es keine grundsätzliche Heilmethode für Rheuma. Deshalb ist es von besonderer Bedeutung, dass durch die nebenwirkungsfreie Basentherapie eine deutliche Verbesserung der Lebensqualität der Patienten erreicht werden kann und so auch die Einnahme von Medikamenten mit hohem Nebenwirkungspotenzial eingeschränkt wird.

Neben der Stimulierung von Schmerzrezeptoren durch Säure zeigten weitere Untersuchungen, dass eine Azidose ganz allgemein einen bedeutenden entzündungsfördernden Effekt hat. Die Verringerung oder Vermeidung der Azidose durch eine ausreichende Basenzufuhr wird sich dann auch positiv auf das Entzündungsgeschehen auswirken.

Aber auch bei Beschwerden, die eher mit unspezifischen Symptomen einhergehen, ist eine Basensubstitution sinnvoll, wie die folgende Untersuchung belegt. Bei fast allen Beschwerdebildern den Magen-Darm-Trakt, den Bewegungsapparat, das Herz-Kreislauf-System, die Erschöpfungsneigung und die Haut betreffend ließ sich unter der Therapie mit basischen Mineralstoffen im Vergleich zur Placebogruppe eine erhebliche Verbesserung der Symptomatik verzeichnen. Auch Laborparameter (zum Beispiel Säureausscheidung, Serumcholesterin) wurden durch die Basentherapie signifikant vermindert.

Patienten mit chronischem Erschöpfungssyndrom (Chronic Fatigue) leiden oft unter unspezifischen Schmerzen. Auch hier scheint eine zu hohe Säurelast beteiligt zu sein. Induziert man bei diesen Patienten durch Sport eine erhöhte muskuläre Säurebelastung, dauerte es im Vergleich zu gesunden Probanden bis zu viermal länger, den ursprünglichen pH-Wert der Muskulatur wiederherzustellen und Säure zu eliminieren. Während dieser Zeit ist die Belastbarkeit deutlich eingeschränkt, was einige der Symptome der betroffenen Patienten klärt. Ein Versuch mit einer Basenbehandlung ist deshalb sinnvoll.

Quellen 17–20

Chronisch leichte Übersäuerung und unsere Gehirnleistung

Ein ausgeglichener Säure-Basen-Haushalt ist sicherlich auch für unser Gehirn von großer Bedeutung. Es konnte gezeigt werden, dass bei Erkrankungen des Nervensystems wie ischämischer Schlaganfall, Schädel-Hirn-Trauma, Epilepsie, Parkinson und Alzheimer eine Azidose sowohl auf Gewebe- als auch auf zellulärer Ebene auftreten kann.

Mögliche Ansatzpunkte für Effekte einer latenten Azidose im Gehirn finden sich in der Beeinflussung der Wirksamkeit von Überträgerstoffen und von Änderungen im Stoffwechselgeschehen, aber auch in einer erleichterten Bildung von Proteinablagerungen, da Säure Protein ausfällen kann. Vor allem bei der leider zunehmenden Demenzproblematik treten solche Ablagerungen auf. Sie beeinträchtigen die Nervenleitfunktion und führen damit zur eingeschränkten Funktion des Gehirns. Bezüglich der Auswirkungen einer Azidose auf die Funktion unseres

Bereits kleine Änderungen des pH-Werts scheinen einen signifikanten langfristigen Einfluss auf die Funktion des Gehirns zu haben.

Gehirns zeigt eine Studie an 42 Jungen interessante Ergebnisse. Bei ihnen wurde der Zusammenhang zwischen Säure-Basen-Gleichgewicht und Intelligenzquotient (IQ) untersucht. Mittels Kernresonanzspektroskopie wurde der intrazelluläre pH-Wert im Gehirn bestimmt und mit dem IQ korreliert. Bei den Probanden mit dem niedrigsten pH-Wert fand man auch den niedrigsten Intelligenzquotienten. Bereits kleine Änderungen des pH-Werts scheinen einen signifikanten langfristigen Einfluss auf die Funktion des Gehirns zu haben.

Weitere Untersuchungen an Kindern und Jugendlichen bestätigen, dass tatsächlich eine Korrelation zwischen langfristig säurelastiger Ernährung und Psyche besteht. Bei 10-Jährigen war eine um nur 15 mÄq pro Tag höhere Säurelast der Nahrung mit einem 33 Prozent höheren Risiko für emotionale Probleme verbunden. Insbesondere traten Hyperaktivität, Konzentrationsstörungen und verminderte Impulskontrolle häufiger auf. War die Säurelast um 30 mÄq pro Tag höher, fand man eine erhöhte Freisetzung von Glucocorticoiden – ein Befund, der langfristig ebenfalls negativ für die mentale Gesundheit ist.

Biochemisch gesehen gibt es einen Zusammenhang zwischen der Säurebelastung und Alzheimer. Generell fand man bei Alzheimer-Patienten eine Abnahme des pH-Werts im Gehirn. Verschiedene Untersuchungen in vitro (im Reagenzglas) zeigen, dass eine extrazelluläre Azidose die Wahrscheinlichkeit der Ablagerung von Beta-Amyloid-Plaque erhöht. Ablagerungen dieses Proteins korrelieren mit der Alzheimer-Krankheit. Untersuchungen in vitro zeigen, dass eine Reduzierung des normalen pH-Werts von 7,4 auf einen sauren pH-Wert von 6,8 zu einer signifikanten Aggregation dieses Proteins führte. Normalisiert man den pH-Wert, löst sich der Niederschlag wieder auf. Eine geringfügige Änderung des pH-Werts im Gehirn kann also bewirken, dass mehr von diesem Alzheimer-Protein abgelagert wird. Je mehr von diesem Protein an den Nerven vorhanden ist, desto ausgeprägter ist der negative Einfluss auf die Hirnfunktion. Ursache für eine pH-Änderung im Gehirn kann eine beeinträchtigte Sauerstoffversorgung in bestimmten Hirnarealen sein, wie sie beispielsweise bei einem Schlaganfall auftritt. Bei bereits vorher vorhandener verminderter Pufferkapazität kann die

Säureakkumulation nach einem Schlaganfall zu vermehrten Schäden führen.

Die Bedeutung eines normalen pH-Werts im Gehirn konnte auch hinsichtlich des Auftretens von Panikattacken gezeigt werden. Angstempfindungen werden im Gehirn unter anderem durch die Aktivierung von säureempfindlichen Ionenkanälen (ASICs) vermittelt. Eine künstlich induzierte Azidose im Gehirn führte im Tierversuch zu Angstzuständen. Untersuchungen zur Säurekonzentration im Gehirn von verstorbenen Patienten mit Schizophrenie oder bipolarer Erkrankung belegten im Vergleich zu Untersuchungen an nicht psychisch erkrankten Verstorbenen eine deutlich höhere Säurekonzentration.

Auch hier müssen künftige Untersuchungen zeigen, ob eine latente Azidose negative Veränderungen des Gehirns begünstigt, ursächlich an den Erkrankungen beteiligt ist und die Wahrscheinlichkeit für neurokognitive Störungen erhöht beziehungsweise ob eine Basentherapie auch hier zu symptomatischen Verbesserungen beiträgt.

Zusätzlich zu den biochemischen und psychologischen Befunden bezüglich einer latenten Azidose und deren Auswirkungen auf neurologische Funktionen ist es jedoch interessant, die Eindrücke vieler Anwender von basischen Nahrungsergänzungsmitteln festzuhalten. Therapeuten machen häufig die Erfahrung, dass sich die Patienten nach einigen Tagen Anwendung energiegeladener, erleichtert und ganz allgemein „besser" fühlen. Wenn sich kleine Mengen von Eiweißbausteinen entlang der Nerven abgelagert haben, könnten diese in einem weniger sauren Milieu wieder beseitigt werden, sodass die Nerven die Chance haben, besser zu funktionieren. Ebenso können eine erhöhte Pufferkapazität und eine normalisierte Säurekonzentration in allen Bereichen zu einem verbesserten Stoffwechsel im Gehirn führen. Leider verfügen wir derzeit nicht über die diagnostischen Mittel, um solche Einflüsse in unserem zentralen Nervensystem zu identifizieren.

Quellen 21–24

Hohe Säurelast begünstigt Diabetes mellitus Typ 2

Ein Zusammenhang zwischen latenter Azidose und Stoffwechselkrankheiten wie Typ-2-Diabetes wurde vor einigen Jahren von Forschern des National Institute of Health

(USA) diskutiert. Sie beschrieben, dass eine säurelastige Ernährung zu chronischer metabolischer Azidose führt und dass durch diese latente Azidose die Wirkung von unserem wichtigsten Stoffwechselhormon, dem Insulin, beeinträchtigt wird. Neben Bluthochdruck und Übergewicht ist diese Insulinresistenz Teil des metabolischen Syndroms. Das metabolische Syndrom ist einer der wichtigsten Risikofaktoren für die Entstehung von Diabetes Typ 2 und von Herz-Kreislauf-Erkrankungen. Epidemiologische Daten (also Daten aus Beobachtungsstudien am Menschen unter realen Umweltbedingungen) aus Japan unterstützen diese Ergebnisse aus den USA. Bei den japanischen Studien stellte man in einer großen Bevölkerungsuntersuchung eine Korrelation zwischen Adipositas, dem metabolischen Syndrom und dem pH-Wert im Urin fest – je saurer, desto höher das Risiko. Eine weitere große epidemiologische Studie in Europa untersuchte bei mehr als 66.000 Probanden den Zusammenhang zwischen dem Säuregehalt der Nahrung und dem Risiko für Typ-2-Diabetes. Ein signifikant erhöhtes Risiko bei höherer Säurebelastung in der Nahrung war offensichtlich.

Dasselbe wurde in einer weiteren epidemiologischen Studie aus Japan gefunden. Die Furukawa-Ernährungs- und Gesundheitsstudie zeigte ebenfalls den Zusammenhang zwischen säurelastiger Ernährung sowie Insulinresistenz.

Auch in Australien durchgeführte Studien am Menschen unterstützen die Vorstellung, dass eine hohe Säurebelastung aus der Nahrung zur Insulinresistenz und zum metabolischen Syndrom beitragen kann. Das Diabetes-Risiko war bei hoher Basenzufuhr vermindert.

Das erhöhte Diabetes-Risiko bei latenter Azidose erklärt sich folgendermaßen: Eine extrazelluläre Azidose reduziert die Bindung von Insulin an seinen Rezeptor und hat dadurch eine verminderte zelluläre Glukoseaufnahme zur Folge. Um diesen Effekt nun auszugleichen, stellt der Körper vermehrt Insulin her. Geschieht das über einen langen Zeitraum, erschöpft sich die Insulinproduktion, und durch die verringerte Glukoseaufnahme aufgrund von Übersäuerung entsteht ein Diabetes Typ 2.

Ein weiterer pathophysiologischer (krankhaft verändert funktionierender) Mechanismus als Folge eines zum Sauren verschobenen Säure-Basen-Haushalts auf den Stoffwechsel ist eine erhöhte Freisetzung von Glucocorticoid-Hormonen, insbesondere von Cortisol. Die Cortisolsekretion und die Bildung von Cortisol aus Cortison sind bei azidotischer (übersäuerter) Stoffwechsellage verstärkt. Cortisol ist einer der wichtigsten hormonellen Gegenspieler von Insulin und schwächt dessen Wirkung in den Zellen ab. Ein durch Übersäuerung ausgelöster Cortisolüberschuss fördert somit eine Insulinresistenz.

Die Veränderung des Säure-Basen-Gleichgewichts hat noch einen weiteren indirekten, negativen Einfluss auf das Insulingeschehen. Eine latente Azidose bewirkt, wie bereits beschrieben, eine erhöhte Magnesium-Ausscheidung, wodurch ein sekundärer Mangel an diesem essenziellen Mineralstoff

Mit steigender Säurelast steigt das Bluthochdruckrisiko.

induziert wird. Magnesium wird jedoch extrazellulär für die Bindung von Insulin an seinen Rezeptor benötigt und intrazellulär führt ein Magnesiummangel zu einer Verschlechterung der durch Insulin induzierten Stoffwechselprozesse. So verschlechtert auch der durch Übersäuerung ausgelöste Magnesiummangel die Wirkung des körpereigenen Insulins und erhöht auf diese Weise das Diabetes-Risiko.

Insgesamt gesehen trägt eine hohe Säurelast der Nahrung mit nachfolgend entstehender Insulinresistenz erheblich zum Entstehen von Diabetes mellitus Typ 2 und schwerwiegenden Folgeerkrankungen bei.

Quellen 25–30

Bluthochdruck als Folge von Übersäuerung

Beim Vorliegen einer Übersäuerung kommt es in der Niere zu einer verstärkten Exkretion (Ausscheidung) von Protonen (H^+); diese werden gekoppelt an eine Natriumrückresorption ausgeschieden. Die erhöhte Rückresorption von Natrium, die vermehrte Bildung von Cortisol und die Verluste von Magnesium tragen zum Blutdruckanstieg bei. In verschiedenen epidemiologischen Untersuchungen konnte eine positive Korrelation zwischen der Höhe der Säurezufuhr und dem Blutdruck festgestellt werden. So fand man in der „Nurses Health"-Studie heraus, dass von mehr als 87.000 Frauen nach 16 Jahren circa 15.000 einen Bluthochdruck entwickelt hatten. Je höher die Säurelast der Nahrung, desto größer war das Risiko. Im Vergleich der Gruppe im unteren Zehntel der Säurelast der Nahrung mit der Gruppe im oberen Zehntel der Säurelast der Nahrung war die Erkrankungsrate der Hypertonie im obersten Zehntel um circa 25 Prozent höher. Weitere umfangreiche Bevölkerungsstudien bestätigten diesen Befund. Inwiefern eine hohe Basenzufuhr einen bereits bestehenden Bluthochdruck günstig beeinflusst, müssen zukünftige Studien untersuchen. Es ist jedoch auffallend, dass in Studien, in denen Patienten mit Kalium- und Magnesiumpräparaten substituiert wurden, bei diesen eine deutliche Blutdrucksenkung zu verzeichnen war. Der positive Effekt wurde auf das zusätzlich eingenommene Mineral zurückgeführt. Mineralstoffe werden immer als Salze supplementiert, wobei die wirksamen Kalium- und Magnesiumsalze nicht nur diese Mineralien zuführen, sondern

Die regelmäßige Einnahme von Säureblockern kann den Säure-Basen-Haushalt schädigen.

mit dem Anionenanteil im Salz auch einen basischen Effekt haben. Der günstige Effekt von Kalium und Magnesium auf den Blutdruck lässt sich somit mindestens zum Teil auch auf diesen entsäuernden Mechanismus zurückführen.

Quellen 31, 32

Wie zu wenig Magensäure zum Problem werden kann

Ebenso wie wir ein Thermostat sind, sind wir ein pH-Stat. Eine wesentliche Ausnahme bildet nur der Magen, da der Magensaft eine hohe Säurekonzentration enthält. Wo kommt nun diese Säure her? Erinnern wir uns an die Regulation des pH-Werts über die Bildung von Kohlensäure:

$$H^+ + HCO_3^- \leftrightarrow H_2CO_3 \leftrightarrow CO_2 + H_2O$$

Diese Reaktion wird in den Zellen der Magenschleimhaut dazu benutzt, um aus CO_2 und Wasser Säure zu produzieren. Das sind erhebliche Mengen, denn die Säurekonzentration im Magen kann einen pH-Wert von 1 bis 2 erreichen. Der saure Magensaft hat die wichtige Funktion, Mikroorganismen, die unsere Nahrung kontaminieren, abzutöten. Weiterhin kommt es zu einer Vorverdauung der Nahrungseiweiße. Nicht zu unterschätzen ist die Bedeutung des sauren pH-Werts für die Freisetzung von Mikronährstoffen. So wird die Verfügbarkeit von Spurenelementen wie Zink, Kupfer und Mangan aus der Nahrung ganz wesentlich durch die Säure begünstigt. Ähnliches gilt für die Mineralstoffe Calcium und Magnesium. Ganz besonders wichtig ist ein saurer Magen-pH-Wert für die Freisetzung von Vitaminen. Insbesondere das Vitamin B_{12}, aber auch andere B-Vitamine werden nur schlecht aus der Nahrung herausgelöst, wenn die Magensäurebildung unzureichend ist.

Bei der Säurebildung wird aber nicht nur Säure, sondern auch Bicarbonat gebildet, das im Gegensatz zur Säure nicht in den Magen, sondern ans Blut abgegeben wird. Das bedeutet, dass eine der im Magen produzierten Säuremenge entsprechende Menge von Bicarbonat zeitgleich im Blut erscheint. Da die Säuresekretion in den Magen besonders dann verstärkt abläuft, wenn wir essen, wird nach der Nahrungsaufnahme gleichzeitig die Bicarbonat-Konzentration im Blut ansteigen. Dieses etwas basischere Blut durchspült dann unser Bindegewebe und entfernt dort zwischengelagerte Säure. Gleichzeitig wird ein etwas basischerer Urin produziert. Berücksichtigt man, dass die Säurebildung im Magen insbesondere im Alter oder bei Einnahme von Medikamenten beeinträchtigt ist, so führt das in gleichem Umfang auch zu verminderten Basenfluten nach der Mahlzeit.

Gelangt der saure Mageninhalt in den Darm, wird die Säure durch das Bicarbonat aus dem Sekret der Bauchspeicheldrüse neutralisiert. Die Bicarbonatmenge entspricht dabei der vom Magen bei der Säurebildung abgegebenen Menge. Insgesamt ergibt sich durch die Säuresekretion in den Magen somit keine Beeinflussung des allgemeinen Säure-Basen-Haushalts, sondern es kommt nur zu einer zeitlich versetzten Verteilung.

Häufig wird das Problem des Sodbrennens mit einer Übersäuerung gleichgesetzt. Das ist allerdings nicht richtig, da Sodbrennen nicht auf eine zu hohe Säurebildung zurückzuführen ist, sondern dadurch entsteht, dass saurer Mageninhalt in die Speiseröhre aufsteigt und dort zu Beschwerden führt. Eine Ursache dafür kann ein zu großes Nahrungsvolumen sein, da hierdurch der Schließmuskel am Mageneingang beeinträchtigt wird. Leider werden Lebens- und Genussmittel, die diesen Verschluss beeinflussen, oft als „sauer" eingestuft (zum Beispiel Süßspeisen). Für die Säure-Basen-Bilanz spielt das aber keine Rolle, so ist beispielsweise Zucker hinsichtlich der Säurebelastung neutral.

Bei regelmäßiger Einnahme von Säureblockern, insbesondere von Protonenpumpeninhibitoren (PPI; Medikamente, die die Säureproduktion unterbinden, um Magengeschwüre oder Sodbrennen zu behandeln), kann ein negativer Einfluss auf den Säure-Basen-Haushalt entstehen. Zwar wird die Säureproduktion im Magen eingeschränkt und damit werden die Beschwerden, die diese Säure verursachen kann, reduziert. Ebenso werden jedoch die Basenfluten nach der Mahlzeit verhindert, sodass langfristig Probleme im Bindegewebsbereich auftreten, da die Basenfluten ausbleiben und Säure weniger effektiv aus der Peripherie entfernt wird.

Eine Übersäuerung erhöht das Risiko für verschiedene Nierensteine.

Säure-Basen-Haushalt und Nierensteine

Epidemiologische Untersuchungen zeigen eine signifikante Erhöhung des Risikos für chronische Nierenerkrankungen bei hoher ernährungsbedingter Säurezufuhr.

Nierensteine können aus verschiedenen Substanzen bestehen. Kommt es zu einer hohen Calcium-Konzentration im Primärharn (wie es bei einer Übersäuerung durch Freisetzung von Calcium aus den Knochen der Fall ist) bei gleichzeitig hoher Oxalsäure-Konzentration (durch den Verzehr oxalsäurereicher Lebensmittel, zum Beispiel Spinat und Rhabarber), steigt das Risiko für Nierensteine. Das Risiko kann jedoch durch ausreichend Basen reduziert werden. Denn ein Teil der Citrate, die den basischen Effekt vieler Lebensmittel ausmachen, wird über die Niere ausgeschieden. Diese Citrate binden Calcium im Primärharn, verhindern so die Bildung von schwer löslichem Calciumoxalat und beugen diesen Nierensteinen vor. Ein saurer Urin-pH-Wert erhöht jedoch das Risiko, da damit weniger vor calciumoxalathaltigen Nierensteinen schützendes Citrat mit dem Primärharn über die Niere ausgeschieden wird.

Auch die Bildung von Harnsäuresteinen ist bei saurem Urin-pH erleichtert. Denn sinkt der pH-Wert unter 5,3, wird Harnsäure ausgefällt und das Steinrisiko steigt.

Ein zu alkalischer Urin-pH-Wert kann ebenfalls die Bildung von Nierensteinen fördern, da oberhalb eines Urin-pH-Werts von 6,8 das Risiko für die Bildung von unlöslichem Calciumphosphat ansteigt. Ein langfristig alkalischer Urin kann somit ein Risiko für die Calciumphosphat-Steinbildung darstellen. Entsteht dieser alkalische pH-Wert aber durch eine hohe Zufuhr citrathaltiger Lebensmittel, zum Beispiel beinahe alle Obst- und Gemüsesorten oder Basen-Supplemente, wird der negative Effekt dadurch aufgehoben, dass die Citrate – wie beschrieben – gleichzeitig Calcium im Primärharn binden und so die Steinbildung verhindern.

Quellen 33–35

Übersäuerung schlecht bei Gicht

Ursache von Gicht ist eine zu hohe Harnsäurekonzentration im Blut. Bei schlechter Durchblutung kann es gerade in den kleinen Gelenken in der Peripherie (insbesondere in den Zehen) dazu kommen, dass durch den relativen Sauerstoffmangel im Stoffwechsel

Milchsäure gebildet wird, die eine lokale Übersäuerung hervorruft. Je saurer die Umgebung wird, desto leichter kann die Harnsäure aber auskristallisieren. Die entstehenden Harnsäurekristalle wirken wie kleine Pfeile, die schmerzhafte Symptome verursachen und zu einer lokalen Entzündung führen. Eine generelle Übersäuerung steigert dieses Risiko, da die Säureausscheidung die Ausscheidung von Harnsäure über den Urin hemmt und damit zum Gichtrisiko beiträgt. Untersuchungen zeigten, dass eine basenreiche Ernährung zu vermehrter Ausscheidung von Harnsäure führte. Die bei Gicht empfohlene Reduzierung der Proteinzufuhr beruht deshalb auf zwei Wirkmechanismen: Einerseits werden weniger Purine zugeführt, deren Verstoffwechselung zur Bildung von Harnsäure führt, andererseits wird die Ausscheidung von Harnsäure erleichtert, da die mit dem Proteinverzehr verbundene Säurebelastung verringert wird.
Quelle 36

Wie dauerhaft zu viel Säure zu Muskelverlust führt

Welche Mechanismen sorgen nun in der Niere dafür, dass sowohl überschüssige Säuren oder – auch das kann notwendig sein – überschüssige Basen aus dem Körper eliminiert werden?

In der Niere wird kontinuierlich ein Ultrafiltrat des Blutes hergestellt, der Primärharn, das heißt, der wässrige Blutanteil mit den darin gelösten Substanzen wird von den Blutkörperchen und den Substanzen mit hohem Molekulargewicht (Proteine) abgetrennt. Über einen aufwendigen Prozess wird der überwiegende Teil dieses Ultrafiltrats in der Niere wieder zurückgewonnen. So schafft es die Niere, dass täglich nur ein geringer Teil der gelösten Stoffe mit dem Urin verloren geht. Natürlich sind auch Säure und Bicarbonat entsprechend der Blutkonzentration im Primärharn enthalten.

Bei einer ausgewogenen Säure- und Basenzufuhr besteht keine Notwendigkeit, Säure oder Basen, die aus der Nahrung stammen, auszuscheiden. Trotzdem überwiegt häufig die tägliche Gesamtausscheidung von Säure. Betrachtet man diese gesamte tägliche Säureausscheidung, setzt sie sich einerseits aus dem häufig bestehenden Säureüberschuss der Nahrung sowie andererseits aus organischen Säuren zusammen, die dem Stoffwechsel entstammen. Durchschnittlich

Jedes Jahr geht etwa 1 Prozent der Nierenleistung verloren. Ein 70-Jähriger hat sozusagen nur noch die Leistung einer Niere.

beträgt diese sogenannte endogene Säureproduktion täglich etwa 50 mÄq. Dieser Anteil der Säureausscheidung ist unabhängig von der Ernährung und auch bei unterschiedlichen Stoffwechselsituationen sehr konstant. Schwankungen in der Säureausscheidung sind deshalb insbesondere auf Änderungen der Säure-/Basenzufuhr mit der Nahrung zurückzuführen.

Beim bei uns üblichen Säureüberschuss der Nahrung muss in der Niere die Säureausscheidung erhöht werden. Bestimmte Transportsysteme der Niere sorgen unter diesen Umständen dafür, dass aus den Nierenzellen vermehrt Säure in den Primärharn abgegeben wird. Würde nun jedoch die gesamte Säuremenge als freie Säure im Primärharn vorliegen, hätte das eine extreme Ansäuerung zur Folge, wodurch die Strukturen der ableitenden Harnwege geschädigt würden. Deshalb gibt es Mechanismen, mit deren Hilfe die freigesetzte Säure gebunden und unschädlich gemacht wird. Die hierfür quantitativ wichtigste Substanz ist Ammoniak (NH_3). Der in den Nierenzellen gebildete Ammoniak kann die Zellmembran leicht durchdringen und gelangt so in den Primärharn. Dort bindet er ein Proton und wird dadurch zum Ammonium-Ion (NH_4^+). Aufgrund der Ladung von NH_4^+ kann dieses Teilchen dann jedoch nicht mehr in die Nierenzellen zurückdiffundieren, sondern verbleibt im Primärharn und wird letztendlich mit dem Urin ausgeschieden.

Eine unschädliche Eliminierung von Säure aus dem Körper ist somit nur möglich, wenn die Niere in der Lage ist, ausreichend Ammoniak bereitzustellen. Allerdings besitzt unser Körper keinen direkten Ammoniakspeicher, sondern muss den dafür notwendigen Stickstoff aus anderen Quellen zur Verfügung stellen. Als Vorstufe der Ammoniakbildung dienen Aminosäuren – insbesondere das Glutamin. Allerdings ist auch die Glutaminmenge in den Nierenzellen begrenzt. Zur Auffüllung des Glutamins der Niere werden dann andere Aminosäuren herangezogen, die letzten Endes aus Protein stammen. Da wir jedoch keinen direkten Proteinspeicher besitzen, müssen Aminosäuren durch den Abbau von funktionalem Protein aus anderen Körperbereichen zur Verfügung gestellt werden. Unsere Muskulatur enthält in Form von Muskelfasern den größten Proteinanteil. Insbesondere dort führt eine Übersäuerung zur allgemeinen

Wenn es langfristig nicht gelingt, die Säureausscheidung zu begrenzen, geht das auf Kosten von Muskelsubstanz.

Aktivierung des Proteinabbaus. Wenn es also langfristig nicht gelingt, die Säureausscheidung zu begrenzen, geht das auf Kosten von Muskelsubstanz – ein Zeichen dafür ist die im Alter auftretende Sarkopenie (siehe dort). Einen Basenüberschuss durch Verzicht auf Protein zu erreichen, ist ein Fehler, denn wir brauchen das Protein für Aufbau und Erhalt der Muskelmasse. Die damit zugeführte Säurelast sollten wir jedoch mit reichlich basischen Lebensmitteln kompensieren.

Nierenschwäche durch Übersäuerung mit fatalen Folgen

Unter normalen Bedingungen reicht die Ammoniakbildung in der Niere gerade aus, um 30 bis 50 mmol Säure auszuscheiden. Erst bei deutlicher zusätzlicher Säurebelastung werden Mechanismen aktiviert, die die Ammoniakbildung erhöhen. Insbesondere müssen die dazu erforderlichen Enzyme erst hergestellt werden. Die Umstellung des Nierenstoffwechsels kann einige Tage dauern.

99 Prozent der Säure, die wir eliminieren müssen, scheiden wir in gebundener Form aus. Der niedrigste pH-Wert, den unsere Niere noch aushält, ist etwa 4. Die Säureausscheidung in Form von freien Wasserstoffionen spielt mengenmäßig keine Rolle (Rechenbeispiel: pH 4 entspricht einer H^+-Konzentration von lediglich 0,1 mmol/l. Um 70 mmol in Form von Protonen auszuscheiden, müssten mindestens 700 l Harn produziert werden.).

Mit funktionierenden Nieren sind wir also insgesamt in der Lage, einen Säureüberschuss auszuscheiden. Leider besteht das Problem, dass unsere Nieren mit zunehmendem Alter immer weniger effizient arbeiten.

Im Rahmen einer Studie (NHANES III) wurde anhand von 10.000 in den USA lebenden Menschen die Nierenfunktion überprüft. Dabei wurde festgestellt, dass allgemein die Nierenfunktion mit dem Alter abnimmt, und zwar ganz unabhängig von Hautfarbe und Geschlecht. Bei der Betrachtung der Nierenleistung in den jeweiligen Altersgruppen fand man heraus, dass im Mittel pro Jahr etwa 0,7 bis 1 Prozent der Nierenleistung verloren geht.

Das Maß für die Nierenfunktion ist die glomeruläre Filtrationsrate, kurz GFR. Die GFR ist das pro Zeiteinheit von den Glomeruli der Nieren filtrierte Volumen. Es wird in der Regel in der Einheit ml/min angegeben und ist einer der wichtigsten Parameter zur Beurteilung der Nierenfunktion. Bei einem jungen Erwachsenen sollte die GFR etwa 120 ml/min betragen.

GFR (glomeruläre Filtrationsrate) im jeweiligen Alter

Alter (in Jahren)	Mittlere GFR
20–29	116 ml/min
30–39	107 ml/min
40–49	99 ml/min
50–59	93 ml/min
60–69	85 ml/min
über 70	75 ml/min

Obwohl nach Angaben des Robert-Koch-Instituts der Anteil der Personen in Deutschland, die täglich Gemüse verzehren, mit zunehmendem Alter sogar leicht zunimmt, konsumieren nur die Hälfte der Frauen und etwa 35 Prozent der Männer in einem Alter oberhalb von 65 täglich Gemüse oder Salat. Bei nachlassender Nierenfunktion ist die Chance, in eine Übersäuerung zu rutschen, für viele Ältere also sehr groß.

In weiteren Bevölkerungsstudien zeigte sich, dass auch der Blut-pH-Wert mit zunehmendem Alter abnimmt – zwar immer noch innerhalb der tolerierbaren Grenzen, aber doch signifikant. Diese sehr kleinen Unterschiede erkennt man aber nur, wenn man eine größere Anzahl von Individuen untersucht und dann die mittleren Werte in Abhängigkeit vom Alter betrachtet.

Leider reicht für die Diagnostik einer solchen latenten Azidose deshalb die einfache Blut-pH-Messung nicht aus. Aber nicht nur der pH-Wert ändert sich leicht, sondern auch der Hauptblutpuffer, das Bicarbonat. Bis zum Alter von etwa 50 Jahren ist die Konzentration im Blut stabil, danach findet man jedoch einen deutlichen Rückgang, die Bestimmung der Bicarbonat-Konzentration

Statistisch sinken mit dem Alter pH-Wert und Bicarbonat-Konzentration im Blut

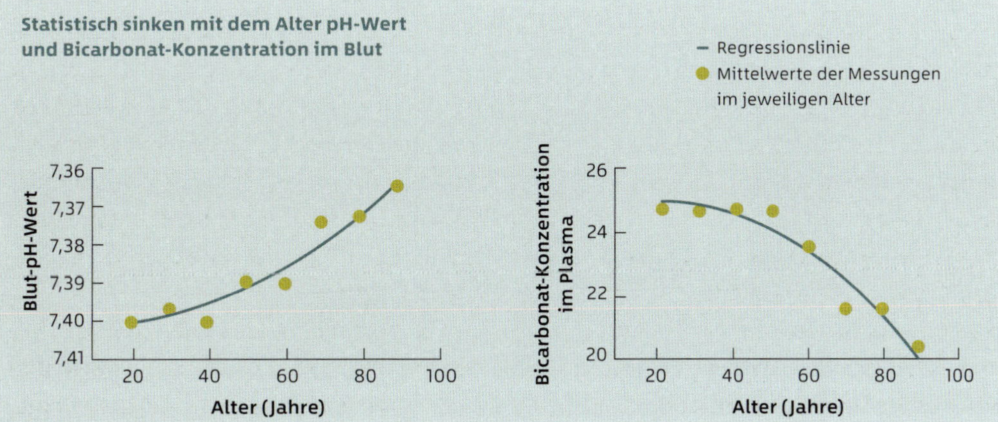

Frassetto et al., J Geront: Biological Sciences, 51, 1996

im Blut ist aus diesem Grund durchaus sinnvoll. Eine Studie, die das Deutsche Institut für Kinderernährung in Zusammenarbeit mit uns durchgeführt hat, verglich Kleinkinder, Jugendliche, junge Erwachsene und ältere Menschen. Mit zunehmendem Alter nahm die maximale Fähigkeit, Säure auszuscheiden, ab. Während Kinder noch eine hohe Säureausscheidungskapazität aufwiesen, war diese schon bei Teenagern reduziert und junge Erwachsene, aber insbesondere Ältere verzeichneten eine signifikante Abnahme.

Die Untersuchungen zur Nierenfunktion an großen Bevölkerungsgruppen (siehe Tabelle) legen nahe, dass die abnehmende Nierenfunktion mit zunehmendem Alter einheitlich auftritt. Dennoch war in der „Baltimore Longitudinal Study of Aging", in der 884 Männer im Alter von 17 bis 96 Jahren bis zu zehn Jahre lang untersucht wurden, eine Abnahme der Nierenfunktion im Laufe der Zeit nicht einheitlich beobachtbar. Bei einem Teil der Probanden unterblieb die Abnahme der Nierenfunktion oder es kam

Durchschnittliche Nettosäureausscheidungskapazität (NAEC) bei gesunden Menschen unterschiedlichen Alters

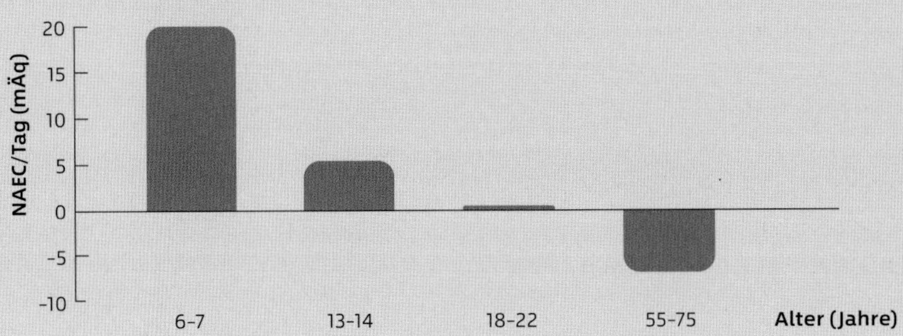

Berkemeyer, Vormann, Gunther et al. J Am Geriatr Soc 56, 1442-8, 2008

Bei der Ernährung des Steinzeitmenschen war die Säureausscheidung noch nicht notwendig.

über die Zeit sogar zu einer Verbesserung. Diese Ergebnisse zeigen, dass die Abnahme der Nierenfunktion bei zunehmendem Alter kein schicksalhafter Prozess ist, den man einfach hinnehmen muss. Natürlich stellt sich dann die Frage, wodurch man den Verlust verhindern kann.

Zuerst ist da sicherlich die grundsätzliche Säurebelastung der Nieren anzuführen. Vor einigen Jahren führten wir in Schweden eine Studie mit älteren Frauen und Männern durch, die sich einem 24-Stunden-Urinsammeltest unterzogen. In diesem sogenannten 24-Stunden-Urin ist es möglich, die gesamte tägliche Säureausscheidung zu analysieren. Bei den Probanden, die eine typische westliche Ernährung verfolgten, zeigte sich eine mittlere Nettosäureausscheidung von täglich 60 mÄq. Das unterscheidet sich erheblich von unseren Vorfahren der Steinzeit, die sich überwiegend so ernährten, dass eine Ausscheidung von mit der Nahrung aufgenommenen Säuren nicht nötig war. Vielmehr hatten sie häufig sogar einen Basenüberschuss. Modellrechnungen zeigten einen durchschnittlichen Basenüberschuss von 88 mÄq pro Tag. Zieht man die 50 mÄq der aus dem Stoffwechsel stammenden organischen Säuren – die endogene Säurebildung – nun von den 88 mÄq ab, ergibt sich für die Steinzeitmenschen immer noch ein täglicher Basenüberschuss. Die Ausscheidung von Säure war im Durchschnitt also nicht notwendig. Ganz anders ist die gegenwärtige Situation. Bei etwa 15 Prozent der untersuchten Probanden betrug die Nettosäureausscheidung sogar mehr als 100 mÄq pro Tag. Bei Einzelnen kann der Wert sogar 150 mÄq betragen – eine Säurebelastung, die auf Dauer sicherlich zu Schäden führt.

Nettosäureausscheidung im Urin (NAE) innerhalb von 24 Stunden bei 85 gesunden, älteren Frauen und Männern

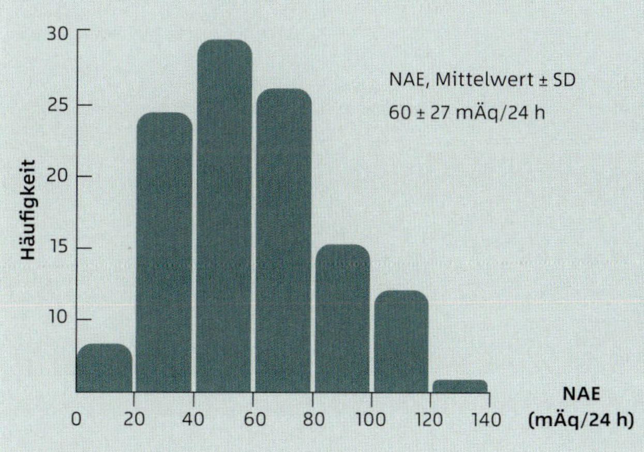

Rylander et al. J Nutrition 2006; 136:2374–2377

Nierenkranke haben ein mindestens zehnfach erhöhtes Risiko, vorzeitig an einer Herz-Kreislauf-Erkrankung zu versterben.

Was sind nun die Folgen einer langfristig säureüberschüssigen Ernährung? Die Überlastung der Nieren führt dazu, dass sich mit zunehmendem Alter die Gefahr einer chronischen Nierenkrankheit erhöht.

!

Wissenswertes

Jeder zehnte Erwachsene leidet an einer chronischen Nierenkrankheit.

Bei dieser chronischen Nierenkrankheit handelt es sich um einen langsamen, über viele Monate oder Jahre voranschreitenden Verlust der Nierenfunktion. Weltweit leiden mehr als 500 Millionen Menschen daran, das entspricht einem von zehn Erwachsenen.

Von einer beginnenden chronischen Nierenkrankheit spricht man, wenn der Grad der Nierenschädigung (GFR) unter den Wert von 60 ml/min abgesunken ist oder wenn im Urin Eiweiß (Protein) ausgeschieden wird. Dieses Eiweiß stammt in der Regel aus dem Blut. Die im Blut enthaltenen Proteine sind hochmolekulare Substanzen, die normalerweise das feine Netz der filtrierenden Strukturen in der Niere nicht durchdringen können. Erscheinen sie im Urin, ist das ein Hinweis auf eine Schädigung des Filtrationsapparats der Niere.

Im engeren Sinn der medizinischen Leitlinien bezeichnet der Begriff „chronisches Nierenversagen" das Endstadium einer chronischen Nierenkrankheit, das durch eine Nierenleistung von 15 Prozent der Norm oder darunter (entsprechend einer glomerulären Filtrationsrate (GFR) von unter 15 ml/min) gekennzeichnet ist.

Konsequenz einer nicht erkannten Nierenerkrankung ist der fortschreitende Verlust der Nierenfunktion – möglicherweise bis zur Notwendigkeit von Dialyse und Transplantation. Aber nicht nur die Nieren sind betroffen. Die häufigsten Folgen der eingeschränkten Nierenfunktion sind Herz-Kreislauf-Komplikationen.

Chronisch Nierenkranke haben ein mindestens zehnfach erhöhtes Risiko, vorzeitig an einer Herz-Kreislauf-Erkrankung (koronare Herzkrankheit, Herzversagen, Durchblutungsstörungen des Gehirns sowie der Arterien) zu versterben.

Klassifizierung der Nierenfunktion

Die Nierenfunktionsleistung wird gemäß der Empfehlung der Kidney Disease Outcome Quality Initiative (KDOQI) in folgende Stufen eingeteilt:

Grad der Nierenschädigung (GFR in ml/min)

Stadium I	GFR > 90; bedeutet normale oder leicht verminderte GFR, aber (wie auch in Stadien II bis V) Eiweiß im Urin oder pathologischer Befund in bildgebendem Verfahren
Stadium II	GFR 89–60; bedeutet geringgradiger Funktionsverlust
Stadium III	GFR 59–30; bedeutet mittelgradiger Funktionsverlust
Stadium IV	GFR 29–15; bedeutet schwerer Funktionsverlust
Stadium V	GFR < 15; bedeutet Nierenversagen

Mit zunehmender Einschränkung der Nierenfunktion treten Folgekrankheiten in mehreren Organsystemen auf:

Bluthochdruck: Etwa 55 bis 75 Prozent aller Menschen mit einer eingeschränkten Nierenfunktion leiden an Bluthochdruck. Durch den chronisch erhöhten Blutdruck kommt es in der Niere zu Schäden, die die Nierenfunktion einschränken. In der Folge führt dann die eingeschränkte Nierenfunktion ihrerseits zu einer Bluthochdruckerhöhung. Die Ursachen dafür sind mannigfaltig. Da die Flüssigkeitsausscheidung eingeschränkt ist, kommt es zu einer Flüssigkeitsüberladung. Diese hat zur Folge, dass in der Niere verschiedene Hormonsysteme aktiviert werden (Aktivierung des Renin-Angiotensin-Aldosteron-Systems, Aktivierung des sympathischen Nervensystems), die zusätzlich eine Blutdruckerhöhung verursachen.

Die zunehmende Schädigung der Nierengefäße sowie durch die Blutdrucksteigerung verursachte Störungen im Stoffwechsel mit einer Vielzahl weiterer Faktoren (zum Beispiel vermehrte Bildung von Prostaglandinen, Bradykinin und Endothelin, geringere Bereitstellung von Stickstoffmonoxid) addieren sich und sind die wichtigsten Ursachen für das bei Nierenkranken erheblich erhöhte Herz-Kreislauf-Risiko. Die korrekte Einstellung des Blutdrucks ist deshalb grundlegende Therapie bei diesen Patienten. Zusätzlich treten auch Störungen des Knochenstoffwechsels auf. Ursache hierfür sind Veränderungen des Vitamin-D-Stoffwechsels, eine verminderte Aufnahme von Calcium über den Darm sowie eine verminderte Ausscheidung von Phosphat über die Nieren.

Die Mechanismen, die für die Schädigung durch eine latente Azidose verantwortlich sind, konnten in den vergangenen Jahren aufgeklärt werden. Zuerst einmal führt die

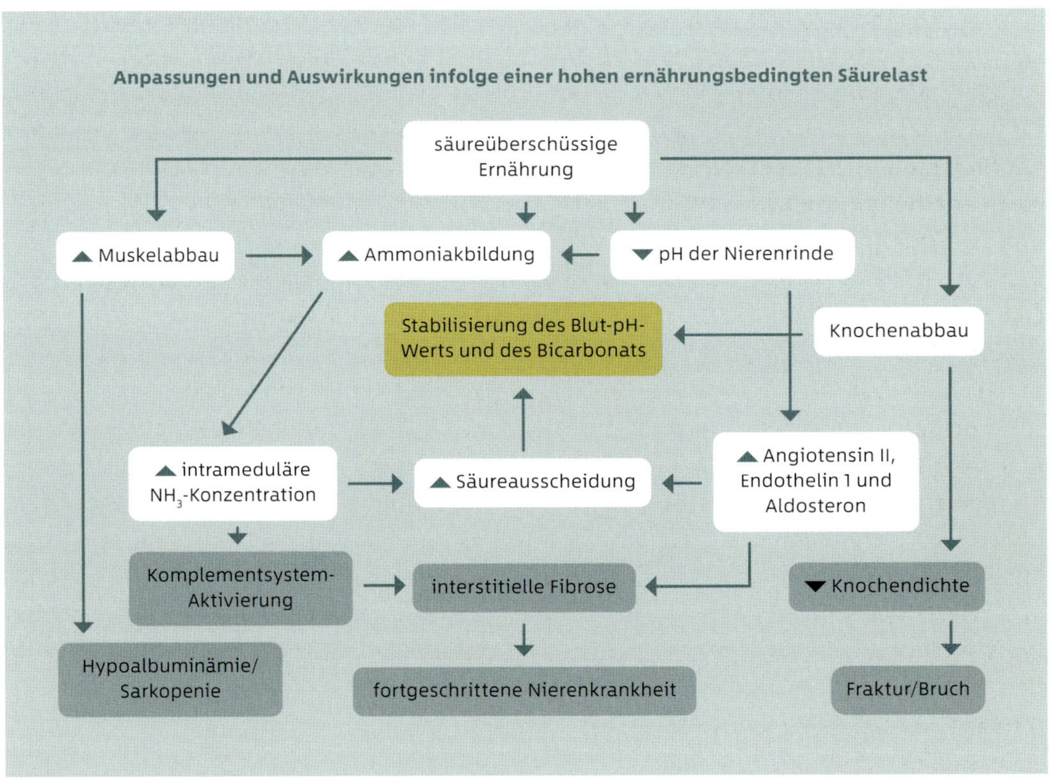

Übernommen von: Scialla J et al. Adv Chronic Kidney Dis. 2013, 20: 141–149

Ein Basenüberschuss wird im Gegensatz zum Säurenüberschuss folgenlos ausgeschieden.

erhöhte Ammoniumbelastung der Nieren bei hoher durch Ernährung verursachter Säurelast zu einer Hypertrophie der Nierenkanälchen, da durch den Abbau von Aminosäuren vermehrt Ammoniak gebildet wird. Das in den hypertrophierten (vergrößerten) Nierenkanälchen vermehrt produzierte Ammonium aktiviert das Komplementsystem und bewirkt letztendlich eine renale Fibrose (vermehrte Bindegewebsbildung). Diese Fibrose führt wiederum zu einer Beeinträchtigung der Nierenfunktion. Zusätzlich kommt es zu einer erhöhten Bildung von Endothelin und zur Aktivierung des Renin-Angiotensin-Systems (Induktion von Bluthochdruck). Eine Reihe von Studien am Menschen hat gezeigt, dass dieser Prozess der Nierenschädigung wesentlich verlangsamt wird, wenn die Azidose vermieden wird. Generell führt deshalb eine Basentherapie auch bei Nierenkranken zu sehr positiven Ergebnissen. Kürzlich veröffentlichte Übersichtsarbeiten zeigen übereinstimmend diesen positiven Effekt.

Quellen 37–42

Gibt es einen Basenüberschuss?

Ein Basenüberschuss aus der Nahrung kann leicht über die Niere ausgeschieden werden. Das aus dem Ultrafiltrat des Blutes stammende Bicarbonat wird in der Niere unter Bedingungen eines Säureüberschusses vollständig zurückresorbiert. Entsteht durch einen Basenüberschuss der Nahrung oder durch die Einnahme eines Basenpräparats ein Überhang der Bicarbonat-Konzentration, wird der entsprechende Teil aus dem Ultrafiltrat der Nieren nicht zurückresorbiert und stattdessen mit dem Urin ausgeschieden. Im Urin bindet das Bicarbonat freie H^+-Ionen und erhöht dadurch den Urin-pH-Wert.

Internationale Anerkennung der gesundheitlichen Relevanz einer Azidose

Die Bedeutung einer latenten Azidose für das Problem der chronischen Niereninsuffizienz wird inzwischen weltweit anerkannt. In einem kürzlich publizierten Übersichtsartikel in „Nature Reviews" („Nature" ist eines der wichtigsten wissenschaftlichen Publikationsorgane) wird der Aspekt einer pflanzenbetonten Ernährung (siehe auch Seite 58) ausführlich dargestellt.

Quelle 43

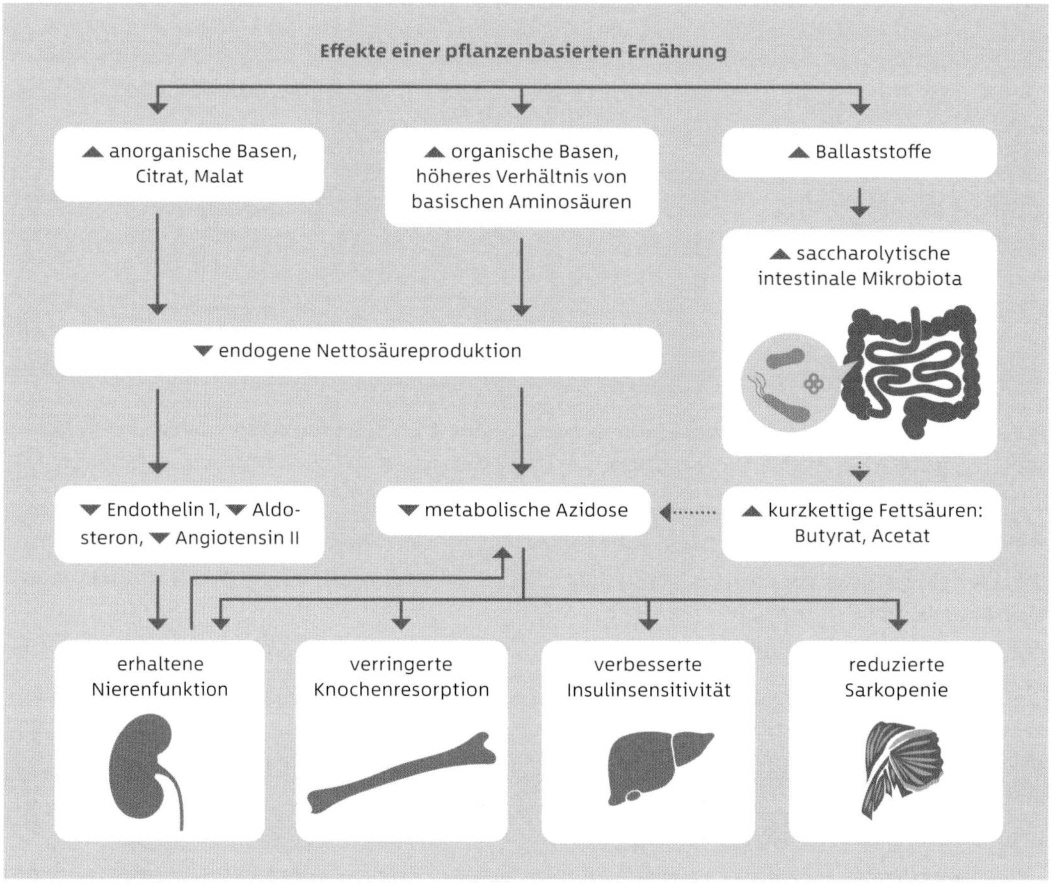

Carrero et al. Plant-based diets to manage the risks and complications of chronic kidney disease, Nature Reviews Nephrol, 2020 Jun 11.

Steigendes Krebsrisiko bei höherer Säurelast

Es gibt zahlreiche Belege aus Tier- und Humanstudien, die zeigen, dass eine saure äußere Mikroumgebung (lokale Umgebung) von Krebsgewebe eine bedeutende Rolle beim Tumorwachstum und bei der Metastasierung spielt.

Otto Warburg, der in den 1930er-Jahren in Berlin forschte, erkannte als Erster, dass Krebszellen mehr Säure produzieren als normale Zellen – unter anderem eine Entdeckung, für die Warburg den Nobelpreis erhielt.

Normales Gewebe hat einen extrazellulären pH-Wert von 7,4. Untersuchungen an verschiedenen Tumorarten sowohl bei Tieren als auch beim Menschen zeigen, dass in der direkten Umgebung des Tumors der pH auf Werte von unter 6,3 sinken kann. Das bedeutet eine mehr als Verzehnfachung der lokalen Säurekonzentration gegenüber der Normalsituation. Die in der Umgebung befindlichen unveränderten Zellen können

Frühe Erkenntnis mit Nobelpreis (1930): Krebszellen schaffen sich durch Übersäuerung der Nachbarzellen Platz.

diese hohe äußere Säurelast auf Dauer nicht tolerieren und sterben ab. Hierdurch verschafft sich der Tumor Platz zum Wachsen. Diese Zerstörung des umgebenden Gewebes und die Neumodellierung der extrazellulären Matrix schaffen die notwendigen Voraussetzungen für die lokale Invasion, aber auch für die Metastasierung von Tumorzellen. In jüngerer Zeit wurde darüber hinaus gezeigt, dass der saure pH-Wert von Tumoren einen direkten Einfluss auf das Immunsystem hat. Insbesondere diejenigen Immunzellen, die für die Entfernung von Tumorzellen verantwortlich sind, werden gehemmt. Im Tierexperiment kann die Tumorazidität (Säurebildung durch Tumoren) mit oral zugeführten Basen neutralisiert werden, wodurch einige der Folgen der Säurebelastung, einschließlich lokaler Invasion, Metastasierung und Immunhemmung, rückgängig gemacht wurden.

Wurden Tumorzellen in das Brustfettpolster von Mäusen injiziert, um künstlich Krebs zu erzeugen, zeigte sich, dass die Überlebensrate bei Tieren, deren Trinkwasser Bicarbonat zugesetzt war, hochsignifikant höher war als in der Gruppe ohne Bicarbonat. Dieser Effekt konnte auch in weiteren tierexperimentellen Untersuchungen mit unterschiedlichen Tumorarten bestätigt werden. Generell führte eine erhöhte Basenzufuhr zu verlangsamtem Tumorwachstum und einer geringeren Mortalität.

Aufgrund dieser Erkenntnisse untersuchte man, ob auch beim Menschen ein Zusammenhang zwischen Krebserkrankungen und Säure-Basen-Status nachzuweisen ist. In der NHANES-Studie aus den USA wurde bei mehr als 34.000 Teilnehmern über einen Zeitraum von zehn Jahren der Zusammenhang zwischen einem Parameter des Säure-Basen-Status im Blut (der Anionen-Lücke, ein Parameter, der in den USA zur Bewertung des Säure-Basen-Status verwendet wird, vergleichbar mit der Bicarbonat-Konzentration bei uns) und der Anzahl der an Krebs verstorbenen Studienteilnehmer untersucht. Vergleicht man die Mortalität in dem Viertel der Teilnehmer mit der geringsten Anionen-Lücke mit der in dem Viertel mit der höchsten Anionen-Lücke, also mit höherer Säurelast, ist in diesem Viertel die Krebssterblichkeit um 60 Prozent erhöht. Die Anionen-Lücke gibt den Gehalt von Natrium minus den Gehalt von Chlorid plus Bicarbonat im Serum an. Je höher die Anionen-Lücke, desto höher die Säurebelastung. In den USA wird dieser

Im Tierversuch verlangsamt eine Basenzufuhr das Tumorwachstum.

Parameter aus historischen Gründen häufiger angegeben als die Bicarbonat-Konzentration allein.

Eine weitere epidemiologische Untersuchung befasste sich mit der Säurebelastung aus der Nahrung und dem Risiko für Brustkrebs. Die 2019 veröffentlichte „Sister-Studie" zeigte, dass mit abnehmender Säurelast der Ernährung (abnehmender PRAL-Wert) auch ein geringeres Risiko für Brustkrebs verbunden ist. Bei deutlich basenüberschüssiger Ernährung war das Risiko um mehr als 50 Prozent reduziert.

Studien zur Wirkung einer Basensubstitution bei Tumorpatienten waren bisher nur Einzelfallbeobachtungen, das heißt, man

Ergebnisse der Sister-Studie: relative Häufigkeit für Östrogenrezeptor-negativen Brustkrebs im Vergleich zu PRAL 0

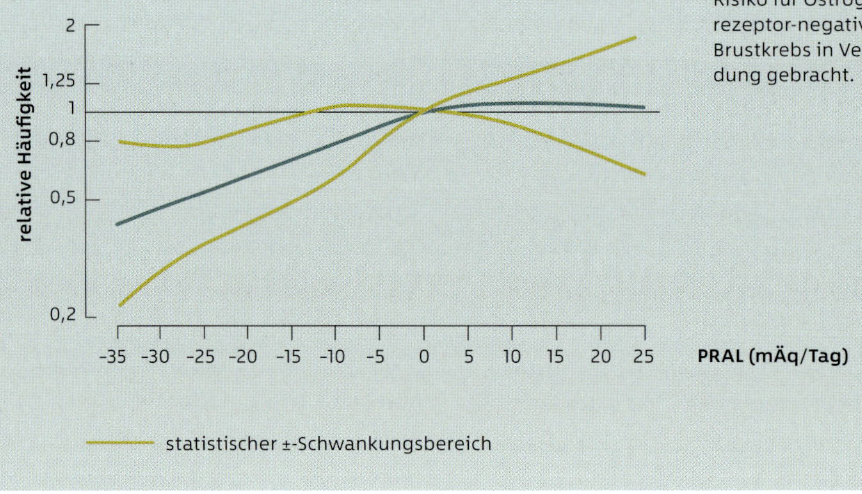

Negative PRAL-Werte, wie sie die basische Ernährung widerspiegeln, wurden mit einem verringerten Risiko für Östrogenrezeptor-negativen Brustkrebs in Verbindung gebracht.

Park et al. Int J Cancer 2019; 144: 1834–1843

Studie belegt bei Basentherapie signifikant längere Überlebenszeit bei Bauchspeicheldrüsenkrebs.

Hoffnungsschimmer

Nach zwölf Monaten Basentherapie wurde mittels Computertomografie sogar eine Schrumpfung des Tumors festgestellt.

stellte an einzelnen Patienten fest, dass eine basische Ernährung zu einer Verbesserung führte. So waren zum Beispiel Tumormarker von hohen Werten vor der Behandlung wieder auf normale Werte zurückgekehrt.

Grundsätzliche Aussagen lassen sich aus diesen Beobachtungen nicht treffen, zusammen mit den Ergebnissen aus In-vitro- und In-vivo-Studien, also im Reagenzglas und am lebenden Menschen, und den Beobachtungen aus den Bevölkerungsstudien geben sie jedoch Hinweise, dass eine systematische Basentherapie bei Tumorpatienten angezeigt sein könnte. Erst im Jahr 2020 wurden in einer renommierten klinischen Fachzeitschrift („Anticancer Research") die ersten Ergebnisse einer systematischen Untersuchung zur Basenzufuhr bei Tumorpatienten publiziert. Die Arbeitsgruppe um Prof. Wada von der Universität Kyoto, Japan, untersuchte, ob eine basenüberschüssige Ernährung mit oder ohne zusätzliches Bicarbonat bei Patienten mit Bauchspeicheldrüsenkrebs zu Überlebensvorteilen führt. Bauchspeicheldrüsenkrebs ist sehr aggressiv und selbst bei kombinierten Chemotherapien mit kurzer Überlebenszeit verbunden. Zusätzlich zur Chemotherapie-Behandlung wurde den Patienten eine basenreiche Diät verschrieben, die mindestens 400 g Obst und Gemüse pro Tag umfasste, bei möglichst völligem Verzicht auf Fleisch und Milchprodukte. Ebenso wurde täglich eine orale Natriumbicarbonatlösung zugeführt. Bei 28 teilnehmenden Patienten wurde regelmäßig der pH-Wert des Urins gemessen und die Überlebenszeit bestimmt. Nach der Alkalisierungstherapie mit einer vermehrten Basenzufuhr war der pH-Wert im Urin, gemessen bei jeder ärztlichen Untersuchung, signifikant höher als zu Beginn der Studie. Im Vergleich zu Patienten mit einem niedrigen pH-Wert im Urin war ein basischer pH-Wert im Urin bei diesen Patienten mit einer signifikant höheren durchschnittlichen Gesamtüberlebensrate

Zusammenhang zwischen den Überlebensraten und dem Urin-pH-Wert: Überleben ab Beginn der Basentherapie bei Patienten mit einem Urin-pH-Wert von höher als 7,0 und 7,0 oder niedriger

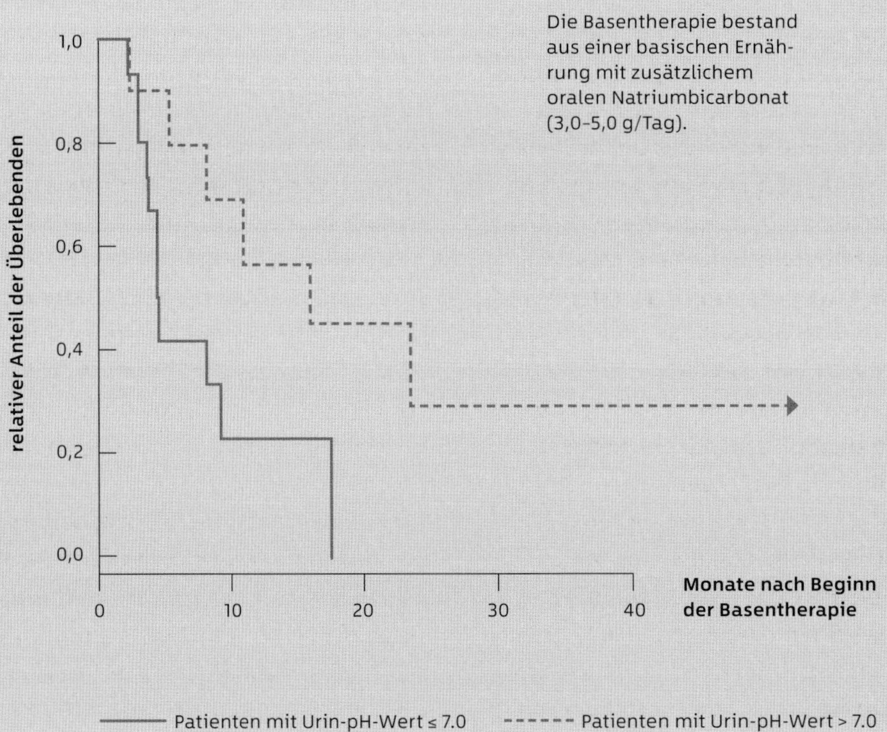

Wada H. Scientia 2020. doi:10.33548/scientia483

Inwiefern eine hohe Basenzufuhr krebspräventiv wirken kann, ist bisher nicht bekannt.

verbunden. Patienten, deren pH-Wert im Urin um mehr als eine pH-Einheit basischer wurde, hatten eine Überlebenszeit von 16,1 Monaten, während die Überlebenszeit bei denjenigen Patienten, deren pH-Wert um weniger als eine pH-Einheit angestiegen war, nur 4,3 Monate betrug.

Die bisherigen Ergebnisse im Zusammenhang mit einer Alkalisierung (erreicht durch basenüberschüssige Ernährung, Diät oder Supplementierung mit Basen) bei Patienten mit Tumoren im Spätstadium sind vielversprechend. Es ist zu hoffen, dass der Effekt einer Basentherapie in weiteren Studien untersucht wird. Inwiefern eine hohe Basenzufuhr aber auch generell krebspräventiv wirken kann, müssen weitere Studien zeigen. Tatsache ist, dass in unserem Körper laufend Krebszellen entstehen. Normalerweise gelingt es ihnen aber nicht, sich zu einem Tumor zu entwickeln. Ein Faktor (neben vielen anderen), der darüber entscheidet, ob das passiert, könnte sein, dass mit ausreichender Pufferkapazität die lokalen Schäden durch Säure vermieden werden und andere Mechanismen Zeit bekommen, die Tumorzellen zu entfernen. Ein ausgeglichener Säure-Basen-Haushalt kann somit möglicherweise auch in der Prävention von Krebserkrankungen wichtig sein.

Eine weitere Bedeutung hat eine Basentherapie bei einer der problematischsten Folgen einer Krebserkrankung, denn die durch den Tumor verursachte lokale Azidose ist für die Schmerzentstehung entscheidend. Besonders bei Patienten mit Knochenkrebsmetastasen ist die latente Azidose eine Hauptursache für Morbidität und verminderte Lebensqualität. Mit den derzeitigen Behandlungen lassen sich diese krebsbedingten Knochenschmerzen nicht zufriedenstellend kontrollieren. Eine Supplementierung mit Basen bietet die Möglichkeit, ein basischeres lokales Milieu im Bereich des Bindegewebes am Knochen zu erzeugen. Ein Teil der freigesetzten Säure lässt sich dadurch neutralisieren, wodurch die Schmerzen verringert werden.

Leider beträgt die Chance, im Verlauf des Lebens an Krebs zu erkranken, bei uns etwa 50 Prozent – mit einer 25-prozentigen Wahrscheinlichkeit, daran zu sterben. Gesunde Lebensführung und Ernährung sind wichtige präventive Maßnahmen, das Risiko zu vermindern. Sowohl zur Prävention als auch in der Therapie von Krebs sollte man auf eine ausreichende Basenzufuhr achten.

Quellen 44–51

Basen als Schutz vor Corona-Infektion und schwerwiegenden Verläufen

Die Corona-Pandemie stellt an das Gesundheitssystem und unsere Gesellschaft außerordentliche Herausforderungen. Gegenwärtig ist eine medikamentöse Therapie der COVID-19-Erkrankung nicht zufriedenstellend vorhanden, ebenso wird die Verbreitung eines Impfstoffes voraussichtlich noch dauern. Andererseits ist bekannt, dass bei etwa 80 Prozent der Infizierten die Krankheit entweder unbemerkt oder mit nur leichten Symptomen vorübergeht. Warum diese Personen jedoch geschützt sind, ist bisher weitgehend unbekannt.

Generell ist unser Immunsystem in der Lage, Viren unterschiedlichster Art zu erkennen und zu eliminieren. Das unspezifische Immunsystem benötigt dafür eine Reihe von Kofaktoren, die zum Teil aus der Nahrung stammen – zum Beispiel Vitamine, Mineralstoffe und Spurenelemente. Weniger bekannt ist die Tatsache, dass vor allem mit der westlichen Ernährung generell eine nahrungsbedingte Säurebelastung einhergeht, die das Immunsystem belastet.

INFO

Gegenwärtig geht man davon aus, dass durch die Säurebelastung ein großer Teil der Bevölkerung eine geringfügige metabolische Azidose aufweist.

Da die Nieren das Hauptorgan für die Ausscheidung überschüssiger Säure sind und die Nierenkapazität mit zunehmendem Alter abnimmt, sind insbesondere Ältere von dieser Säurebelastung betroffen.

Kürzlich publizierte Untersuchungen weisen darauf hin, dass die Vermeidung einer Azidose auch das Corona-Geschehen günstig beeinflusst. **Um eine Zelle zu infizieren, müssen Bestandteile der Virusmembran mit der Membran der Wirtszelle verschmelzen. Dieser Prozess wird wesentlich von der umgebenden Säurekonzentration beeinflusst. Ein saurer pH-Wert erleichtert diesen Vorgang, während ein eher basischer pH-Wert hemmend wirkt.** Auch Prozesse, die nach dem Eindringen des

> Das Corona-Virus ist gegenüber Veränderungen des pH-Werts empfindlich. Wird der pH-Wert vom sauren in den basischen Bereich angehoben, überlebt es nur noch Minuten.

Virus in die Zelle dort zur Virusvermehrung führen, werden durch eine Änderung des pH-Werts beeinflusst. Das Corona-Virus selbst ist gegenüber Veränderungen des pH-Werts empfindlich. Wird der pH-Wert vom sauren in den basischen Bereich angehoben, wird der Virus irreversibel, also nicht wieder rückgängig machbar, inaktiviert und überlebt nur noch Minuten.

Das als COVID-19-Medikament diskutierte Hydroxychloroquin verhindert gerade die intrazelluläre Ansäuerung und hemmt dadurch die Vermehrung des Virus. Aufgrund der erheblichen Nebenwirkungen wird von der Anwendung dieses Präparats aber eher abgeraten.

Auch wenn die COVID-19-Krankheit ausgebrochen ist, beeinflusst eine Änderung im Säure-Basen-Haushalt offensichtlich den Verlauf. Untersuchungen an COVID-19-Patienten aus Wuhan zeigten, dass viele Patienten eine massive metabolische sowie eine intrazelluläre Azidose aufwiesen. In einer weiteren Kohortenstudie aus China konnte man feststellen, dass 30 Prozent der später verstorbenen Patienten eine Azidose aufwiesen, bei den genesenen Patienten fand man vorher jedoch nur bei 1 Prozent eine derartige Azidose. Diese Erkenntnisse lassen den Schluss zu, dass eine Therapie mittels Basensubstitution bei COVID-19-Patienten sinnvoll sein könnte. Auch epidemiologische Daten korrelieren hinsichtlich der betroffenen Patientengruppen und des Risikos einer vorherigen chronischen Belastung des Säure-Basen-Haushalts. Generell ist die Erkrankungshäufigkeit vor allem in Populationen hoch, die sich nach westlicher Art ernähren, während in Populationen und Gegenden mit mehr pflanzenbetonter Ernährung (also weniger säurelastig) die Erkrankungsrate geringer ist.

Dazu passen auch Erkenntnisse, die sich auf eine weitere Pandemie, die „Spanische Grippe" von 1918 bis 1920, beziehen. Auch wenn in dieser Zeit nur wenige Studien nach den heute üblichen Kriterien durchgeführt wurden, so gibt es doch viele Berichte, die auf eine positive Wirkung einer Basensubstitution hinweisen. Denn bereits im Jahr 1927 wurde beschrieben und experimentell belegt, dass eine geringfügige Azidose die Symptome einer „Erkältung" erheblich verstärken kann und andererseits diese Symptome durch eine basische Ernährung reduziert werden konnten.

Eine hohe Basenzufuhr kann dann möglicherweise nicht nur die Corona-Gefährdung vermindern, sondern verbessert darüber hinaus den Schutz gegenüber anderen Gesundheitsrisiken.
Quellen 52–54

Basen bei Dermatitis hilfreich

Ekzeme sind eine der häufigsten Hautkrankheiten – weltweit sind davon mehr als 200 Millionen Menschen betroffen. Die häufigste Ursache für chronische ekzematöse Läsionen (EL) ist die atopische Dermatitis (AD, Neurodermitis). Die lebenslange Erkrankungsrate der Neurodermitis beträgt fast 20 Prozent – wobei die meisten Fälle in der Kindheit auftreten –, was diese Erkrankung zu einer der häufigsten unter den entzündlichen Hauterkrankungen macht. Das Ekzem stellt eine der ersten klinischen Anzeichen der AD dar. Juckreiz, Hautrötung, Abschuppung, Flechtenbildung sind Grundlagen für Schweregradskalierung und Einstufung der AD. Abgesehen von schweren Fällen, die eine systemische Therapie erfordern, stützt sich die Standardbehandlung auf die Lokaltherapie mit kortikosteroidhaltigen Salben und die Begleittherapie mit Weichmachern und anderen feuchtigkeitsspendenden Mitteln, die alle dazu beitragen, die Symptome zu lindern.

Typischerweise ist der pH-Wert der kosmetischen Cremes, die zur Behandlung/Befeuchtung verwendet werden, leicht sauer (pH = 5,5). Man geht davon aus, dass feuchtigkeitsspendende Salben mit einem leicht sauren pH-Wert wesentlich zur Wiederherstellung der Gesundheit der obersten Hautschichten und der mikrobiellen Flora beitragen, die für die Bildung eines schützenden Biofilms auf der Hautoberfläche erforderlich ist. Es mehren sich jedoch die Hinweise, die zusätzlich die Verwendung von leicht alkalischen Cremes zur Behandlung unterstützen. Die Begründung für die Verwendung dieser Cremes beruht auf den stimulierenden Eigenschaften eines leicht alkalischen pH-Werts auf die Zellerneuerung und auf dem positiven Einfluss auf die Funktion von hornbildenden Zellen.

Darüber hinaus ist die krank machende Wirkweise der AD als systemische Erkrankung stark mit der zugrunde liegenden Entzündung in den inneren Schichten der Epidermis und darunter verbunden. Eine solche Entzündung ist durch eine lokale

Übersäuerung gekennzeichnet, die durch allergische Entzündungsmechanismen verursacht wird und zu Störungen der Zellerneuerung und Funktion von Hautzellen führt. Eine Studie an menschlichen Hautgewebekulturen hat eine deutlich verminderte Reparatur von Hautwunden gezeigt, die einem pH-Wert von 5 beziehungsweise 6 ausgesetzt waren, verglichen mit einer Kontrollgruppe bei pH 7,4. Unter den alkalischen Bedingungen war die Wundheilung insgesamt verbessert.

Klinische Untersuchungen berichten von einer statistisch signifikanten, fast 30-prozentigen Verringerung der entzündeten Bereiche der Haut bei Verwendung einer leicht basischen Creme. Die Verringerung des Läsionsumfangs ging mit einer Abnahme der durchschnittlichen Schweregrade um mehr als 50 Prozent für die wichtigsten lokalen klinischen Zeichen einher. Die Patienten berichteten über eine deutliche Abnahme aller lokalen Symptome bereits nach zwei Wochen Therapie. Der beobachtete Effekt setzte sich im Verlauf der Studie fort und gipfelte in Woche 8 in einer durchschnittlichen Abnahme der Schweregradwerte um mehr als 60 Prozent im Vergleich zum Ausgangswert. Leicht basische Wirkstoffe haben demnach eine beruhigende Wirkung auf die zugrunde liegende Hautentzündung und können zur wirksamen Behandlung lokaler Ekzeme bei Patienten mit leichter Neurodermitis beitragen. Bei dieser chronischen Erkrankung führt insbesondere die lokale Linderung der Symptome zu einer deutlichen Verbesserung der Lebensqualität.

Quellen 55, 56

Oxidativer Stress durch Übersäuerung

Oxidativer Stress ist ein Ungleichgewicht zwischen der Bildung von reaktiven Sauerstoffradikalen und der vorhandenen Menge an Antioxidantien. Die Ursachen für oxidativen Stress können vielfältig sein, zum Beispiel eine unzureichende Zufuhr von Antioxidantien mit der Nahrung, die Wirkung von Toxinen im Körper, wie Rauchen und Umweltverschmutzung, oder eine überschießende Aktivierung von Immunzellen wie etwa bei chronischen Entzündungen. Die Bedeutung von oxidativem Stress insbesondere für chronische Erkrankungen kann kaum überschätzt werden. Allerdings sollte man jedoch feststellen, ob oxidativer Stress direkt zum Krankheitsprozess beiträgt oder ob er lediglich als Folge der Krankheit entsteht. Verschiedene Studien haben gezeigt, dass die Bildung freier Radikale wesentlich beschleunigt wird, wenn der pH-Wert sinkt. Als Folge des sauren pH-Werts kann Eisen aus Proteinen wie Lactoferrin und Ferritin freigesetzt werden. Dieses Eisen verstärkt die Bildung freier Radikale, wobei die schädigende Wirkung mit abnehmendem extrazellulären pH-Wert zusätzlich verstärkt wird. Darüber hinaus haben Zellkulturstudien gezeigt, dass eine Azidose die Aktivität von antioxidativen Enzymen reduziert, was wiederum mit erhöhten intrazellulären freien Eisenspiegeln und erhöhtem oxidativem Stress verbunden ist.

TIPP

Antioxidantien-Präparate weniger wirksam als Gemüse

Aus vielen Studien ist bekannt, dass der Verzehr von frischem Obst und Gemüse sehr wirksam ist, um oxidativen Stress zu reduzieren oder zu stoppen. Gleichzeitig zeigen viele Untersuchungen eine fehlende Wirksamkeit von isolierten, hochdosierten Antioxidantien auf durch oxidativen Stress verursachte Erkrankungen. Eine Erklärung könnte darin liegen, dass bei isolierter Zufuhr von Antioxidantien die Normalisierung des Säure-Basen-Haushalts nicht berücksichtigt wird. Bei hoher Zufuhr von Obst und Gemüse wird aber nicht nur die Antioxidantienzufuhr erhöht, sondern auch eine vorher bestehende Säurebelastung normalisiert sich.

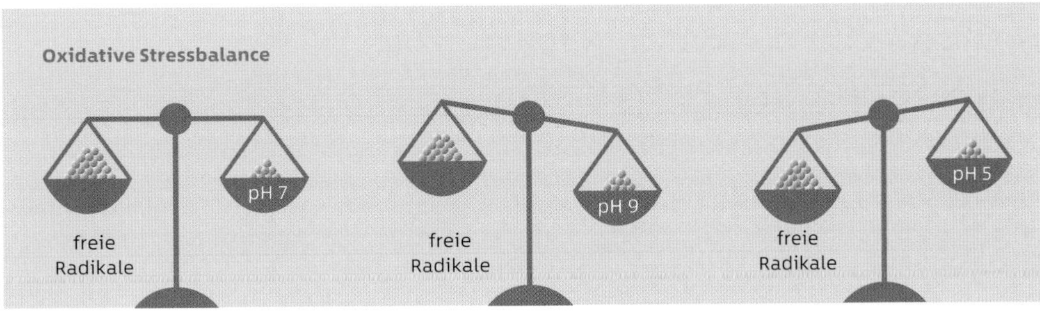

Stress

Neben oxidativem Stress wird unter dem Begriff „Stress" üblicherweise eine erhöhte körperliche oder seelische Anspannung oder Belastung verstanden, die bestimmte Körperreaktionen hervorruft und im Übermaß zu Schäden an der Gesundheit führen kann.

Auch in diesem Geschehen spielt ein ausgeglichener Säure-Basen-Haushalt offensichtlich eine Rolle. Studien am Menschen zeigten, dass eine latente Azidose eine verstärkte Glucocorticoid-Freisetzung verursacht. Das wichtigste Glucocorticoid in unserem Körper ist das Cortisol. Dieses Hormon wird bei Stress aus der Nebennierenrinde rasch ins Blut ausgeschüttet, regt den Stoffwechsel an, hat eine entzündungshemmende Wirkung und sorgt für mehr Energie, unter anderem werden der Blutzucker und der Fettstoffwechsel beeinflusst. Das Stresshormon gilt als wichtiger Gegenspieler zur Wirkung von Insulin in den Zellen. Bei einem Überschuss an Cortisol kann deswegen Insulinresistenz entstehen. Aus diesem Grund sind chronisch erhöhte Cortisolspiegel mit negativen Auswirkungen auf die Gesundheit verbunden und fördern beispielsweise die Entstehung von Diabetes.

Eine säurelastige Ernährung erhöht die basale Cortisol-Sekretion und -Plasmakonzentration. Im Gegensatz dazu führt die Neutralisierung der Säurebelastung der Nahrung zu einer signifikanten Verringerung der Cortisol-Sekretion, der Plasmakonzentration von Cortisol und seiner Metaboliten sowie zu einem allgemeinen Rückgang des Cortisols im Urin.

Eine geringfügige metabolische Azidose hat durch die chronisch erhöhte Cortisol-Freisetzung auch Auswirkungen auf die Funktion der Schilddrüse. Dort kommt es zu einer Abnahme der Schilddrüsenhormonsekretion, also einer leichten primären Hypothyreose. Eine latente Azidose begünstigt damit auch eine Schilddrüsenunterfunktion. Die Nebennieren befähigen uns, auf Stresssituationen zu reagieren, und rüsten uns für „Kampf oder Flucht". Für den Umgang mit Stress ist Cortisol zwar unerlässlich, aber anhaltender Stress führt zu negativen Auswirkungen, zum Beispiel zu einer Fehlregulation des Blutzuckers, erhöhtem Bauchfettgehalt, beeinträchtigter kognitiver Leistung, erhöhtem Risiko für Depressionen, unterdrückter Schilddrüsenfunktion, verminderter Knochendichte, Abnahme der Muskelmasse,

Eine Übersäuerung verursacht eine überhöhte Ausschüttung des Stresshormons Cortisol mit weitreichenden Folgen.

erhöhtem Blutdruck und verminderter Immunität. Der erhöhten Cortisol-Freisetzung kann man durch eine Normalisierung der Azidose begegnen. Interventionsstudien zeigten, dass die Ausscheidung von Cortisol und den wichtigsten Cortisol-Metaboliten unter der alkalisierenden Wirkung einer Basensubstitution signifikant geringer war. Das bedeutet, dass man mit Basenfood auch Stress begegnen und die negativen Auswirkungen von dabei zu viel ausgeschütteten Stresshormonen verringern oder sogar vermeiden kann.

Säurebelastung durch Fasten, Diäten und Stoffwechselerkrankungen

Ein wichtiger Faktor, der zu einer Übersäuerung des Körpers führen kann, ist das Durchführen einer Diät beziehungsweise einer Fastenkur. Generell wird eine unterkalorische Ernährung dazu führen, dass körpereigenes Fettgewebe abgebaut wird (häufig der erwünschte Effekt). Bei diesem vermehrten Abbau von Fettsäuren entstehen saure Stoffwechselendprodukte, die Ketosäuren, die den Säure-Basen-Haushalt zusätzlich belasten können. Eine ähnliche Situation, eine vermehrte Bildung von Ketosäuren, findet man auch bei bestimmten Stoffwechselerkrankungen, zum Beispiel dem Diabetes mellitus. Eine ausreichende Basenzufuhr ist deshalb bei jeder unterkalorischen Diät, einer Fastenkur oder Stoffwechselerkrankungen, die zu einer Übersäuerung führen, unabdingbar.

Allgemein anerkannt ist, dass Übergewicht ein wichtiger Risikofaktor für verschiedene Krankheiten ist. Auch wenn diskutiert wird, ob der Body-Mass-Index (BMI) allein ein geeigneter Indikator für Adipositas ist, kann die Kombination des BMI mit Messungen der Körperzusammensetzung individuelle Gesundheitsrisiken zuverlässig abschätzen. Übergewichtige Menschen wenden zahlreiche Strategien zur Gewichtsabnahme an. Dabei werden zwei Aspekte berücksichtigt: erhöhte körperliche Aktivität und reduzierte Kalorienaufnahme. Eine kalorienreduzierte Diät einzuhalten, ist für die Mehrheit der Übergewichtigen eine schwierige Aufgabe. Eine generelle Reduktion der Kalorienzufuhr kann aber auch dadurch erreicht werden, dass man einfach auf Mahlzeiten verzichtet oder einzelne Tage mit sehr geringer Kalorienaufnahme in den wöchentlichen Lebensplan aufnimmt. Dieses intermittierende Fasten hat nachweislich positive und dauerhafte Auswirkungen auf das Körpergewicht. Ebenso hat Bewegungstraining viele nachweislich positive Auswirkungen auf die Gesundheit, ist aber allein nur von geringer Wirksamkeit zur Gewichtsreduktion. Daher ist eine Kombination von intermittierendem Fasten mit Bewegungstraining sinnvoll, um die Wirkung jeder einzelnen Strategie zu verbessern.

Der Stoffwechsel bei übergewichtigen Menschen, die einem Belastungsprogramm mit oder ohne Kalorienreduktion folgen, wird deutlich in eine fettmobilisierende Richtung verändert. Als Folge davon werden Ketone (Ketosäuren) gebildet. Leider verringert das die Gewichtsabnahme, da eine säurehaltige Umgebung den Triglycerid-Stoffwechsel und die Freisetzung von Fettsäuren aus den Fettzellen reduziert. Eine sehr basenüberschüssige Ernährung und, sollte das nicht möglich sein, eine zusätzliche Supplementierung mit Basen könnten diesen Effekt umgehen und zu einem metabolischen Zustand führen, der eine größere Gewichtsabnahme ermöglicht.

Zur Überprüfung dieser Hypothese wurde an der Universität Halle eine Studie mit übergewichtigen Personen durchgeführt, die zwölf Wochen lang ein individuelles Trainingsprogramm absolvierten. Alle Teilnehmer wurden instruiert, eine ausgewogene Ernährung zu befolgen. Darüber hinaus folgte die Hälfte der Teilnehmer einem intermittierenden Fastenschema, mit Integration von bis zu zwei Fastentagen pro Woche. Zusätzlich wurden beide Gruppen weiter in Untergruppen aufgeteilt, die entweder ein Basen-Supplement oder ein Placebo erhielten. Die Teilnehmer wurden per Zufallsprinzip auf die beiden Gruppen verteilt.

Studienergebnis: deutlich gesteigerte Abnehmerfolge unter Basengabe

Die Ergebnisse dieser aufwendigen Studie waren sehr vielversprechend. Erwartungsgemäß führte das Trainingsprogramm in allen Gruppen zu einer signifikanten und sinnvollen Gewichtsabnahme. Ebenfalls erwartungsgemäß war die Gewichtsabnahme in der intermittierend fastenden Gruppe höher. Bemerkenswert war jedoch, dass die Gewichtsabnahme durch die Einnahme des Basenpräparats zusätzlich signifikant gesteigert wurde. Nach drei Monaten Training und intermittierendem Fasten hatten die Studienteilnehmer in der Placebogruppe durchschnittlich 5,8 kg Körpergewicht verloren, in der Gruppe, die das Basenpräparat einnahm, jedoch 8,3 kg. Die Verwendung des Basenpräparats bewirkte eine erhöhte Bicarbonat-Konzentration im Serum. Außerdem war der pH-Wert im Urin in diesen Gruppen alkalischer.

Die Vermeidung einer Säurebelastung beim Training und Fasten ist somit eine effektive Maßnahme, um eine möglichst hohe Gewichtsabnahme zu erreichen. Eine

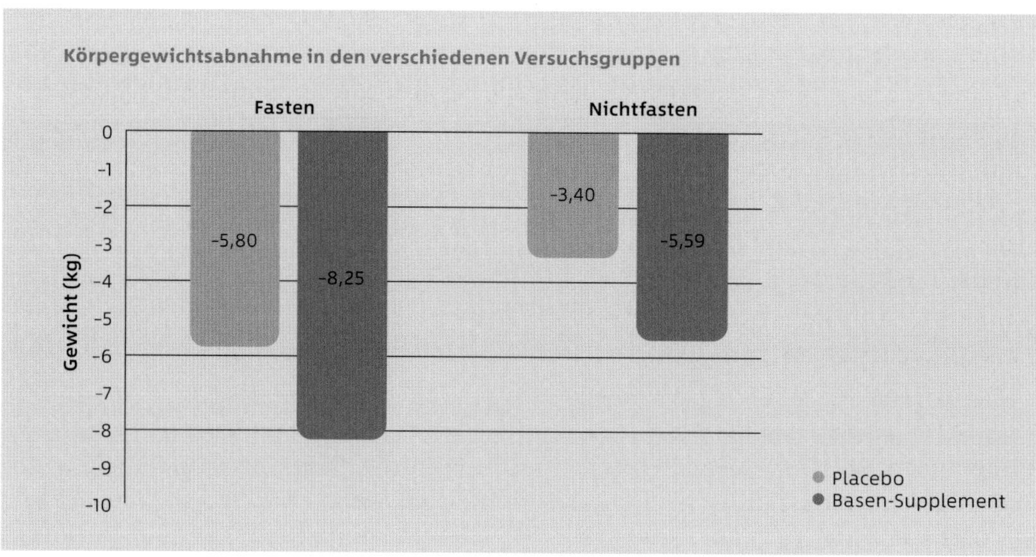

Hottenrott et al. Life 2020; 10: 74

basenüberschüssige Ernährung ist dabei ganz besonders dringlich.
Quelle 57

Übersäuerung und Sport

Eine Säurebelastung wird auch durch körperliche Anstrengung (Sport) hervorgerufen. Bei großer körperlicher Aktivität reicht die Sauerstoffversorgung der Muskulatur oft nicht aus. In den Muskelzellen wird die notwendige Energie dann durch den Abbau von Glukose bis zur Milchsäure bereitgestellt – ein Prozess, der keinen Sauerstoff benötigt. Lokal führt das jedoch zur Übersäuerung, wodurch auch die Leistungsfähigkeit der Muskulatur begrenzt wird. Die Übersäuerung des Bindegewebes erhöht dann das Risiko für Verletzungen (siehe extrazelluläre Matrix). Kommen intensives Training und niederkalorische Ernährung zusammen, wie es in verschiedenen Sportarten der Fall ist, dann hat das sehr negative Auswirkungen auf den Säure-Basen-Haushalt. Die Azidose wird durch Freisetzung von Basen aus dem Knochen kompensiert. Langfristig kann die Entkalkung des Skeletts bis zu Ermüdungsbrüchen führen – Knochenbrüche, die ohne größere äußere Einflüsse auftreten. Weitere Ergebnisse deuten darauf hin, dass eine säurelastige Ernährung in Kombination mit regelmäßigem Training sogar die Nierenfunktion bei intensiv trainierenden Freizeitsportlern zu beeinträchtigen beginnt. Eine hohe Basenzufuhr, am besten mithilfe von basenreichen Lebensmitteln, ist deshalb für Sportler besonders wichtig.

Gravierende Übersäuerung bei der Kombination von Sport mit Diät und/oder Proteinshakes

Ganz besonders ist das der Fall, wenn Sportler zusätzlich zum intensiven Muskeltraining Proteinpräparate mit dem Ziel des Muskelzuwachses einnehmen. Natürlich wird für den Muskelzuwachs vermehrt Protein benötigt, allerdings führt das zu einer erheblichen Säurebelastung. Ein Teil des Proteins wird dann verbraucht, um die mit dem Protein zugeführte Säure wieder auszuscheiden. Dieses Protein fehlt dann für die Muskelernährung. Proteinpräparate sollten deshalb unbedingt mit einer hohen Basenzufuhr kombiniert werden.

Die Vermeidung einer lokalen Übersäuerung im Muskel bewirkt zudem eine verbesserte Leistungsfähigkeit. In umfangreichen

Untersuchungen konnte gezeigt werden, dass Veränderungen der H^+-Konzentration während des Trainings weitreichende Auswirkungen auf den Trainingsmetabolismus haben, von hormonellen Veränderungen bis zu Enzymveränderungen in Muskeln und anderen Geweben. Zum Beispiel wurde berichtet, dass die Azidose die Funktion der Mitochondrien einschränkt und die Energieproduktion begrenzt. Untersuchte man die Auswirkungen einer geringfügigen Azidose des Blutes auf die körperliche Leistungsfähigkeit, zeigte sich eine Leistungsbegrenzung, die dann durch Basenzufuhr vermieden werden konnte. Die Aufrechterhaltung einer hohen Bicarbonat-Konzentration in extrazellulären Flüssigkeiten gilt als Voraussetzung für eine schnellere Entfernung von H^+ aus der Muskelzelle. Als Folge wird die durch die erhöhte Säurebelastung verursachte Muskelermüdung verzögert.
Quellen 58–60

Studie belegt: bessere Energieversorgung der Zelle bei Basen-Supplementierung

Wie bereits beschrieben, können kleine, aber signifikante Veränderungen des muskulären pH-Werts nach einer körperlichen Belastung gemessen werden. Die umfangreich dokumentierten positiven Effekte einer basenüberschüssigen Ernährung und einer Basen-Supplementierung stellen die Frage, ob eine verbesserte Struktur der extrazellulären Matrix auch direkt Einfluss auf die Nährstoffversorgung der Zellen und damit auf den Energiestatus hat.

In Zusammenarbeit mit der Charité in Berlin untersuchten wir in einer doppelblinden, placebokontrollierten klinischen Studie, ob eine vierwöchige eiweißreiche Ernährung das systemische und lokale Säure-Basen-Gleichgewicht und den Stoffwechsel beeinflusst und ob eine tägliche Basen-Supplementierung diese Veränderungen verhindern könnte. 40 ältere gesunde Männer und Frauen erhielten entweder einen Placebo oder ein Basenpräparat und wurden gebeten, über vier Wochen eine proteinreiche Diät zu verzehren. Säure-Basen-Parameter (pH-Wert und Bicarbonat-Konzentration) wurden im Blut und in Proben aus der Oberschenkelmuskulatur untersucht. Dafür wurde unter Lokalanästhesie ein Mikrodialysekatheter direkt in die Muskulatur eingeführt, der es erlaubt, Proben zu sammeln. In diesen Proben können neben den Säure-Basen-Parametern auch Änderungen der Metaboliten-Konzentrationen, wie sie direkt in der lokalen Umgebung der Muskelzelle auftreten, bestimmt werden. Nach vier Wochen Supplementierung und säurelastiger Diät gab es in beiden Gruppen keine signifikanten Unterschiede des Säure-Basen-Status im Blut. Am Untersuchungstag erhielten die Probanden eine proteinreiche (saure) Testmahlzeit. In der Placebogruppe führte das zu einer signifikanten Abnahme der Pufferkapazität (Bicarbonat) im Blut, nicht jedoch in der basensupplementierten Gruppe. Im Vergleich zur Placebogruppe verringerte sich bei der basensupplementierten Gruppe auch die Freisetzung von Insulin nach der Testmahlzeit, ein positiver Effekt, da, wie bereits beschrieben, eine geringere Insulin-Freisetzung das Risiko für Diabetes langfristig reduziert.

Der Stoffwechselzustand und die Energieversorgung der Muskelzellen wurden direkt im Muskelgewebe untersucht. Es zeigte sich, dass in der Gruppe, die das Basen-Supplement verwendet hatte, eine höhere Pyruvat-Konzentration messbar war. Das ist ein Indikator für eine bessere Energieversorgung der Zelle.

Auch der pH-Wert im Muskelgewebe war nach der Basen-Supplementierung leicht erhöht (basischer). Zusammengenommen zeigen diese Ergebnisse, dass eine bessere Versorgung mit Basen die zelluläre Energieversorgung messbar verbessert, den Insulinbedarf reduziert und damit vor Diabetes und anderen körperlichen Einschränkungen und Krankheiten schützen kann.

Quelle 61

Anzeichen einer chronischen Übersäuerung

Häufig ist es bei Nahrungsdefiziten so, dass es nicht zu ganz spezifischen Symptomen kommt, sondern sich Mangelsituationen vielmehr in einer allgemeinen Beeinträchtigung des Wohlbefindens äußern. Auch bei einer latenten Übersäuerung stehen allgemeine Symptome der geringeren Belastbarkeit, der vermehrten Müdigkeit und des verminderten Wohlbefindens im Vordergrund. Aus vielen Berichten weiß man, dass eine Entsäuerungstherapie mit einer basenreicheren Ernährung – unter Umständen um ein Basenpräparat ergänzt – zu einer Verbesserung des subjektiven allgemeinen Wohlbefindens führt.

Die Forschung lässt inzwischen neue Erklärungen für diese verbesserte Befindlichkeit zu: Ablagerungen, die mit zunehmendem Alter an den Nerven auftreten, können die Funktionen dieser Zellen behindern. Normalerweise sind diese Ablagerungen reversibel. Das Auftreten sowie auch das Auflösen solcher Ablagerungen wird jedoch erheblich durch den vorherrschenden pH-Wert beeinflusst. Ein leicht zum Sauren verschobener pH-Wert begünstigt solche Ablagerungen, während sie bei normalem pH-Wert nur in geringerem Umfang auftreten. Schafft man es nun, solche Ablagerungen wieder zu entfernen, ist damit eine Normalisierung der Nervenfunktion gegeben, was sich in einem allgemein verbesserten Befinden ausdrücken kann.

Ein weiterer negativer Aspekt einer Übersäuerung ist die dadurch erhöhte Freisetzung von Stresshormonen. Eine bessere Basenversorgung kann dem entgegenwirken und so vor Stress abschirmen.

Wie lässt sich der körpereigene Säure-Basen-Status messen?

Eine Messung des Blut-pH-Werts wird aufgrund der intensiven Pufferung keine deutliche Aussage zur latenten Azidose zulassen. Sehr häufig wird deshalb der pH-Wert des Urins zur Beurteilung des Säure-Basen-Status herangezogen. Das ist jedoch nur bedingt sinnvoll. 99 Prozent der Säure werden gebunden - überwiegend an Ammoniak - aus dem Körper entfernt. Somit wird weniger als 1 Prozent der Säure als freie Säure ausgeschieden. Nur diese freie Säure lässt sich jedoch mit einem pH-Teststäbchen messen. Hinzu kommt, dass es über den Tag verteilt zu erheblichen physiologischen Schwankungen des Urin-pH-Werts kommen kann. So ist der Morgenurin üblicherweise sauer (pH 5 bis 6), während nach den Mahlzeiten ein basischerer Urin produziert wird. Generell sollte der Urin-pH-Wert zwischen 5,3 und 6,8 liegen, um das Risiko von Nierensteinen zu begrenzen. Kurzzeitige Unter- oder Überschreitungen dieses Bereichs sind aber unproblematisch. Ein über sehr kurze Zeit saurer Urin ist physiologisch normal und vermindert erheblich das Risiko von Harnwegsinfektionen. Der Urin-pH-Wert reflektiert also nicht die Gesamtsäureausscheidung. Wie sehr die Säurelast der Nahrung bereits Pufferreserven des Körpers aufgebraucht hat, lässt sich deshalb mit einer einmaligen Messung mit einem pH-Teststäbchen nicht herausfinden.

Mit mehreren Messungen bei gleichzeitig gezielten Änderungen der Basenzufuhr kann man aber feststellen, ob der Körper überhaupt noch auf eine Änderung der Säurelast mit der Nahrung reagiert. So gehen Sie vor: Ernähren Sie sich wie üblich und messen Sie an zwei aufeinanderfolgenden Tagen den pH-Wert Ihres Morgenurins mit einem pH-Teststäbchen oder -streifen. Ändern Sie dann für zwei Tage Ihre Ernährung dahingehend, dass Sie sich sehr sauer ernähren (viel Fleisch, Käse, Nudeln, Brot und wenig Gemüse, Kräuter, Salat und Obst). Stellen Sie dann Ihre Ernährung auf basenreich um (wenig Fleisch und Käse sowie viel Gemüse, Kräuter, Salat und Obst). Messen Sie während dieser Tage weiterhin Ihren Morgenurin. Die „sauren" Tage sollten sich auch in einer Ansäuerung im Urin widerspiegeln, während die basischen Tage einen deutlichen pH-Anstieg im Urin hervorrufen sollten. Können Sie keine Änderungen feststellen, deutet das auf eine deutliche Belastung im Säure-Basen-Haushalt hin. Falls es nicht zu einem pH-Anstieg kommt, „verschwindet" ein Teil der Basen in den Speichern.

Eine genauere Untersuchung der Säurebelastung erfordert das Sammeln des 24-Stunden-Urins, in dem dann der Gesamtsäuregehalt (mittels Titration) gemessen werden muss – diese Methode ist leider für Routine Untersuchungen zu aufwendig. Ein weiterer Hinweis auf das Vorliegen einer Säurebelastung kann eine geringe Citrat-Konzentration im Urin sein.

Der eigene Säure-Basen-Status lässt sich am besten durch die langfristige Säurebelastung mit der Nahrung beurteilen. Dazu ist es notwendig zu wissen, wie sich einzelne Lebensmittel auf den Säure-Basen-Haushalt auswirken.

Wie bereits beschrieben, gibt uns unser Geschmack dazu leider keine Hilfestellung. Aus diesem Grund sind wir auf die Verwendung von Lebensmitteltabellen angewiesen (siehe Seiten 86–91 und Seite 279).

Beispiel

Tag	1	2	3	4	5	6
Nahrung	üblich	üblich	sauer	sauer	basisch	basisch
pH-Wert	5,8	5,8	5,4	5,3	6,0	6,2

Ernährung und Säure-Basen-Stoffwechsel

Mit der durchschnittlichen Ernährung nehmen wir in Mitteleuropa pro Tag oft einen Säureüberschuss zu uns. Diese Säure muss regelmäßig über die Nieren wieder ausgeschieden werden. Für die Säure-Basen-Bilanz unserer Nahrung sind zwei wesentliche Faktoren ausschlaggebend: zum einen die Zufuhr von sauer wirkenden Nahrungsmitteln (insbesondere Protein) und zum anderen die Basenzufuhr. Wie bereits erwähnt, sind die Substanzen, die sich im Stoffwechsel säuernd auswirken, nicht diejenigen, die auch sauer schmecken. Vielmehr wirken Bestandteile des Nahrungseiweißes (Protein) säuernd.

Proteine bestehen aus langen Ketten von insgesamt 20 verschiedenen Aminosäuren. Zwei dieser Aminosäuren enthalten Schwefel – Methionin und Cystein. Beim Abbau dieser schwefelhaltigen Aminosäuren entsteht letztendlich Schwefelsäure, da es keinen anderen Stoffwechselweg zur Ausscheidung von Schwefel aus dem Körper gibt. Die Menge des aufgenommenen Schwefels aus Aminosäuren ist also für die Säurebelastung über die Nahrung verantwortlich. Natürlich haben diese schwefelhaltigen Aminosäuren sehr wichtige Funktionen, sodass es hinsichtlich der allgemeinen Gesundheit falsch wäre zu sagen, man solle schwefelhaltige Aminosäuren meiden – also weniger Protein essen. Es gilt vielmehr, dafür zu sorgen, dass es zu einem vernünftigen Ausgleich der Säurebelastung kommt.

Wie bereits erwähnt, handelt es sich bei den Basen, die wir mit der Nahrung zu uns nehmen, um die organischen Anionen von hauptsächlich Kalium- und Magnesiumsalzen. Diese nehmen wir vorwiegend über pflanzliche Lebensmittel zu uns, vor allem Obst, Gemüse, Kräuter und Salat. In Getreideprodukten hingegen ist der Basengehalt zu niedrig, um die Säurelast des enthaltenen Proteins auszugleichen. Deshalb haben Getreideprodukte auf den Stoffwechsel insgesamt gesehen einen sauren Einfluss. Grundsätzlich sollte der Ausgleich einer latenten Azidose durch eine basenreiche Ernährung erfolgen. Dazu ist es notwendig, die Säurelast eines proteinreichen Lebensmittels (Fleisch, Fisch, Käse) durch die etwa vierfache Menge an Gemüse oder Salat zu kompensieren. Interessant ist dabei, dass pflanzliche Proteine, wie sie insbesondere in Hülsenfrüchten enthalten sind, weniger stark säurebildend wirken als die Proteine

Die Säurelast von Fleisch, Fisch und Käse lässt sich durch die etwa vierfache Menge an Gemüse, Kräutern, Obst und Salat kompensieren.

aus tierischen Lebensmitteln. Pflanzliches Eiweiß enthält weniger schwefelhaltige Aminosäuren (Methionin und Cystein), die insbesondere für die Säurebelastung verantwortlich sind. Daher kann pflanzliches Eiweiß mit etwas weniger Basen kompensiert werden. Erstmals berücksichtigen wir in diesem Buch bei der Darstellung der Säure-Basen-Werte (PRAL) in der Lebensmitteltabelle und bei den einzelnen Basenfood-Rezepten diesen Unterschied zwischen pflanzlichem und tierischem Eiweiß.

Was ist das Basische in unserer Nahrung?
Ein kleiner Ausflug in die Chemie: Wenn wir ein Stück Zitrone essen, schmeckt dieses sauer. In der Zitrone sind verschiedene organische Säuren enthalten, insbesondere die Zitronensäure, aber auch die Ascorbinsäure (Vitamin C). Ein Teil der Zitronensäure ist zerfallen, hat also Protonen abgegeben, wobei das Zitronensäure-Anion übrig bleibt. Entsprechendes geschieht mit der Ascorbinsäure. Was wir nun schmecken, sind die H^+-Ionen, da unsere Zunge spezifische Rezeptoren besitzt, die durch H^+-Ionen angeregt werden. Gleichzeitig enthält die Zitrone aber auch Salze der Zitronensäure, zum Beispiel Kaliumcitrat oder Magnesiumcitrat. Gelangen diese Substanzen in unseren Stoffwechsel, zerfallen sie (dissoziieren) in positiv geladene Kalium- beziehungsweise Magnesium-Ionen und übrig bleiben die negativ geladenen Zitronensäure-Anionen (Citrat^{3-}). Dieses Citrat kann nun H^+-Ionen binden (neutralisieren) und wird dadurch wieder zu Zitronensäure. In unserem Stoffwechsel kann diese Zitronensäure dann recht einfach zu Wasser und Kohlendioxid umgesetzt werden. Kohlendioxid atmen wir über die Lunge ab und Wasser stellt natürlich für unseren Organismus kein Problem dar und ein Überschuss kann leicht über die Niere ausgeschieden werden. Nun enthält eine Zitrone jedoch deutlich mehr von diesen basisch wirkenden Salzen der Zitronensäure als freie Zitronensäure. Aus diesem Grund liefert uns der Verzehr einer Zitrone auch netto einen Basenüberschuss. Den basischen Anteil in der Zitrone können wir aber nicht schmecken, sondern nur die freie Säure – der Grund, warum es ohne das Wissen um die beschriebenen Zusammenhänge für viele schwer zu verstehen ist, dass sauer schmeckendes Obst im Stoffwechsel basisch wirken kann. Generell sind es also die Salze

der organischen Säuren, die in Gemüse, Kräutern, Salat und Obst den basischen Effekt ausmachen.

Da man die Mineralstoffe (Kalium, Magnesium und Calcium) relativ einfacher messen kann als die organischen Anionen, werden sie oft umgangssprachlich als „basische" Mineralien bezeichnet. Das eigentlich Basische sind jedoch die Anionen, an die sie gebunden sind.

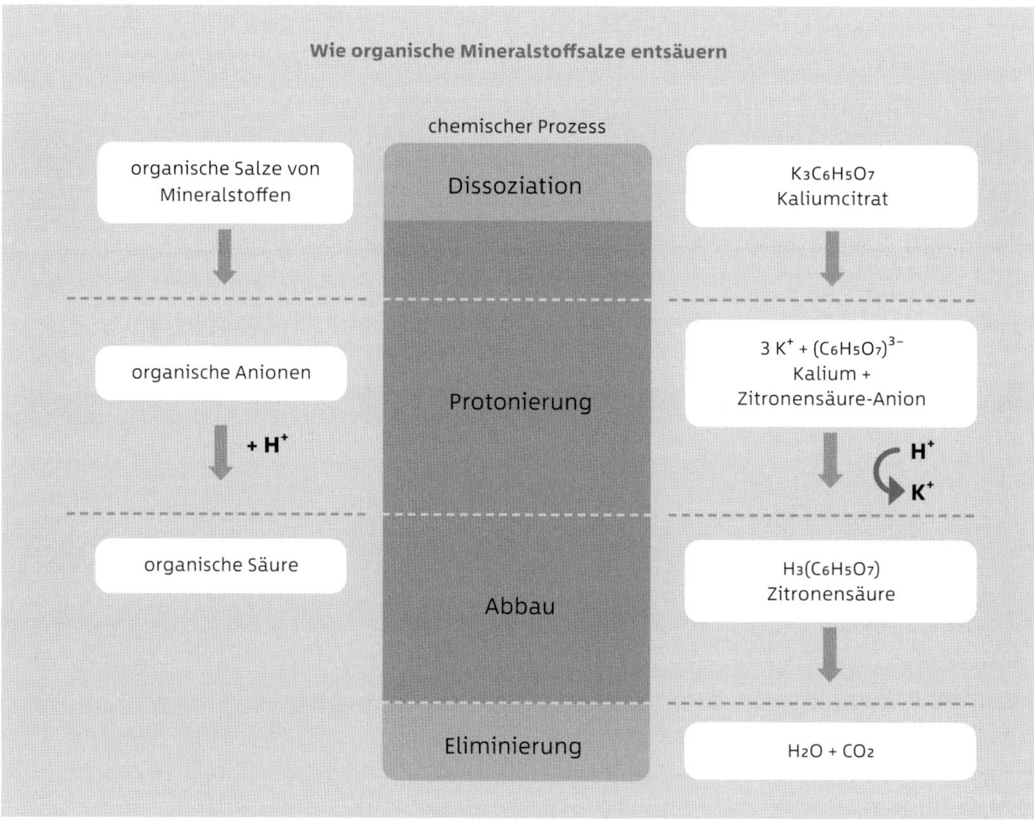

Basensupplemente-Therapie

Nicht jeder will oder kann seine Ernährung wesentlich ändern. Eine Möglichkeit des Säureausgleichs besteht dann darin, Basen-Supplemente zu sich zu nehmen. Dort gibt es jedoch einiges zu beachten: Grundsätzlich sind verschiedene Basensalze erhältlich. Grob kann man zwischen Basenpräparaten, die Carbonate/Bicarbonate, und solchen, die Citrate enthalten, unterscheiden.

Die Einnahme der erstgenannten Präparate führt dazu, dass bereits im Magen eine Neutralisierung dieser basischen Salze mit der Magensalzsäure stattfindet – mit der Folge, dass der Magen-pH-Wert sich zum Basischen hin verschiebt. Um den sauren Magen-pH-Wert wieder herzustellen, produziert die Magenschleimhaut wiederum Säure. Eine entsprechende Menge Bicarbonat wird dann auf die Blutseite abgegeben. Wir haben damit einen schnellen Effekt der Neutralisierung der Magensäure und gleichzeitig eine schnelle Abgabe von Bicarbonat ins Blut. Das hat (wie beschrieben) wiederum zur Folge, dass aufgrund der höheren Blutkonzentration von Bicarbonat ein Teil schnell über die Niere ausgeschieden wird. Der Effekt ist ein basischerer Urin. Ein größerer Anteil der zugeführten basischen Kapazität geht also schnell wieder über den Urin verloren.

Ein weiterer ungünstiger Aspekt bei der Einnahme bicarbonathaltiger Basenpräparate ist die Säureneutralisierung im Magen. Denn die Säure im Magen sollte nicht neutralisiert werden, da sie für die Freisetzung von Mikronährstoffen aus der zugeführten Nahrung gebraucht wird. Zahlreiche Studien haben gezeigt, dass die Magensäuresekretion mit zunehmendem Alter abnimmt. US-Forscher fanden heraus, dass in der Bevölkerung über 30 Prozent der Männer und Frauen über 60 Jahre eine zu geringe oder sogar vollständig fehlende Säuresekretion aufweisen. Nehmen diese Personen dann noch bicarbonathaltige Basenpräparate ein, die die Restsäure neutralisieren, wird die Verdauung negativ beeinflusst.

Verwendet man bicarbonathaltige Basenpräparate, sollte man sie deshalb nicht zum Essen einnehmen, damit die Magensäure erhalten bleibt. Ungünstig wirkt sich außerdem aus, dass bei der Reaktion dieser Präparate mit Magensäure Kohlendioxid (CO_2) entsteht, das zu unangenehmem Aufstoßen führen kann.

Die physiologisch sinnvollere Basen-Supplementierung findet in Form von Citraten statt. Citrate sind die Basen, die wir normalerweise auch mit unserer Nahrung zu uns nehmen. Sie beeinflussen den Magen-pH-Wert nur in geringem Umfang und können deshalb auch zu den Mahlzeiten eingenommen werden und sie führen nicht zum Aufstoßen.

Der basische Effekt der Citrate kommt erst dann zum Tragen, wenn sie (überwiegend in der Leber) verstoffwechselt werden, wobei Bicarbonat entsteht, das ins Blut abgegeben wird. Hierdurch wird kontinuierlich dafür gesorgt, dass die Blutpufferkapazität erhalten bleibt.

Grundsätzlich sind also organische Basenpräparate mit Citraten den anorganischen Präparaten mit Bicarbonaten/Carbonaten deutlich vorzuziehen.

Die Basenmenge, die mit einem Präparat zugeführt werden sollte, ist individuell sehr unterschiedlich. Es ist nicht notwendig, die gesamte Menge des Säureüberschusses durch ein Basenpräparat zu neutralisieren, sondern abhängig von der Art der Ernährung reicht eine Teilneutralisierung aus, da eine gewisse Menge Säure ja über die Niere ausgeschieden werden kann. Untersuchungen zeigen, dass ein deutlich positiver Effekt schon erreicht wird, wenn zusätzlich zur bei uns üblichen Ernährung etwa 25 bis 50 mmol Base (idealerweise als Citrat) täglich zugeführt werden. Bei den meisten im Handel befindlichen Basenpräparaten wird mit der empfohlenen Tagesdosis eine entsprechende Basenmenge zugeführt.

Kontraindikationen einer Basentherapie nur bei schwerer Niereninsuffizienz

Eine Basensubstitution durch eine basenreiche Ernährung ist als allgemein gesunde Ernährung für jeden zu empfehlen. Basen-Supplemente führen als Citrate nur diejenigen Basen zu, die auch mit einer ausgewogenen Ernährung konsumiert würden. Hochdosierte Basenpräparate können zu einem Basenüberschuss führen, der durch die Ausscheidung von Bicarbonat über die Nieren ausgeglichen wird. Eine Überdosierung von Basen ist auch bei bereits eingeschränkter Nierenfunktion nicht zu erwarten. Die gleichzeitig mit den Basen supplementierten Mineralstoffe werden ebenfalls über die Nieren reguliert. Wie generell bei der Verwendung von Mineralstoffpräparaten sollte bei stark eingeschränkter Nierenfunktion (GFR unter 30 ml/min) regelmäßig die Serumkonzentration der Mineralstoffe kontrolliert werden.

Beeinflusst Mineralwasser unseren Säure-Basen-Haushalt?

Wird Wasser mit CO_2 versetzt, so sinkt der pH-Wert, da Kohlensäure entsteht, die in H^+ und Bicarbonat zerfällt. Beim Erhitzen oder Schütteln dieses Wassers tritt das CO_2 wieder aus und sowohl die Säure als auch das Bicarbonat verschwindet. Trinken wir das Wasser so, treibt die Magensäure das CO_2 aus dem Wasser – und wir müssen aufstoßen. Die möglicherweise verbleibende Säure aus dem Wasser entspricht der Menge an Bicarbonat. Insgesamt gesehen ist also das Trinken von Sprudelwasser für den Stoffwechsel neutral.

Anders ist es bei Mineralwasser. Bicarbonathaltige Mineralwässer wirken deutlich basisch, wohingegen sulfatreiche Mineralwässer eher einen sauren Einfluss haben. Erst ab einem Hydrogencarbonatgehalt von 600 mg/l darf ein Mineralwasser laut Mineral- und Tafelwasserverordnung als bicarbonathaltig bezeichnet werden. Die Menge von 600 mg Hydrogencarbonat (Bicarbonat) kann etwa 10 mmol Säurelast aus der Nahrung kompensieren und entspricht damit einem Säure-Basen-Wert (PRAL) von -10.

Zusätzliche Möglichkeiten zum Entsäuern

Unsere Haut wird oft auch als zweite Niere bezeichnet, da über sie Stoffwechselendprodukte, Gifte und auch Säure aus dem Körper entfernt werden kann. Die Hautoberfläche ist üblicherweise leicht sauer, wodurch die Abwehr von Erregern erleichtert wird. Spült man diese Säure beim Duschen oder Baden oder durch Schwitzen ab, zum Beispiel in der Sauna, wird die Säure nachgebildet und der Gesamtkörper so entsäuert. Allerdings geht dabei auch der Säureschutzmantel der Haut verloren, der vor dem Eindringen von Erregern schützt.

Basenbäder sollte man deshalb nicht öfter als einmal wöchentlich anwenden. Baden in leicht basischem Wasser hilft zwar etwas und kann recht angenehm sein, es kann aber ganz sicher nicht die Säurelast eines Steaks kompensieren.

Skurrilerweise werden sogar „Basenstrümpfe" und „Basenfußbäder" angeboten. Der Sinn solcher Produkte zum Entsäuern ist allerdings mehr als fraglich.

Am sinnvollsten ist, eine Säurebelastung durch basenreiche Lebensmittel auszugleichen. Da der Speiseplan damit zwangsläufig an erster Stelle Gemüse, Kräuter, Salat und Obst enthält, stellt eine basenüberschüssige Ernährung gleichzeitig sicher, dass dem Körper ausreichend Vitamine, Mineralstoffe, Spurenelemente und sekundäre Pflanzenstoffe zugeführt werden.

Bei der Auswahl des Mineralwassers sollte man auf den Hydrogencarbonatgehalt achten, wenn damit auch viel Magnesium und Calcium zugeführt werden, umso besser.

Wem der Ausgleich der Säurebelastung mit der Ernährung allein nicht vollständig gelingt, der kann seine Entsäuerung noch mit citrathaltigen organischen Basenpräparaten oder Mineralstoffen unterstützen.

Beachtet man das, kann man auch eine säurelastige Mahlzeit vernünftig kompensieren. Mit Basenpräparaten wird man dabei nur einen Teil der wichtigen Substanzen zuführen. Deshalb können sie immer nur eine Ergänzung darstellen und nicht eine gesunde Ernährung ersetzen. Bei bereits bestehender deutlicher Säurebelastung und schon vorhandenen Symptomen einer Übersäuerung ist eine hohe Basenzufuhr, auch ergänzt mit Präparaten, sicherlich äußerst hilfreich.

Säure-Basen-Tabelle unserer Lebensmittel

Mit der bei uns üblichen Ernährung wird täglich ein Säureüberschuss zugeführt. Wie zuvor erörtert, wäre es jedoch günstig, diesen Überschuss auszugleichen. Als erste Maßnahme dazu wird oft die Begrenzung des Verzehrs saurer Lebensmittel – also insbesondere Fleisch – vorgeschlagen. Dieses ist aber nicht immer richtig. Die Bewertung, ob ein Lebensmittel sauer, neutral oder basisch ist, lässt noch keinen absoluten Rückschluss auf die gesundheitliche Bedeutung zu. Gerade Ältere benötigen oft eine hohe Proteinzufuhr, um ihr Knochen- und Muskelsystem zu erhalten. Eine allgemeine Begrenzung des Proteinverzehrs wäre deshalb nicht sinnvoll. Hinsichtlich des Säure-Basen-Haushalts kommt es vielmehr darauf an, möglichst täglich die mit dem Protein zugeführte Säure auszugleichen. Dazu muss der Verzehr von basenreichen Lebensmitteln wie Gemüse, Kräuter, Salat und Obst erhöht werden. Oft verzehren wir aber zum Protein eher neutrale oder leicht saure Lebensmittel aus der Gruppe der Getreideprodukte (Brot, Teig- und Süßwaren), sodass nicht genügend Platz für die Basenträger bleibt. Wir essen uns an Brot satt und nicht an Gemüse! Entscheidend ist also, für einen Ausgleich der notwendigen Säurelast der Nahrung durch basenreiche Lebensmittel zu sorgen. Dazu müssen wir jedoch die tatsächliche Auswirkung einzelner Lebensmittel auf den Säure-Basen-Haushalt kennen.

Im Folgenden finden Sie Lebensmitteltabellen, die eine genauere Bewertung der Säure-Basen-Wertigkeit ermöglichen.

PRAL-Tabelle

Hinsichtlich der Einteilung von Lebensmitteln in sauer, neutral oder basisch widersprechen sich die Tabellen in vielen Büchern. Das ist darauf zurückzuführen, dass häufig nicht unterschieden wurde, ob sich ein Lebensmittel beim Stoffwechsel sauer oder basisch verhält oder ob dieses Lebensmittel einen Effekt auf die Säurebildung im Magen hat. Wie beschrieben, ist die Säurebildung im Magen für die allgemeine Säure-Basen-Bilanz neutral. Ob ein Lebensmittel im Magen eine Säureproduktion verursacht oder nicht, hat also für den allgemeinen Säure-Basen-Effekt dieses Lebensmittels keine Bedeutung. In den vergangenen Jahren ist in umfangreichen Untersuchungen insbesondere vom Forschungsinstitut für Kinderernährung in Dortmund ein Modell erarbeitet worden, das eine allgemeine Beurteilung der Wirkung eines Lebensmittels auf den Säure-Basen-Haushalt zulässt. Dazu ist es sowohl notwendig, die sauer wirkenden Bestandteile, also insbesondere den Gehalt an schwefelhaltigen Aminosäuren, als auch den Gehalt von Basenbildnern, also den Gehalt der organischen Anionen, zu kennen. Der Gehalt dieser Anionen wiederum lässt sich durch den Mineralstoffgehalt errechnen, da Anionen in Lebensmitteln niemals frei vorkommen, sondern immer als Salze von Kalium, Magnesium oder Calcium. Die Kenntnis über die Menge dieser Bestandteile in einem Lebensmittel reicht aber allein noch nicht aus, um deren Säure-Basen-Wirkung zu ermitteln, da die unterschiedlichen Lebensmittelbestandteile in unterschiedlichem Umfang aus dem Darm aufgenommen werden. Für die Bewertung muss also die durchschnittliche Resorptionsquote im Darm berücksichtigt werden. Entsprechende Umrechnungsfaktoren wurden durch das Forschungsinstitut für Kinderernährung erstellt. Mithilfe dieser Umrechnungsfaktoren lässt sich der sogenannte PRAL-Wert eines Lebensmittels angeben. PRAL kommt aus dem Englischen und steht für Potential Renal Acid Load (= potenzielle Säurebelastung der Niere). Vergleichende Untersuchungen zeigten, dass die mithilfe der PRAL-Tabelle errechnete Säurebelastung aus der Nahrung auch derjenigen entsprach, die im 24-Stunden-Urin gemessen wurde.

(Weitere wissenschaftliche Details zum Thema finden Sie ab Seite 276.)

!

Erstmalige Unterscheidung

Erstmals wird hier bei den Säure-Basen-Werten (PRAL) berücksichtigt, dass tierisches Eiweiß stärker säurebildend wirkt als pflanzliches Eiweiß. Verantwortlich für diesen Unterschied ist die unterschiedliche Zusammensetzung der Proteine mit den verschiedenen Aminosäuren, insbesondere der Anteile von Cystein und Methionin.

Anhand der Säure-Basen-Werte (PRAL) optimal ernähren

Die Menge einzelner Inhaltsstoffe in Lebensmitteln ist natürlichen Schwankungen unterworfen. Je nach Sorte, Produktions-, Verarbeitungs- und Zubereitungsbedingungen kann der Gehalt erheblich unterschiedlich sein. Das hat natürlich auch Auswirkungen auf den PRAL-Wert, der zusätzlich durch individuell unterschiedliche Resorptionsbedingungen im Darm beeinflusst wird. Die aufgeführten PRAL-Werte stellen deshalb nur Durchschnittswerte dar.

Die PRAL-Werte sind pro 100 g Lebensmittel angegeben. Generell kann man sagen, dass eiweißreiche Lebensmittel wie Fleisch, Wurst, Käse und Fisch, aber auch Getreideprodukte einen PRAL-Wert mit einem positiven Vorzeichen haben, das heißt, sie liefern einen Säureüberschuss. Gemüse, Salat und Obst haben PRAL-Werte mit negativem Vorzeichen, das heißt, sie sind in der Lage, eine Säurebelastung aus proteinreichen Lebensmitteln zu kompensieren. Beachten Sie aber, dass die Säurelast pro 100 g Fleisch oder Fisch deutlich größer ist als die basische Kapazität der meisten Gemüse- oder Obstsorten. Praktisch hat das zur Folge, dass man eine wesentlich größere Portion von basischen Lebensmitteln essen muss, um die Säurelast zum Beispiel eines Steaks zu kompensieren. Im Allgemeinen kann man davon ausgehen, dass man etwa die vierfache Menge (in Gramm) Gemüse oder Salat im Vergleich zur Menge an Steak oder Fisch essen müsste. Üblicherweise essen wir jedoch zu unserem Steak noch Nudeln oder Brot. Da Getreide auch Protein enthält, sind diese Lebensmittel aber ebenfalls auf der leicht sauren Seite.

Ein Fehler wäre es aber, auf proteinreiche Lebensmittel zu verzichten. Protein ist für unsere Gesundheit wichtig, da die mit Protein zugeführten Aminosäuren viele Funktionen in unserem Körper erfüllen. Die bessere Lösung besteht darin, ausreichend basische Lebensmittel zu verzehren. Da wir nicht unbeschränkt viel essen können (und sollten), müssen wir dann bei den Beilagen kürzen – also weniger Brot, Nudeln, Reis etc. Eine Reduzierung dieser Beilagen bedeutet automatisch eine Verminderung der Aufnahme schnell verfügbarer Kohlenhydrate und entspricht damit dem gegenwärtigen Wissen über eine allgemein gesunde Ernährung. Ziel sollte es sein, langfristig den PRAL-Wert der täglich zugeführten Lebensmittel in etwa bei 0 zu halten. Schaffen wir das, ist die Menge an Basen der verzehrten Säurelast äquivalent.

Quellen 62–65

PRAL-Tabelle

In der Säure-Basen-Wert-(PRAL-)Tabelle bedeuten Werte mit einem negativen Vorzeichen einen Basenüberschuss und Werte mit positivem Vorzeichen einen Säureüberschuss. Die Werte sind jeweils für 100 g verzehrfähiges Nahrungsmittel angegeben.

Die folgenden Werte sind nur ein Auszug und enthalten die Säure-Basen-Werte für 50-Jährige. Eine ausführlichere Liste mit den verschiedenen Altersgruppen finden Sie unter **www.bjvvlinks.de/8067.**

Gemüse und Salat

Aubergine	-3,1
Blattspinat	-9,7
Blumenkohl	-3,1
Bohnen (grün)	-4,2
Brokkoli	-2,5
Chicorée	-2,9
Chinakohl	-1,8
Eisbergsalat	-2,5
Frühlingszwiebeln	-4,5
Gurke	-2,6
Kartoffel	-5,6
Kohlrabi	-5,2
Kopfsalat	-4,7
Möhre	-5,2
Oliven (grün)	-1,0
Paprika (rot)	-3,5
Pommes frites	-5,6
Porree	-3,9
Rote Bete (vorgekocht)	-4,3
Rucola	-6,3
Sauerkraut	-0,7
Süßkartoffel	-5,0
Tomate	-3,5
Wirsing	-2,7
Zucchini	-2,3
Zuckermais	-2,3
Zwiebeln	-1,8

Kräuter

Bärlauch	-5,1
Basilikum	-6,0
Dill	-10,4
Italienische Kräuter (getrocknet)	-29,2
Koriander	-7,7
Kresse	-10,5
Minze	-4,0
Petersilie (glatt)	-13,5
Rosmarin	-5,0
Salbei	-6,2
Schnittlauch	-6,7
Thymian	-4,8
Zitronenmelisse	-6,5

Obst

Ananas	-3,1
Apfel	-1,8
Aprikose	-4,4
Aprikose (getrocknet)	-21,3
Avocado	-8,5
Banane	-6,1

Birne	-1,7
Blaubeeren	-0,9
Brombeeren	-3,1
Datteln (getrocknet)	-10,1
Erdbeeren	-2,4
Feige	-3,9
Himbeeren	-2,7
Johannisbeeren (rot)	-3,8
Kiwi	-5,2
Mango	-2,9
Mango (getrocknet)	-14,3
Nektarine	-2,7
Orange	-2,7
Pfirsich	-2,5
Pflaume	-2,4
Rhabarber	-5,0
Sauerkirsche	-1,5
Stachelbeeren	-2,9
Süßkirsche	-3,6
Wassermelone	-1,7
Weintraube	-2,7
Zitrone	-2,9

Pilze

Champignons	-2,8
Pfifferlinge (frisch)	-3,0
Steinpilze	0,0
Waldpilze	-1,9

Hülsenfrüchte

Erbsen (frisch)	+0,4
Kichererbsen (getrocknet)	-2,7
Kidneybohnen (aus der Dose)	-3,1
Linsen (getrocknet)	-1,1
Linsen (rot)	-1,1
Sojabohnen	+2,3

Nüsse und Samen

Cashewkerne	+5,5
Erdnusskerne (geröstet, gesalzen)	-0,9
Haselnusskerne	-4,3
Kokosnuss	-3,3
Kürbiskerne	+11,3
Mandelkerne	-0,4
Pistazienkerne (geröstet, gesalzen)	-1,4
Sonnenblumenkerne	+10,3
Walnusskerne	+3,5

Fette und Öle

Kokosfett	+0,4
Kokosöl	0,0
Leinöl	0,0
Olivenöl	0,0
Rapsöl	+0,1
Sesamöl	-0,4
Sonnenblumenöl	0,0
Weizenkeimöl	0,0

Milch, Milchprodukte und Eier

Butter	+0,4
Buttermilch	-0,3
Camembert	+9,7
Crème fraîche	-0,3
Edamer	+13,1
Eigelb (Hühnerei-Eigelb, gegart)	+23,3
Emmentaler	+18,2
Eiweiß	+5,4
Frischkäse, Hüttenkäse (körnig)	+5,9
Frischkäse (Natur)	+5,8
Gorgonzola	+4,7

Gouda	+15,1
Hühnerei	+10,4
Joghurt (1,5 % Fett)	−0,3
Kuhmilch (1,5 % Fett)	−0,4
Mascarpone	+1,1
Mozzarella	+10,4
Parmesan	+21,2
Quark	+7,8
Sahne	−0,4
Sojajoghurt	−0,1

Brot- und Backwaren

Baguette	+4,4
Knäckebrot	+3,3
Mehrkornbrot	+2,8
Roggenmischbrot	+2,1
Schwarzbrot (Pumpernickel)	+1,6
Toastbrot (weiß)	+3,3
Vollkornbrot (Roggen)	+2,5
Weizenbrot	+2,7

Getreide und Mehle

Buchweizenmehl	−1,6
Bulgur	+5,9
Chiasamen	+17,3
Cornflakes	+2,8
Couscous	+4,9
Dinkelmehl (Type 630)	+5,5
Dinkelmehl (Vollkorn)	+7,2
Guarkernmehl	−10,2
Haferflocken (Vollkorn)	+7,3
Hirse	+7,0
Kastanienmehl	−16,6
Kichererbsen (getrocknet)	−2,7
Kokosmehl	−3,9
Leinsamen	+3,0
Quinoa (gekocht)	+2,2
Reis (geschält)	+3,9
Reis (ungeschält, gekocht)	+1,9
Reismehl	+3,5
Roggenmehl	+2,6
Sesam	+3,3
Weizenmehl 405	+3,0
Weizenvollkorn	+6,6

Teigwaren und Nudeln

Blätterteig (aus dem Kühlregal)	+1,1
Glasnudeln	+0,3
Grüne-Erbsen-Nudeln	+2,4
Hartweizengrieß	+4,0
Hefezopf	+2,1
Kekse und Kuchen	0,0
Rote-Linsen-Nudeln	−1,6
Spaghetti	+2,4
Vollkornkeks (gesüßt)	+6,7

Süßungsmittel

Agavendicksaft	+0,06
Ahornsirup	−4,4
Dattelsirup	−10,1
Fruchtzucker	0,0
Honig	−0,6
Kakaopulver	−45,6
Kokosblütenzucker	−0,4
Marmelade	−0,7
Reissirup	−17,8
Rohzucker	0,0
Rübensirup	−31,6
Zucker	0,0

Getränke

Apfelsaft	-1,9
Bier	-0,1
Bohnenkaffee	-1,1
Früchtetee	-0,2
Haferdrink	+0,4
Kokoswasser	-4,2
Kräutertee	-0,2
Orangensaft	-2,3
Rotwein	-0,9
Sekt	-1,1
Weißwein	-1,2

Fisch und Meeresfrüchte

Forelle	+8,0
Hering	+10,1
Krabben	+6,9
Lachs	+9,1
Matjesfilet	+3,4
Räucherlachs	+10,5
Scholle	+7,4
Shrimps	+11,1
Tintenfischringe	+4,9
Zander	+4,9

PRAL-Werte geben den Grad der Säurebelastung an:
hoher negativer Wert (–) = sehr basisch
hoher positiver Wert (+) = stark säuernd
Blau = basisch verstoffwechselte Nahrungsmittel
Gelb = sauer verstoffwechselte Nahrungsmittel

Fleisch und Wurst

Bacon	+5,2
Bockwurst	+3,0
Filet Rind	+6,7
Filet Schwein	+7,9
Fleischwurst	+7,3
Hähnchen	+9,3
Kassler	+8,8
Leberwurst	+5,2
Pute	+10,5
Rostbratwurst/Weißwurst	+5,3
Schnitzel Schwein	+9,3
Steak Rind	+6,5
Steak Schwein	+7,6
Suppenhuhn	+10,4
Wiener Würstchen (erwärmt)	+8,4

Fleischersatz

Sojaschnetzel	-0,5
Tofu (Natur)	+5,2

Beispielhafter Tagesplan

Anhand der Angaben bei den Rezepten können Sie Ihre Säure-Basen-Bilanz ganz einfach ermitteln, indem Sie die Säure-Basen-Werte (PRAL) von allen verzehrten Portionen addieren. Je negativer die Summe, umso basischer und besser ist die Bilanz.

Ein Beispiel: Starten Sie als 30- oder 70-Jähriger basisch in den Tag mit einem Melone-Beeren-Müsli (Seite 107) und einem grünen Smoothie (Seite 115). Stärken Sie sich mittags mit einer Minestrone mit Schinken (Seite 152) und einem beerigen Frozen Yogurt (Seite 142) und genießen Sie abends Möhren- und Pastinakenspäne mit Rote-Linsen-Creme (Seite 237). Zwischendurch naschen Sie noch drei Schoko-Pralinen mit rosa Pfeffer (Seite 273).

Hier die Rechnung dazu:

	Säure-Basen-Wert (PRAL)	
Verzehr	30-Jähriger*	70-Jähriger*
1 Portion Melone-Beeren-Müsli mit Grapefruit (Seite 107)	–10,8	–6,5
1 Glas grüner Smoothie (Seite 115)	–17,5	–10,5
1 Portion Minestrone mit Schinken (Seite 152)	–40,5	–24,3
1 Portion beeriger Frozen Yogurt (Seite 142)	–10,1	–6,0
1 Portion Möhren- und Pastinakenspäne mit Rote-Linsen-Creme (Seite 237)	–33,1	–19,8
3 Schoko-Pralinen mit rosa Pfeffer (Seite 273)	–6,6	–4,2
Säure-Basen-Bilanz	**–118,6**	**–71,3**

Damit haben Sie an diesem Tag eine stark basenüberschüssige Ernährung. Sie können damit sogar Säureüberschüsse, zum Beispiel aufgrund größerer Nudelportionen vom Vortag, ausgleichen.

Im Durchschnitt sollten Sie maximal auf 0 kommen, um Ihren bestehenden Säure-Basen-Status zumindest zu erhalten.

Hinweis

Bei der Berechnung der Säure-Basen-Werte (PRAL) sind die Zutaten, die nur nach Belieben oder alternativ in den Rezepten sind, nicht berücksichtigt.

* Die PRAL-Werte für weitere Altersgruppen finden Sie auf den entsprechenden Rezeptseiten.

Zusammenfassung und Fazit

Unsere Zellen benötigen konstante Bedingungen, um einen optimalen Stoffwechsel zu gewährleisten. Dazu gehören eine konstante Körpertemperatur, eine optimale Flüssigkeitsversorgung, eine angemessene Nährstoffzufuhr und ein ausgeglichenes Säure-Basen-Gleichgewicht. Von diesen Bedingungen ist das Säure-Basen-Gleichgewicht eines der kritischsten und gleichzeitig jedoch von den Patienten und Therapeuten oft am wenigsten verstandenen Gleichgewichte. Die physiologischen pH-Werte für eine optimale Gesundheit variieren in den verschiedenen Organen, Körperzellen und Geweben, zum Beispiel: Der Magen benötigt einen sauren pH-Wert von 1,00 bis 3,00, der pH-Wert im Urin sollte zwischen 6,80 und 7,00 liegen und der pH-Wert des Blutes ist streng reguliert, um zwischen 7,35 und 7,45 zu bleiben. Fällt der pH-Wert des Blutes unter 7,20, bedeutet das eine akute metabolische Azidose, ein lebensbedrohlicher Notfall, der in der klinischen Praxis glücklicherweise selten vorkommt. Weitaus häufiger ist jedoch die chronisch-milde metabolische Azidose (CMMA), auch als latente Azidose bezeichnet – ein subtilerer Zustand, der durch kleine Verschiebungen des physiologischen pH-Werts zum Sauren hin gekennzeichnet ist. Langfristig können bereits leichte Änderungen im Säure-Basen-Status, wie sie bei einer latenten Azidose beobachtet werden, behandlungsbedürftige Stoffwechsel- und endokrine Störungen verursachen.

Regulierung des Säure-Basen-Gleichgewichts

Um die vorwiegend durch die Ernährung verursachten Veränderungen der Konzentration von Säuren und Basen im Körper auszugleichen und einen konstanten Säure-Basen-Status zu gewährleisten, setzt der Körper verschiedene Mechanismen ein: Puffersysteme regulieren den pH-Wert dynamisch von Minute zu Minute. Am kritischsten sind die blutbasierten Puffersysteme, mit Bicarbonat als wichtigster Puffersubstanz. Wenn das Blut zu sauer ist, werden Basen aus dem Depot des Knochens herausgelöst, zusätzlich sammelt sich ein Teil der Säure im extrazellulären Bereich, der pH-Wert dort sinkt. Vor allem die Nieren scheiden überschüssige Säuren und Basen direkt über den Urin aus. Sie sind der zentrale Regulator des Säure-Basen-Gleichgewichts.

Chronisch-milde metabolische Azidose (CMMA) – eine moderne Epidemie

Die latente Azidose (CMMA) ist eine Erkrankung, die auf eine langjährige übermäßige Produktion von Stoffwechselsäuren zurückzuführen ist. Sie ist subtiler als die offene oder akute metabolische Azidose und bewirkt in den extra- und intrazellulären Flüssigkeiten nur kleine Verschiebungen zum Sauren hin. Im CMMA-Blut bleibt der pH-Wert oft im Normbereich, verschiebt sich jedoch an das untere Ende dieses Bereichs (also näher an 7,35 als an 7,45), wobei ähnliche Veränderungen auch in anderen Flüssigkeiten und Geweben auftreten.

Diese leicht verlaufende Senkung des pH-Werts löst Kompensationsmechanismen zur Wiederherstellung des Säure-Basen-Gleichgewichts aus. Übersteigen die Säurespiegel auf Dauer die Blutpuffersysteme und die Säureausscheidungskapazität der Nieren, kommt es zu einer chronischen leichten metabolischen Azidose. CMMA stellt eine ständige Belastung für den Körper dar, was auf lange Sicht zu gesundheitlichen Beeinträchtigungen führt.

Folgen von CMMA

Folgen von CMMA sind weitreichende Stoffwechsel- und Funktionsstörungen. So sind beispielsweise bei CMMA sowohl Knochen als auch Bindegewebe negativ betroffen. Das Bindegewebe ist ein Speicherort für überschüssige Säure. CMMA verändert die Fähigkeit des Bindegewebes, Wasser zu absorbieren, und verändert letztlich seine Struktur und Funktion. Die Knochen sind der Hauptspeicher des Körpers für basisch gebundene Mineralien wie Calcium und Magnesium. Bei latenter Azidose werden diese Mineralstoffe, da sie basisch gebunden sind, aus den Knochen freigesetzt, um mit den Basen die Säure zu neutralisieren, was zu einer Demineralisierung der Knochen führt und wesentlich zur Entstehung von Osteopenie und Osteoporose beiträgt. Es hat sich gezeigt, dass CMMA über zahlreiche Mechanismen auch zur Entstehung von vielen anderen häufig vorkommenden chronischen Zivilisationskrankheiten beiträgt (siehe untere Abbildung auf Seite 99).

Ursachen von CMMA

Die häufigste Ursache für eine chronische Azidose ist eine Ernährung mit einem hohen Anteil an säurebildenden und einem Mangel an basenliefernden Lebensmitteln. Weitere Ursachen sind:

- Übermäßige Ketonproduktion (also Ketose), insbesondere bei Diäten, Fasten oder ketogener Ernährung
- Akute oder chronische Entzündungen
- Hohe körperliche Belastung
- Nierenschädigung

Bei der Betrachtung der ernährungsbedingten Azidose ist es wichtig, daran zu denken, dass sich das nicht auf den tatsächlichen pH-Wert der Lebensmittel oder Getränke vor ihrem Verzehr bezieht. Vielmehr geht es um die Säure-Basen-Veränderungen, die durch den Stoffwechsel der Nahrungsbestandteile entstehen. Unsere Nahrungsmittel produzieren unterschiedliche Mengen an Säure oder Basen, die als potenzielle renale Säurelast (PRAL) bezeichnet wird. PRAL-Tabellen erlauben die Bewertung der Ernährung hinsichtlich der Säure-Basen-Bilanz.

Diagnostik des Säure-Basen-Haushalts anhand des Urins

Für die Beurteilung des Säure-Basen-Status von Patienten können Urin- und Blutuntersuchungen herangezogen werden.

Die Urinanalyse: Der Urin-pH-Wert, der mittels Urin-pH-Teststreifen analysiert wird, spiegelt den unmittelbaren Säuregehalt der Nahrung des Patienten in den letzten Stunden wider. Er zeigt eine starke Korrelation mit der kontinuierlichen Säure-Basen-Wert-(PRAL-)Bilanz der Ernährung des Patienten und ist der deutlichste Indikator dafür, ob die Ernährung des Patienten aus den zurückliegenden Stunden primär zu seinem Säure-Basen-Ungleichgewicht beiträgt. Wenn der pH-Wert im Urin zu sauer ist (also unter 6,8), ist das ein deutlicher Hinweis darauf, dass die Ernährung der Person zumindest in den letzten Stunden oder am Vortag zu sauer war. Die Umstellung auf eine basischere Ernährung und die Zugabe eines Basen-Supplements kann helfen, das zu korrigieren.

Tabelle zur Diagnostik des Säure-Basen-Haushalts

pH im Urin	Interpretation	Empfehlung
6,8–7,2	optimal ausgewogene Säurebelastung durch die Nahrung	Aufrechterhaltung des optimalen Niveaus
6,5–6,7	milde chronische Säurebelastung in der Ernährung wahrscheinlich	Erwägen Sie eine Ernährungsumstellung und eine gelegentliche Basen-Supplementierung (kurmäßig für mindestens vier Wochen).
6,0–6,4	mäßige chronische Säurebelastung in der Ernährung wahrscheinlich	Erwägen Sie eine Ernährungsumstellung und eine tägliche Basen-Supplementierung (empfohlene Tagesdosis des Herstellers).
5,0–5,9	schwere chronische Säurebelastung in der Ernährung wahrscheinlich	Erwägen Sie eine Ernährungsumstellung und eine tägliche Basen-Supplementierung mit hoher Dosierung (bis zur doppelten empfohlenen Tagesdosis des Herstellers).
<5,0	schwere Säurebelastung der Nahrung	Erwägen Sie weitere Tests, um die Ursache zu klären, suchen Sie ärztlichen Rat.

Was Messungen im Morgenurin zeigen

Die Untersuchung des Urins einmal täglich über einen Zeitraum von drei bis fünf Tagen und die anschließende Mittelwertbildung des Ergebnisses spiegeln den Säure-Basen-Einfluss Ihrer normalen Ernährung wider. Am geeignetsten ist der zweite Morgenurin, da der erste Morgenurin in der Regel der säurehaltigste des Tages ist. Das ist auf einen Abfall der Atemfrequenz während des nächtlichen Schlafs zurückzuführen. Daher muss während der Nacht mehr Säure über die Nieren eliminiert werden, wodurch der erste Morgenurin saurer wird. Abhängig von der Nahrungsaufnahme unterliegt der pH-Wert im Urin einem Rhythmus mit Basenfluten nach der Mahlzeit, weshalb es wichtig ist, die Messung immer zum gleichen Zeitpunkt auszuführen.

Serumbicarbonat-Analyse

Die Hauptaufgabe von Serumbicarbonat besteht darin, durch direkte Neutralisierung der sauren H^+-Ionen zur Aufrechterhaltung des Säure-Basen-Gleichgewichts im Körper beizutragen. Daher spiegelt der Bicarbonatspiegel im Blut die aktuelle Säurepufferkapazität des Körpers wider und gibt einen Hinweis auf die Basenreserven, die zur Neutralisierung überschüssiger Säuren zur Verfügung stehen.

Serumbicarbonat-Analyse

Serumbicarbonat	Interpretation	Empfehlung
26–27 mmol/l	optimale Pufferreserven im Körper	optimales Niveau aufrechterhalten
24–25 mmol/l	leicht erschöpfte Pufferreserven im Körper wahrscheinlich	Erwägen Sie eine Ernährungsumstellung und eine gelegentliche Basen-Supplementierung (kurmäßig für mindestens vier Wochen).
23–24 mmol/l	mäßig erschöpfte Pufferreserven im Körper wahrscheinlich	Erwägen Sie eine Ernährungsumstellung und eine tägliche Basen-Supplementierung (empfohlene Tagesdosis des Herstellers).
unter 23 mmol/l	stark erschöpfte Pufferreserven im Körper wahrscheinlich	Erwägen Sie eine Ernährungsumstellung und eine tägliche Basen-Supplementierung mit hoher Dosierung (bis zur doppelten empfohlenen Tagesdosis des Herstellers).

Wenn die systemische Säurebelastung einem Schwelbrand im Körper gleicht, spiegeln die Bicarbonatwerte die Menge des verfügbaren „Feuerlöschmittels" (also die Pufferkapazität des Körpers) wider.

Die Blutabnahme sollte erfolgen, wenn der Patient nüchtern ist, da die Nahrungsaufnahme zu einem vorübergehenden Anstieg des Serumbicarbonats führt. Akute/chronische Diarrhö, die Anwendung von Schleifendiuretika, Diabetes, Ketoazidose und Nierenversagen können zu einem verminderten Serumbicarbonatspiegel führen. Chronisches Erbrechen, exzessiver Gebrauch von Antazida, Diuretika oder eine chronisch obstruktive Lungenerkrankung können den Bicarbonatspiegel erhöhen.

Längere Verzögerungen bei der Probenanalyse können zu einem falsch niedrigen Bicarbonatspiegel führen. Am besten sollte die Analyse so bald wie möglich nach der Blutentnahme durchgeführt werden.

Sinnvolle Basen-Supplementierung

Die Dauer der Verwendung eines Basen-Supplements variiert von Person zu Person, aber als allgemeine Richtlinie sollte es mindestens vier bis zwölf Wochen eingenommen werden, am sinnvollsten sind Basen-Supplemente auf Citrat-Basis.

Sinnvolle Basen-Supplementierung

Säure-Basen-Status	Ergebnis (pH-Wert im Urin / Serumbicarbonat)	Empfohlene tägliche Basen-Supplementierung
optimal	6,8–7,2 / 26–27 mmol/l	keine – das optimale Niveau kann durch passende Ernährung aufrechterhalten werden
geringgradige CMMA	6,5–6,7 / 24–25 mmol/l	Basen-Supplementierung (kurmäßig für mindestens vier Wochen)
moderate CMMA	6,0–6,4 / 23–24 mmol/l	tägliche Basen-Supplementierung (empfohlene Tagesdosis des Herstellers)
schwere CMMA	<5,0–5,9 / <23 mmol/l	tägliche Basen-Supplementierung mit hoher Dosierung (bis zur doppelten empfohlenen Tagesdosis des Herstellers)

Kann man zu basisch sein?

Eine zu hohe Basenbelastung ist selten. Bei einem Urin-pH-Wert von durchgehend höher als 7,0 und einem Serumbicarbonatwert von mehr als 28 mmol/l liegt möglicherweise eine Alkalose vor. Ursache können Infektionen, Erbrechen oder eine Diarrhö sein, ärztliche Hilfe ist angezeigt.

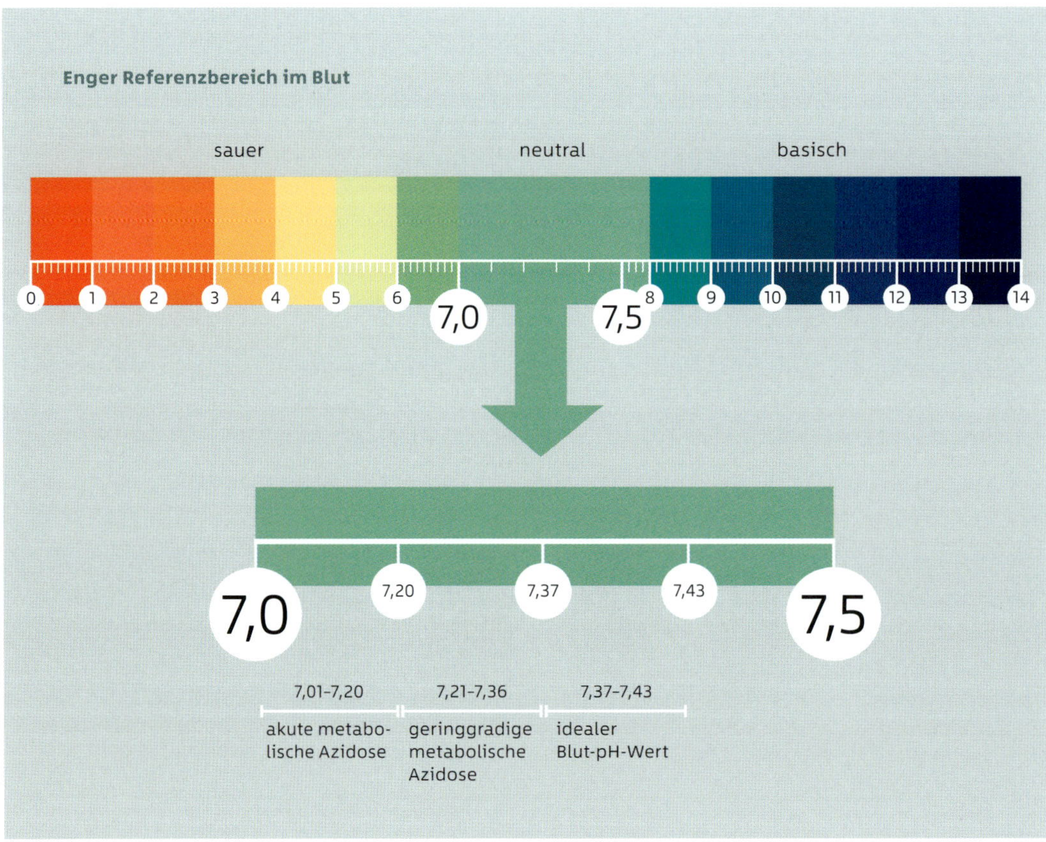

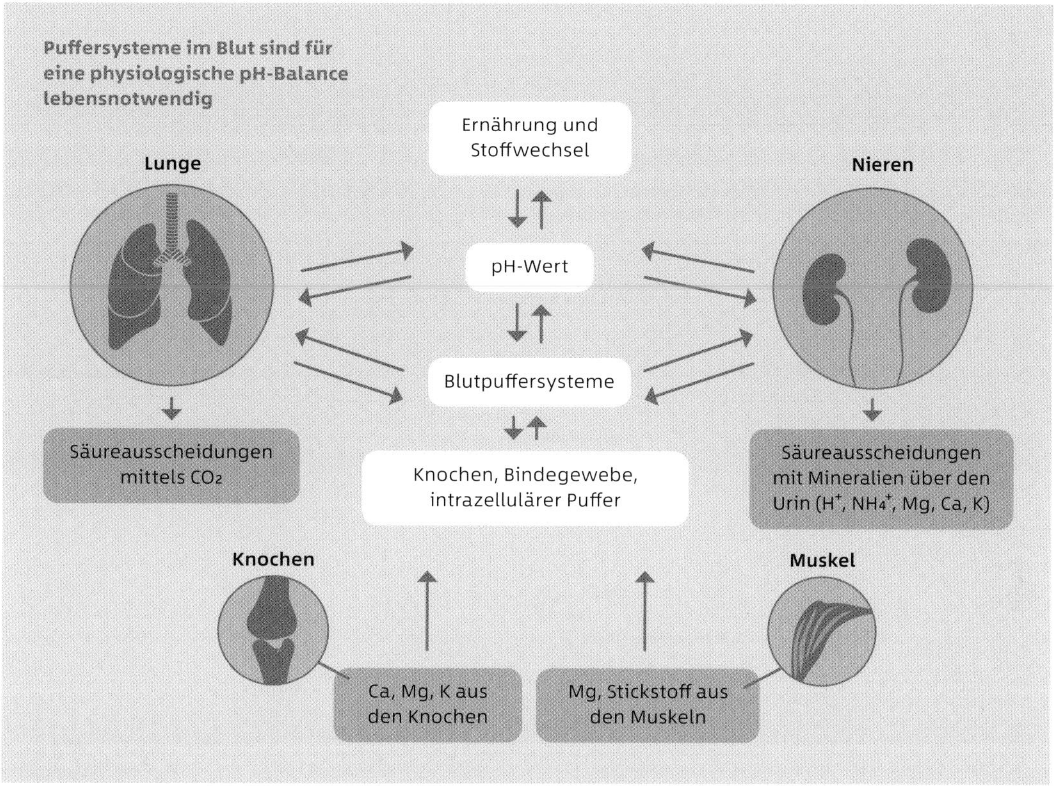
Puffersysteme im Blut sind für eine physiologische pH-Balance lebensnotwendig
Ernährung und Stoffwechsel
Lunge
Nieren
pH-Wert
Blutpuffersysteme
Säureausscheidungen mittels CO_2
Knochen, Bindegewebe, intrazellulärer Puffer
Säureausscheidungen mit Mineralien über den Urin (H^+, NH_4^+, Mg, Ca, K)
Knochen
Muskel
Ca, Mg, K aus den Knochen
Mg, Stickstoff aus den Muskeln

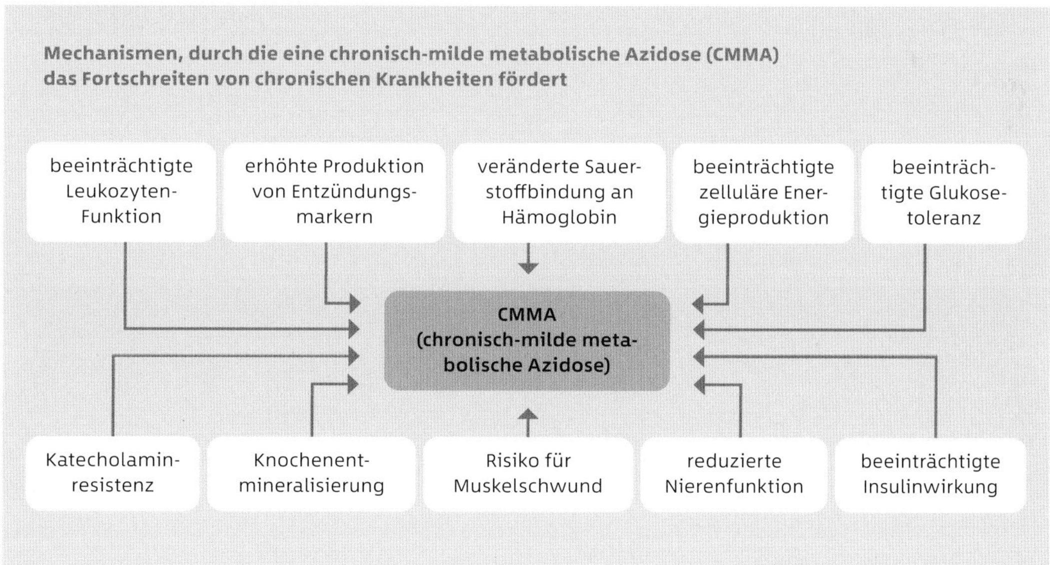
Mechanismen, durch die eine chronisch-milde metabolische Azidose (CMMA) das Fortschreiten von chronischen Krankheiten fördert
beeinträchtigte Leukozyten-Funktion
erhöhte Produktion von Entzündungsmarkern
veränderte Sauerstoffbindung an Hämoglobin
beeinträchtigte zelluläre Energieproduktion
beeinträchtigte Glukosetoleranz
CMMA (chronisch-milde metabolische Azidose)
Katecholaminresistenz
Knochenentmineralisierung
Risiko für Muskelschwund
reduzierte Nierenfunktion
beeinträchtigte Insulinwirkung

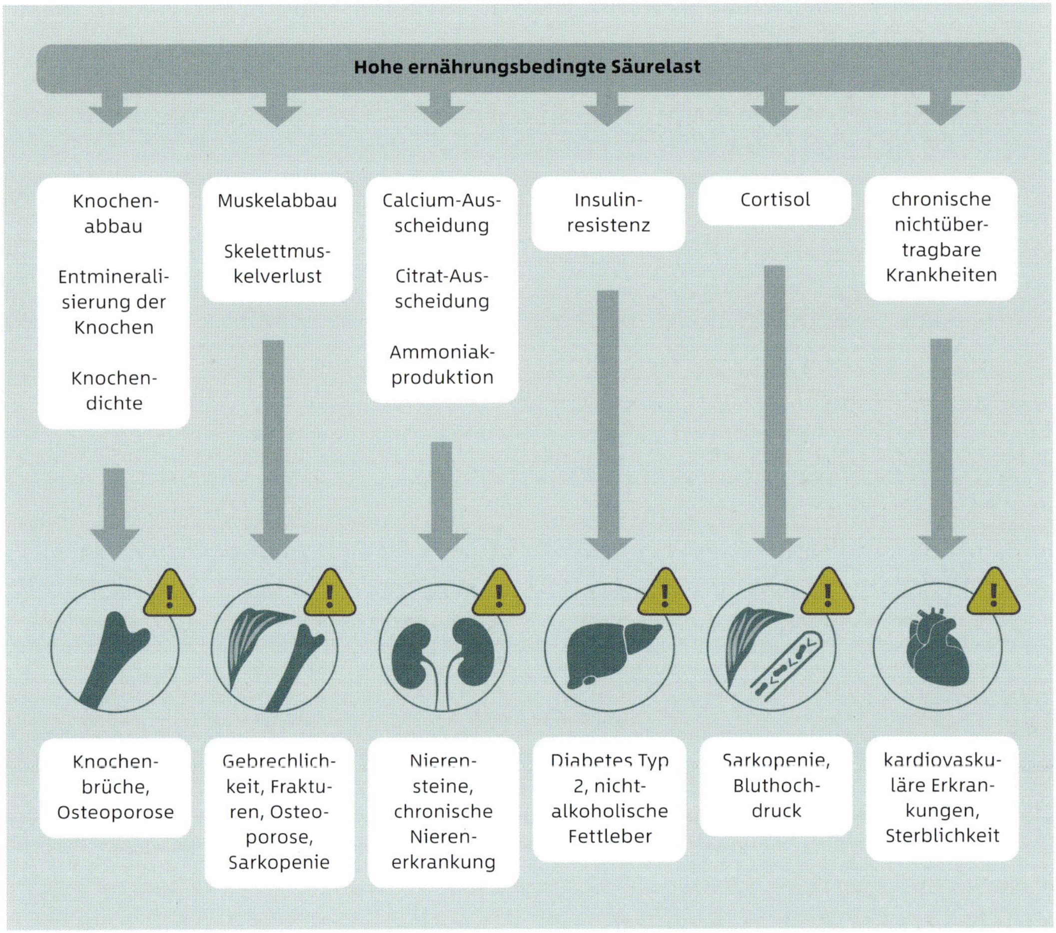

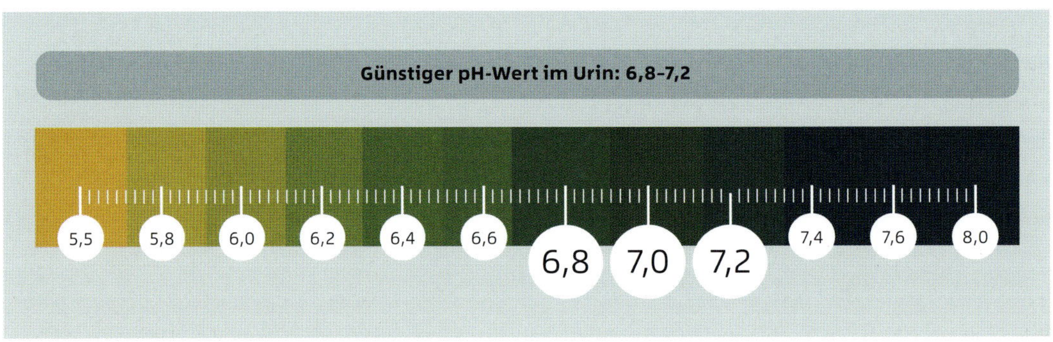

(Weitere Details zum Thema finden Sie im wissenschaftlichen Anhang ab Seite 276.)

Praktische Tipps für den Ausgleich einer Übersäuerung

Der Ausgleich einer chronisch-milden metabolischen Azidose wird auf vielfältige Weise zur Verbesserung der Gesundheit beitragen. Bei bereits bestehenden Erkrankungen ist eine basenreiche Ernährung eine hervorragende Option für die Ernährungstherapie. Die regelmäßige oder auch kurmäßig durchgeführte Supplementierung mit Basen ist wirksam und sicher und auch in Ergänzung anderer Therapieformen sinnvoll.

Bevor wir zur Umsetzung im Alltag kommen und Ihnen genussvolle Rezepte an die Hand geben, noch einige Anmerkungen.

Im zweiten Teil dieses Buches finden Sie **köstliche Rezepte,** bei deren Zusammenstellung auf eine ausreichende Basenzufuhr geachtet wurde. Für die Rezepte sind jeweils die PRAL-Werte, also die Basenleistung, angegeben. Ein Basenüberschuss bekommt ein negatives Vorzeichen, je niedriger der Wert, desto höher der Basengehalt, -6 ist also basischer als -3. Da mit zunehmendem Alter die Nierenleistung nachlässt, ist es erforderlich, mehr Basen zu konsumieren, um diesen Verlust auszugleichen. Der PRAL-Wert für junge Erwachsene entspricht dem ersten Wert bei den Rezepten. Mit zunehmendem Alter lässt die Fähigkeit der Nieren, Säure auszuscheiden, leider nach, deshalb ist bei höherem Alter ein Korrekturfaktor eingerechnet, der die nachlassende Nierenkapazität berücksichtigt. Sie können deshalb die Basenleistung einer Portion Ihrem Alter entsprechend bei den Rezepten ablesen und mit den anderen Mahlzeiten am Tag aufaddieren. So erhalten Sie Ihre Säure-Basen-Bilanz an dem Tag. Wenn die Summe einen Minuswert ergibt, ist Ihre Ernährung an diesem Tag basenüberschüssig und trägt dazu bei, Ihren Basenspeicher aufzufüllen. Um auch andere Mahlzeiten zu bewerten, können Sie die Einzelwerte der Lebensmittel, die in unserer PRAL-Tabelle jeweils für 100 g verzehrte Menge angegeben sind, auf Ihre individuell verzehrte Menge umrechnen.

Die besten Basenlieferanten sind Gemüse, Kräuter und Salate. Wenn Sie zum Beispiel 50 g Radieschen (PRAL-Wert -4,6 je 100 g) zwischendurch verzehren, addieren Sie -2,3 (0,5 × -4,6) zu den anderen Säure-Basen-Werten (PRAL) in Ihrer individuellen Säure-Basen-Bilanz. Obwohl die Basen beim Kochen nicht zerstört werden, können sie in das Kochwasser extrahiert werden und werden weggeworfen. Dampfgaren ist deshalb vorzuziehen. Am besten ist es jedoch, Gemüse, Kräuter und Obst frisch zu verzehren. Achten Sie auf regionale und saisonale Produkte. In Bioprodukten sind mehr wertvolle Inhaltsstoffe enthalten. Jedwede industrielle Verarbeitung von Lebensmitteln vermindert die Qualität und den Basengehalt.

Zu klassischen Irrtümern, die sich immer wieder im Netz finden:

- Zucker ist nicht sauer, sondern neutral – für unsere Gesundheit aber wenig zuträglich.
- Kaffee ist leicht basisch und schützt sogar vor Krankheiten wie Diabetes.
- Mit CO_2 hergestelltes Sprudelwasser ist nicht sauer, sondern für den Stoffwechsel ebenso neutral wie stilles Wasser. Mineralwasser mit hohem Hydrogencarbonatgehalt ist sogar ein sinnvoller Basenspender.
- Alkohol ist für den Stoffwechsel neutral, Wein und Bier sind sogar leicht basisch.

Was sonst zu beachten ist: Je härter das Leitungswasser, desto mehr Basen enthält es. Wasserenthärter sind gut für die Waschmaschine, aber ungünstig für den Menschen.

Ändern Sie Ihre Essgewohnheiten nicht zu sehr auf einmal! Versuchen Sie, nach und nach bessere, basenreiche Lebensmittel zu bevorzugen. Denken Sie daran, dass es auch möglich ist, schmackhafte säurelastige Gerichte am nächsten Tag durch ein Gemüsegericht oder einen großen Salat zu kompensieren.

Tipps für den kleinen Hunger: ein Stück Zartbitterschokolade, einige Oliven, etwas Studentenfutter, leckere Gemüsesticks.

Sollten Sie bereits unter Beschwerden leiden, die im Buch beschrieben sind, ist die Einnahme eines Basenpräparats zu empfehlen. Bevorzugen Sie solche mit hohem Citrat-Gehalt!

Generell sollten Sie durch einen **konsequent hohen täglichen Basenüberschuss** durch entsprechende Gerichte oder Basen-Supplemente mindestens einmal im Jahr für vier Wochen Ihren Basenspeicher auffüllen.

Seien Sie geduldig! Änderungen nach einer Basenumstellung sind nicht sofort vorhanden. Erfahrungsgemäß braucht Ihr Körper mindestens einen Monat, bis ein Defizit aufgefüllt ist. Dann werden Sie jedoch feststellen, dass Ihre Leistungsfähigkeit zunimmt, sich zum Beispiel morgendliche Gelenkbeschwerden verbessern oder sogar ganz verschwinden und Ihre Lebensqualität steigt.

Wenn Sie die tägliche Säurelast durch ausreichend Basen ausgleichen, wird es Ihnen Ihre Gesundheit danken. **Nutzen Sie die Wunderwaffe einer hohen Basenzufuhr!**

Leben im Gleichgewicht.

BASISCH IN DEN TAG

Melone-Beeren-Müsli mit Grapefruit

Zubereitungszeit: 10 Minuten
Für 2 Personen

¼ Honigmelone (200 g)
1 Kiwi
2–3 EL Beeren (50 g; z. B. Brombeeren, Himbeeren und Schwarze Johannisbeeren)
3 EL Sojaflocken
3 EL geröstete gemahlene Haselnusskerne
1 EL Rosinen
3 EL Sojajoghurt (100 g; alternativ fettarmer Joghurt (1,8 % Fett))
1 TL Ahornsirup
½ Grapefruit

Nährwerte pro Portion:
263 kcal, 12 g E, 11 g F, 24 g KH, 7 g B
Variante mit Cornflakes:
259 kcal, 7 g E, 8 g F, 35 g KH, 5 g B
(!) Basenbooster mit Erdmandeln:
243 kcal, 11 g E, 8 g F, 27 g KH, 8 g B

Die **Melone** schälen, entkernen und in etwa 1 cm große Würfel schneiden. Die **Kiwi** schälen und würfeln. **Beeren** abbrausen, eventuell von den Rispen zupfen. ● Das Obst mit **Sojaflocken, Haselnüssen, Rosinen** und **Sojajoghurt** mischen und mit **Ahornsirup** süßen. ● Die **Grapefruit** schälen, dabei die weiße Haut vollständig entfernen. In Stücke schneiden und auf das Müsli geben.

Tipp Sojaflocken bekommt man im Bioladen und im gut sortierten Drogeriemarkt.

Variante mit Cornflakes
Statt Sojaflocken Cornflakes verwenden.

(!) Basenbooster mit Erdmandeln
Mit Erdmandelflocken statt Haselnüssen wirkt das Müsli noch basischer.

Säure-Basen-Wert (PRAL) pro Person

30-Jährige	40-Jährige	50-Jährige	60-Jährige	70-Jährige
–10,3	–9,3	–8,3	–7,2	–6,2

Variante mit Cornflakes

30-Jährige	40-Jährige	50-Jährige	60-Jährige	70-Jährige
–9,3	–8,4	–7,5	–6,5	–5,6

(!) Gericht mit Basenbooster

30-Jährige	40-Jährige	50-Jährige	60-Jährige	70-Jährige
–11,0	–9,9	–8,8	–7,7	–6,6

vegan, laktosefrei, glutenfrei, frei von raffiniertem Zucker

Schoko-Porridge

Zubereitungszeit: 10 Minuten
Für 2 Personen

1 kleiner Apfel
½ Banane
2 EL getrocknete Cranberrys
1 EL Kokosmehl
3 EL Reisflocken
¼ TL Kakaopulver
200 ml ungesüßter Mandeldrink
1 EL Haselnussmus
1–2 TL Dattelsirup
30 g kernlose Weintrauben

Nährwerte pro Portion:
250 kcal, 5 g E, 8 g F, 37 g KH, 5 g B
(!) Basenbooster mit Aprikosen:
245 kcal, 5 g E, 8 g F, 34 g KH, 7 g B

Apfel waschen, vierteln, entkernen und ungeschält quer in dünne Scheiben schneiden. **Banane** schälen und in Scheiben schneiden. Die **Cranberrys** hacken. ● Apfel- und Bananenscheiben und Cranberrys mit **Kokosmehl, Reisflocken** und **Kakaopulver** mischen. ● Den **Mandeldrink** erhitzen, das **Haselnussmus** darin auflösen und über die Reisflockenmischung gießen. Mit **Dattelsirup** süßen. ● Die **Weintrauben** waschen, abzupfen und untermischen. Etwa 10 Minuten quellen lassen und das Porridge noch warm genießen.

Tipp Kokosmehl, Reisflocken und Dattelsirup bekommt man im Bioladen und im gut sortierten Drogeriemarkt.

(!) Basenbooster mit Aprikosen

Anstelle der Cranberrys getrocknete Aprikosen klein schneiden und zufügen.

Säure-Basen-Wert (PRAL) pro Person

30-Jährige	40-Jährige	50-Jährige	60-Jährige	70-Jährige
–9,4	–8,5	–7,6	–6,6	–5,7

(!) Gericht mit Basenbooster

30-Jährige	40-Jährige	50-Jährige	60-Jährige	70-Jährige
–11,6	–10,4	–9,3	–8,1	–6,9

vegan, laktosefrei, glutenfrei, frei von raffiniertem Zucker

Himbeer-Kokos-Drink mit karamellisierten Kokosraspeln

Zubereitungszeit: 10 Minuten
Für 2 Personen

2 TL Kokosraspel
½ TL Vollrohrzucker
80 g gekühlte Himbeeren
350 ml gekühltes Kokoswasser
1 TL gekühlter Ahornsirup
1 Stängel Zitronenmelisse

Nährwerte pro Portion:
98 kcal, 2 g E, 4 g F, 13 g KH, 4 g B

Die **Kokosraspel** mit **Vollrohrzucker** in einer kleinen beschichteten Pfanne ohne Fettzugabe bei mittlerer Hitze unter Rühren karamellisieren, bis die Raspel ganz leicht gebräunt sind. Sofort aus der Pfanne nehmen und abkühlen lassen. ● **Himbeeren** abbrausen und sechs Beeren für die Garnierung beiseitelegen. Restliche Beeren mit **Kokoswasser** und **Ahornsirup** im Mixer fein pürieren und in zwei Gläser füllen. ● **Zitronenmelisse** waschen, trocken schütteln und Blätter abzupfen. ● Die Drinks mit Himbeeren, Kokosraspeln und Zitronenmelisse garnieren und sofort servieren.

Säure-Basen-Wert (PRAL) pro Person

30-Jährige	40-Jährige	50-Jährige	60-Jährige	70-Jährige
−11,4	−10,2	−9,1	−8,0	−6,9

vegan, laktosefrei, glutenfrei, frei von raffiniertem Zucker

Aprikosen-Dattel-Smoothie

Zubereitungszeit: 5 Minuten
Für 2 Personen

3 gekühlte Aprikosen
4 entsteinte Datteln
1 gekühlte Avocado
1 gekühlte Zitrone
200 ml gekühltes Kokoswasser (alternativ stilles Mineralwasser)
2 Stängel Zitronenmelisse

Nährwerte pro Portion:
203 kcal, 2 g E, 13 g F, 18 g KH, 6 g B

Aprikosen waschen, entsteinen und mit den **Datteln** in den Mixer geben. • **Avocado** halbieren, entkernen, das Fruchtfleisch mit einem Löffel aus den Schalen lösen, grob in Stücke schneiden und zufügen. • Die **Zitrone** auspressen, Zitronensaft hinzugießen und fein pürieren. **Kokoswasser** unterrühren und auf zwei Gläser verteilen. • **Zitronenmelisse** waschen, trocken schütteln, Blätter abzupfen und die Smoothies damit garnieren. - Schmeckt am besten kalt.

Tipp Wenn die Zutaten nicht gekühlt sind, zusätzlich zwei Eiswürfel mit in den Mixer geben, damit der Smoothie direkt serviert werden kann.

Säure-Basen-Wert (PRAL) pro Person

30-Jährige	40-Jährige	50-Jährige	60-Jährige	70-Jährige
–16,3	–14,7	–13,0	–11,4	–9,8

vegan, laktosefrei, glutenfrei, frei von raffiniertem Zucker

Grüner Smoothie

Zubereitungszeit: 5 Minuten
Für 2 Personen

- 1 gekühlte große Banane (200 g)
- 1 gekühlter großer Apfel (200 g; z. B. Elstar)
- 150 g TK-Grünkohl
- 300 ml gekühlter Orangensaft
- 1 EL Leinöl (nach Belieben)
- 1 TL gemahlene Haselnusskerne

Nährwerte pro Portion:
249 kcal, 6 g E, 3 g F, 42 g KH, 7 g B
Variante mit Basilikum:
354 kcal, 4 g E, 4 g F, 68 g KH, 8 g B

Banane schälen und in Stücke schneiden. Den **Apfel** waschen, vierteln und entkernen. Ein Apfelviertel für die Garnierung beiseitelegen und den restlichen Apfel ungeschält in große Stücke schneiden. ● Bananen- und Apfelstücke mit gefrorenem **Grünkohl, Orangensaft** und nach Belieben mit **Leinöl** in den Mixer geben und fein pürieren. In große Gläser füllen. ● Das beiseitegelegte Apfelstück in dünne Spalten schneiden und die Smoothies damit garnieren. **Haselnüsse** darüberstreuen und sofort servieren.

Variante mit Basilikum
Statt Grünkohl zwei Handvoll Basilikum (50 g) und zusätzlich zwei große entkernte Äpfel mitmixen. Mit Eiswürfeln servieren.

Säure-Basen-Wert (PRAL) pro Person

30-Jährige	40-Jährige	50-Jährige	60-Jährige	70-Jährige
−17,5	−15,7	−14,0	−12,3	−10,5

Variante mit Basilikum

30-Jährige	40-Jährige	50-Jährige	60-Jährige	70-Jährige
−17,1	−15,4	−13,7	−12,0	−10,3

vegan, laktosefrei, glutenfrei, frei von raffiniertem Zucker

Beeren-Smoothie mit Roter Bete

Zubereitungszeit: 10 Minuten
Für 2 Personen

½ kleine rohe Rote Bete (50 g)
1–2 gekühlte Möhren (100 g)
1 gekühlte Biolimette
1 EL Kokosraspel
1 TL Vollrohrzucker
100 g TK-Blaubeeren
200 ml gekühlte Kokosmilch (20 % Fett)
50 ml gekühltes Kokoswasser (alternativ Möhrensaft)
2 EL Reissirup
2 Minzeblätter

Nährwerte pro Portion:
392 kcal, 5 g E, 37 g F, 36 g KH, 7 g B

Rote Bete und **Möhren** schälen und grob in Stücke schneiden. **Limette** waschen, trocken reiben, Schale abreiben und die Frucht auspressen. ● **Kokosraspel** mit **Vollrohrzucker** in einer kleinen beschichteten Pfanne ohne Fettzugabe bei mittlerer Hitze unter ständigem Rühren rösten. Sobald die Raspel anfangen zu bräunen, vom Herd nehmen, in eine Schale geben und mit Limettenabrieb mischen. ● Gemüse mit Limettensaft, gefrorenen **Blaubeeren, Kokosmilch, Kokoswasser** und **Reissirup** im Mixer auf hoher Stufe fein pürieren. In zwei Gläser füllen und mit Limetten-Kokos-Mischung bestreuen. **Minzeblätter** waschen und die Smoothies damit garnieren. Kalt stellen oder sofort genießen.

Tipp Kokoswasser und Reissirup bekommt man im Bioladen und im gut sortierten Drogerie- und Lebensmittelmarkt.

Säure-Basen-Wert (PRAL) pro Person

30-Jährige	40-Jährige	50-Jährige	60-Jährige	70-Jährige
−16,1	−14,5	−12,9	−11,3	−9,7

vegan, laktosefrei, glutenfrei, frei von raffiniertem Zucker

Schoko-Haselnuss-Aufstrich

Zubereitungszeit: 15 Minuten plus Auskühlzeit
Ergibt 16 Portionen
(2 Gläser à 200 ml)

200 g Zartbitterkuvertüre (60 % Kakaoanteil)
100 g Butter
60 g Sahne
100 g Kokosblütenzucker (alternativ brauner Rohzucker)
70 g geröstetes Haselnussmehl (alternativ gemahlene Haselnusskerne)

Außerdem:
2 Twist-off-Gläser (à 200 ml)

Nährwerte pro Portion:
134 kcal, 1 g E, 10 g F, 8 g KH, 1 g B

Kuvertüre fein hacken und **Butter** in dicke Scheiben schneiden. Beides mit **Sahne** und **Kokosblütenzucker** in einen Topf geben und bei schwacher Hitze schmelzen, bis die Masse glatt ist. Dabei immer wieder gut umrühren. ● **Haselnussmehl** unterrühren, den heißen Aufstrich in die Twist-off-Gläser füllen und verschließen. Mit dem Deckel nach unten auf ein Küchentuch setzen und auskühlen lassen.

Tipp Kokosblütenzucker gibt es im Bioladen und im gut sortierten Drogerie- und Lebensmittelmarkt.

Säure-Basen-Wert (PRAL) pro Portion

30-Jährige	40-Jährige	50-Jährige	60-Jährige	70-Jährige
–2,5	–2,3	–2,0	–1,8	–1,5

vegetarisch, glutenfrei

Erdbeer-Rhabarber-Konfitüre mit Rosmarin

Zubereitungszeit: 30 Minuten plus Auskühlzeit
Ergibt 6 Gläser (à 200 ml)

700 g Rhabarber
500 g Erdbeeren
½ Zweig Rosmarin (alternativ 1 TL getrockneter Rosmarin)
500 g brauner Rohzucker
1 Pck. Apfelpektin (15 g)

Außerdem:
6 Twist-off-Gläser (à 200 ml)

Nährwerte pro Glas (à 200 ml):
374 kcal, 2 g E, 0 g F, 89 g KH, 5 g B

Rhabarber waschen, entfädeln und in 5 mm dünne Stücke schneiden. **Erdbeeren** waschen, entstielen und in kleine Stücke schneiden. **Rosmarin** waschen, trocken schütteln, die Nadeln abstreifen und sehr fein hacken. ● Die Twist-off-Gläser heiß ausspülen und die Deckel auskochen. ● Etwa 100 g **Zucker** mit **Apfelpektin** in einem großen Topf mischen. Rhabarber, 150 g Erdbeeren und Rosmarin dazugeben und aufkochen. 5 Minuten sprudelnd köcheln lassen, bis der Rhabarber weich ist, aber noch nicht zerfällt. Den restlichen **Zucker** hinzufügen und erhitzen. Sobald die Mischung sprudelnd heiß ist, die restlichen Erdbeeren hineingeben. ● Die Konfitüre heiß in die Gläser füllen und verschließen. Dann mit dem Deckel nach unten auf ein Küchentuch setzen und auskühlen lassen.

Tipp Apfelpektin gibt es im Bioladen und im Reformhaus. Um sicherzugehen, dass die Konfitüre die richtige Konsistenz hat, einen Teelöffel voll auf eine Untertasse geben und kurz ins Tiefkühlfach stellen. Wenn die Probe zu flüssig ist, noch etwas länger sprudelnd kochen. Wer keine Erdbeerstückchen in der Konfitüre mag, kocht alle Erdbeeren von Anfang an mit.

Säure-Basen-Wert (PRAL) pro Glas

30-Jährige	40-Jährige	50-Jährige	60-Jährige	70-Jährige
–10,0	–9,0	–8,0	–7,0	–6,0

vegan, laktosefrei, glutenfrei

Bärlauchbutter mit rosa Pfefferbeeren

Zubereitungszeit: 10 Minuten plus ca. 60 Minuten Kühlzeit
Ergibt 250 g Butter (10 Portionen)

250 g weiche Butter
½ TL Meersalz
½ Bund Bärlauch (40 g)
2 EL rosa Pfefferbeeren

Nährwerte pro Portion:
195 kcal, 0 g E, 21 g F, 1 g KH, 0 g B

Butter schaumig rühren und mit **Salz** würzen. **Bärlauch** waschen, trocken schütteln und fein hacken. Die **rosa Pfefferbeeren** mit einer Gabel zerdrücken. ● Bärlauch und die Hälfte der Pfefferbeeren gut unter die Butter rühren, dann vorsichtig die restlichen Beeren unterrühren. In Frischhaltefolie wickeln und etwa 60 Minuten im Kühlschrank fest werden lassen.

Tipp Zum Lagern den Bärlauch in einen Gefrierbeutel geben, etwas Wasser einfüllen, leicht aufblasen und verschließen. Oder mit etwas Wasser in eine Plastikdose geben und verschließen. Sie können den Bärlauch auch in feuchte Küchentücher einschlagen und in eine Plastiktüte geben. Auf diese Weise hält er sich im Kühlschrank bis zu 2 Tage.

Säure-Basen-Wert (PRAL) pro Portion

30-Jährige	40-Jährige	50-Jährige	60-Jährige	70-Jährige
−0,28	−0,26	−0,23	−0,20	−0,17

vegetarisch, glutenfrei, frei von raffiniertem Zucker

Würzige Bohnencreme

Zubereitungszeit: 10 Minuten
Ergibt 10 Portionen

1 Dose schwarze Bohnen (240 g Abtropfgewicht; alternativ Kidneybohnen)
½ Zwiebel
1 kleine Knoblauchzehe
50 g Tomatenmark
1 EL Olivenöl
1 TL Kräutersalz
1 Msp. Cayennepfeffer
1 Tropfen zuckerfreie Tabascosauce (scharfe Chilisauce; nach Belieben)
2 Stängel glatte Petersilie

Nährwerte pro Portion:
35 kcal, 1 g E, 1 g F, 4 g KH, 2 g B

Bohnen in ein Sieb abgießen, abbrausen und abtropfen lassen. **Zwiebelhälfte** schälen und würfeln, **Knoblauchzehe** schälen. ● Bohnen mit Zwiebelwürfeln, **Tomatenmark, Olivenöl, Kräutersalz, Cayennepfeffer** und nach Belieben **Tabascosauce** in einen Mixbecher geben. Den Knoblauch hineinpressen und mit dem Stabmixer fein pürieren. ● **Petersilie** abbrausen, trocken schütteln und die Blätter abzupfen. Bohnencreme in eine Schale füllen und mit Petersilie garnieren. – Eignet sich gut als veganer und basischer Leberwurstersatz aufs Brot.

Tipp Für Bohnencremehäppchen mit einem Spritzbeutel oder einem Teelöffel Bohnencreme auf kleine Pumpernickelscheiben geben und mit Petersilie bestreuen.

Säure-Basen-Wert (PRAL) pro Portion

30-Jährige	40-Jährige	50-Jährige	60-Jährige	70-Jährige
–1,5	–1,3	–1,2	–1,0	–0,9

vegan, laktosefrei, glutenfrei, frei von raffiniertem Zucker

Varianten mit nur Kastanien- oder Dinkelmehl
Sehr basisch wird das Brot, wenn man nur Kastanienmehl verwendet. Weniger basisch, aber preiswerter und lockerer wird es mit nur Dinkelmehl.

Tipp Kastanienmehl gibt es im Bioladen und im gut sortierten Drogerie- und Lebensmittelmarkt.

Basenbrot mit Kräutern und Kartoffeln

Zubereitungszeit: 20 Minuten plus ca. 30 Minuten Garzeit, 12 Stunden Ruhezeit und 50 Minuten Backzeit
Ergibt 1 Brot (20 Scheiben)

500 g mehligkochende Kartoffeln
Meersalz
2 Möhren (insgesamt 160 g)
2 Zweige Thymian
½ Zweig Rosmarin
8 Salbeiblätter (alternativ 15 g italienische TK-Kräuter)
200 g Kastanienmehl (alternativ gemahlene Haselnüsse)
300 g Dinkelmehl (Type 630)
200 ml Möhrensaft (alternativ Kartoffelkochwasser)
1 Würfel frische Hefe (42 g)
1 EL Rapsöl
3 EL Kräutersalz

Nährwerte pro Scheibe:
111 kcal, 3 g E, 1 g F, 21 g KH, 3 g B
Variante mit nur Kastanienmehl:
109 kcal, 2 g E, 1 g F, 20 g KH, 4 g B
Variante mit nur Dinkelmehl (Type 630):
113 kcal, 4 g E, 1 g F, 22 g KH, 2 g B

Die **Kartoffeln** waschen und ungeschält in wenig **Salzwasser** bei mittlerer Hitze etwa 30 Minuten weich kochen. ● Abgießen, dabei das Kochwasser auffangen. Die Kartoffeln pellen, abkühlen lassen und grob raspeln oder durch die Presse drücken. **Möhren** schälen und grob raspeln. ● **Kräuter** abbrausen, trocken schütteln, Blätter fein hacken und unter beide **Mehle** mischen. ● Den **Möhrensaft** auf maximal 37 °C handwarm erwärmen. **Hefe** mit dem **Öl** hinzugeben und auflösen. **Kräutersalz** und Hefelösung zur Mehlmischung geben, Kartoffel- und Möhrenraspel hinzufügen und zu einem glatten Teig kneten. ● Abgedeckt 12 Stunden (am besten über Nacht) gehen lassen. ● Ein Backblech mit Backpapier auslegen. Aus dem Teig mit leicht nassen Händen einen länglichen Laib formen, auf das Blech legen, in den kalten Ofen (mittlere Schiene) schieben, die Temperatur auf 175 °C (Umluft) regeln und 50 Minuten backen, bis das Brot eine feste Kruste hat und leicht gebräunt ist. ● Herausnehmen und auf einem Kuchengitter auskühlen lassen. – Schmeckt frisch am besten.

Säure-Basen-Wert (PRAL) pro Scheibe

30-Jährige	40-Jährige	50-Jährige	60-Jährige	70-Jährige
-3,29	-2,96	-2,63	-2,31	-1,98
Variante mit nur Kastanienmehl				
-7,23	-6,51	-5,78	-5,06	-4,34
Variante mit nur Dinkelmehl (Type 630)				
-0,67	-0,60	-0,53	-0,47	-0,40

vegan, laktosefrei, glutenfrei, frei von raffiniertem Zucker

LEICHTE KÜCHE

Überbackene Zucchinischeiben auf Tomaten und Kidneybohnen

Zubereitungszeit: 10 Minuten plus 15 Minuten Backzeit
Für 2 Personen

2–3 Tomaten (insgesamt 125 g)
1 Zwiebel
1 Dose Kidneybohnen (240 g Abtropfgewicht)
1 TL getrockneter Oregano
1 TL getrockneter Thymian
1 kleine Knoblauchzehe
50 g Bergkäse
50 g Blauschimmelkäse (alternativ weitere 50 g Bergkäse)
½ Bund glatte Petersilie
50 g gemahlene Haselnusskerne
50 g Doppelrahmfrischkäse
½ TL edelsüßes Paprikapulver
Kräutersalz
frisch gemahlener schwarzer Pfeffer
1–2 Zucchini (300 g)

Nährwerte pro Portion:
630 kcal, 33 g E, 42 g F, 30 g KH, 17 g B
ⓘ Basenbooster mit Erdmandeln und Schmand:
582 kcal, 29 g E, 33 g F, 38 g KH, 19 g B

Den Backofen auf 175 °C (Umluft) vorheizen. • **Tomaten** waschen, halbieren, Stielansätze entfernen und in 1 cm große Stücke schneiden. **Zwiebel** schälen und fein würfeln. **Kidneybohnen** in ein Sieb abgießen und abbrausen. Tomaten, Zwiebeln und Bohnen mit **Oregano** und **Thymian** in eine Auflaufform geben. **Knoblauchzehe** schälen, hineinpressen und mischen. • **Bergkäse** fein reiben. **Blauschimmelkäse** in feine Würfel schneiden. **Petersilie** abbrausen, trocken schütteln und hacken. 1 TL Petersilie beiseitestellen. Restliche Petersilie mit Käse, **Haselnüssen, Frischkäse** und **Paprikapulver** zu einer Paste verrühren. Mit **Kräutersalz** und **Pfeffer** würzen. • **Zucchini** waschen, Enden abschneiden und schräg in etwa 5 mm dünne Scheiben schneiden. Die Zucchinischeiben mit der Käsepaste bestreichen und auf die Bohnenmischung setzen. Im Ofen auf der mittleren Schiene 15 Minuten backen. • Herausnehmen und mit der beiseitegestellten Petersilie garnieren.

ⓘ Basenbooster mit Erdmandeln und Schmand
Erdmandelflocken statt Haselnüsse und Schmand (24 % Fett) statt Frischkäse verwenden.

Säure-Basen-Wert (PRAL) pro Person

30-Jährige	40-Jährige	50-Jährige	60-Jährige	70-Jährige
–7,7	–6,9	–6,2	–5,4	–4,6

ⓘ Gericht mit Basenbooster

30-Jährige	40-Jährige	50-Jährige	60-Jährige	70-Jährige
–10,9	–9,8	–8,7	–7,6	–6,5

vegetarisch, glutenfrei, frei von raffiniertem Zucker

Kürbiswedges mit Spitzkohl-Möhren-Salat

Zubereitungszeit: 20 Minuten
Für 2 Personen

Für die Wedges:
1 kleiner Hokkaidokürbis (600 g)
3 EL Olivenöl
1 TL Meersalz
2 TL getrocknete italienische Kräuter
1 Msp. Cayennepfeffer
1 Msp. gemahlener Ingwer
1 Msp. frisch gemahlener schwarzer Pfeffer
1 Msp. gemahlener Kreuzkümmel
1 Msp. edelsüßes Paprikapulver

Für den Salat:
½ kleiner Spitzkohl (200 g)
1 große Möhre (100 g)
½ Bund Dill
1 Stängel Minze
1 EL Zitronensaft
3 EL Olivenöl
½ kleine Knoblauchzehe
Kräutersalz
frisch gemahlener schwarzer Pfeffer
1 Prise Vollrohrzucker (nach Belieben)
2 EL Crème fraîche (30 % Fett)

Nährwerte pro Portion:
505 kcal, 7 g E, 35 g F, 37 g KH, 10 g B

Den Backofen auf 175 °C (Umluft) vorheizen. ● Für die Wedges den **Kürbis** waschen, achteln, Stielansatz und harte Stellen an der Schale entfernen, dann Fasern und Kerne herauskratzen und ungeschält quer in etwa 1 cm breite Streifen schneiden. ● In einer großen Schüssel **Olivenöl** mit **Salz, Kräutern** und **Gewürzen** verrühren. Die Kürbisstreifen darin wenden und auf einem Backblech verteilen. Im vorgeheizten Ofen auf der mittleren Schiene 15 Minuten backen, bis die Stücke weich sind und anfangen zu bräunen. ● Inzwischen für den Salat **Spitzkohlhälfte** halbieren, den Strunk entfernen und waschen. Dicke Blattrippen herausschneiden und den Kohl quer in feine Streifen schneiden. **Möhre** schälen und fein raspeln. **Dill** und **Minze** abbrausen, trocken schütteln und fein hacken. ● In einer Schüssel **Zitronensaft** mit **Öl** verrühren. **Knoblauchzehe** schälen, hineinpressen und das Dressing verrühren. Gemüse und gehackte Kräuter in die Schüssel geben und vermengen. ● Mit **Kräutersalz, Pfeffer** und nach Belieben mit **Vollrohrzucker** würzen. Den Salat mit den Händen kneten, dann kurz ziehen lassen. ● Die Kürbiswedges aus dem Ofen nehmen und mit Salat und **Crème fraîche** zum Dippen servieren.

Säure-Basen-Wert (PRAL) pro Person

30-Jährige	40-Jährige	50-Jährige	60-Jährige	70-Jährige
−23,2	−20,9	−18,6	−16,2	−13,9

vegetarisch, glutenfrei, frei von raffiniertem Zucker

Mediterranes Tomaten-Schafskäse-Gratin

Zubereitungszeit: 10 Minuten plus 30 Minuten Gratinierzeit
Für 2 Personen

1 kg Tomaten
½ Bund glatte Petersilie
200 g Schafskäse
Kräutersalz
2 EL Olivenöl

Nährwerte pro Portion:
450 kcal, 21 g E, 34 g F, 14 g KH, 5 g B

Den Backofen auf 175 °C (Umluft) vorheizen. ● Die **Tomaten** waschen, Stielansätze entfernen und Fruchtfleisch würfeln. **Petersilie** abbrausen, trocken schütteln und hacken. ● Tomaten und Petersilie in einer Auflaufform mischen. **Schafskäse** darüberkrümeln, mit **Salz** bestreuen und mit **Olivenöl** beträufeln. ● Im vorgeheizten Ofen auf der mittleren Schiene 30 Minuten gratinieren, bis der Schafskäse zu bräunen beginnt.

Säure-Basen-Wert (PRAL) pro Person

30-Jährige	40-Jährige	50-Jährige	60-Jährige	70-Jährige
–14,2	–12,7	–11,3	–9,9	–8,5

vegetarisch, glutenfrei, frei von raffiniertem Zucker

Variante mit Kabeljau

Statt Zander Kabeljaufilets braten. Da diese nicht so leicht auseinanderfallen wie Zander, die Filets bei mittlerer Hitze von beiden Seiten 4 Minuten braten. Kabeljau wirkt stärker säurebildend als Zander. Deshalb am besten noch einen basischen Blattsalat, zum Beispiel mit jungen Spinatblättern, dazu reichen.

Gebratener Zander auf Ananas-Sauerkraut

Zubereitungszeit: 30 Minuten
Für 2 Personen

Für den Fisch:
2 Zanderfilets (à 100 g)
Saft von ½ Zitrone
2 EL Bratöl
Meersalz
frisch gemahlener schwarzer Pfeffer
frisch gemahlener grüner Pfeffer

Für das Sauerkraut:
1 Dose Sauerkraut (285 g Abtropfgewicht)
½ Zwiebel
½ Ananas (400 g)
3 Stängel Liebstöckel (alternativ ½ TL getrockneter Liebstöckel)
2 EL Bratöl
1 Msp. gemahlener Ingwer
1 TL Kräutersalz
1 TL gemahlene Kurkuma
1 EL Agavendicksaft

Nährwerte pro Portion:
389 kcal, 23 g E, 20 g F, 24 g KH, 6 g B
Variante mit Kabeljau:
394 kcal, 24 g E, 20 g F, 24 g KH, 6 g B

Für den Fisch die **Zanderfilets** kalt abbrausen und mit Küchenpapier trocken tupfen. **Zitronensaft** darüberträufeln, mit einem umgedrehten Teller abdecken und etwa 10 Minuten marinieren. • Inzwischen das **Sauerkraut** in ein Sieb abgießen und abtropfen lassen. **Zwiebelhälfte** schälen und würfeln. **Ananashälfte** vierteln, schälen, vom Strunk befreien und quer in mundgerechte Stücke schneiden. **Liebstöckel** waschen, trocken schütteln und hacken. • **Bratöl** in einem Topf erhitzen und die Zwiebelwürfel darin anbraten. Ananasstücke zufügen und 4 Minuten mitbraten. Sauerkraut, Liebstöckel, **Ingwer, Kräutersalz, Kurkuma** und **Agavendicksaft** dazugeben und unter Rühren mitbraten. 50 ml Wasser angießen und abgedeckt bei mittlerer Hitze 10 Minuten köcheln lassen. • Währenddessen das **Bratöl** für den Fisch in einer beschichteten Pfanne erhitzen. Zanderfilets mit Küchenpapier trocken tupfen und mit **Salz** und **schwarzem Pfeffer** würzen. Mit der Hautseite nach unten in die Pfanne geben und bei mittlerer Hitze 7 Minuten braten. Vorsichtig wenden und noch etwa 2 Minuten braten. • Ananas-Sauerkraut auf zwei Teller verteilen, den Fisch darauf anrichten und **grünen Pfeffer** darübermahlen.

Säure-Basen-Wert (PRAL) pro Person

30-Jährige	40-Jährige	50-Jährige	60-Jährige	70-Jährige
−4,5	−4,1	−3,6	−3,2	−2,7

Variante mit Kabeljau

−1,2	−1,1	−0,9	−0,8	−0,7

Gebackene Möhren mit Kokoscreme und Chinakohlsalat

Zubereitungszeit: 30 Minuten
Für 2 Personen

Für Möhren und Reis:
500 g Möhren
2 EL Olivenöl
1 TL Meersalz
1–2 Prisen Cayennepfeffer
100 g Basmatireis

Für den Salat:
1 TL Ahornsirup
50 g griechischer Joghurt (10 % Fett)
1 Prise Chilipulver (alternativ Cayennepfeffer)
1-cm-Stück Ingwer
Saft und abgeriebene Schale von ¼ Biolimette
Meersalz
½ kleiner Chinakohl (150 g)
½ Orange
20 g Walnusskerne

Für die Kokoscreme:
120 ml Kokosmilch (20 % Fett)
50 g Erdnussmus
1 EL glutenfreie Sojasauce
1 TL Honig

Nährwerte pro Portion:
678 kcal, 18 g E, 34 g F, 68 g KH, 12 g B

Den Backofen auf 175 °C (Umluft) vorheizen. • **Möhren** schälen, längs vierteln und quer halbieren. **Olivenöl** mit **Salz** und **Cayennepfeffer** in einer Schüssel verrühren. Möhrenstücke mit der Marinade vermischen und auf einem Backblech verteilen. Im vorgeheizten Ofen auf der mittleren Schiene 20 Minuten backen, bis die Möhren weich sind. • Inzwischen den **Reis** nach Packungsanweisung kochen. • Währenddessen für den Salat **Ahornsirup, Joghurt** und **Chilipulver** in einer Schüssel verrühren. **Ingwer** schälen und durch die Knoblauchpresse dazupressen. **Limettensaft** und **-abrieb** einrühren und das Dressing mit **Salz** würzen. • **Chinakohl** putzen und den Strunk entfernen. Die Blätter in feine Streifen schneiden, waschen und trocken schleudern. Zum Dressing geben und vermengen. • **Orange** schälen, vierteln, quer in dünne Scheiben schneiden und die Hälfte davon unter den Chinakohl heben. Restliche Orangenscheiben auf dem Salat anrichten. • Die **Walnüsse** grob hacken, in einer beschichteten Pfanne ohne Fettzugabe unter Rühren leicht rösten und über den Salat streuen. • Für die Kokoscreme **Kokosmilch** mit **Erdnussmus** in einem kleinen Topf verrühren und bei mittlerer Hitze kochen, bis die Creme dickflüssig ist. Mit **Sojasauce** und **Honig** würzen. • Die gebackenen Möhren mit Reis und Kokoscreme auf zwei Tellern anrichten und dazu den Salat reichen.

Säure-Basen-Wert (PRAL) pro Person

30-Jährige	40-Jährige	50-Jährige	60-Jährige	70-Jährige
–18,1	–16,3	–14,4	–12,6	–10,8

Kefir-Beerenkaltschale mit karamellisierten Haselnüssen

Zubereitungszeit: 10 Minuten
Für 2 Personen

300 g Erdbeeren
300 g Kefir (1,5 % Fett)
1 EL Zuckerrübensirup
2 EL gehobelte Haselnusskerne
1 EL Vollrohrzucker
1 Stängel Zitronenmelisse

Nährwerte pro Portion:
275 kcal, 8 g E, 12 g F, 28 g KH, 4 g B

Erdbeeren waschen, entstielen, in eine Schüssel geben und mit einer Gabel zerdrücken. • **Kefir** mit **Zuckerrübensirup** verrühren, über die Beeren geben und vermengen. • **Haselnussblättchen** in eine beschichtete Pfanne geben, den **Vollrohrzucker** darüberstreuen und bei mittlerer Hitze karamellisieren, dabei ständig wenden. Aus der Pfanne nehmen, sobald die Haselnüsse anfangen zu bräunen. • Karamellisierte Haselnüsse auf die Beerenkaltschale streuen. Die **Zitronenmelisse** waschen, trocken schütteln, Blätter abzupfen und die Kaltschale damit garnieren.

Säure-Basen-Wert (PRAL) pro Person

30-Jährige	40-Jährige	50-Jährige	60-Jährige	70-Jährige
–10,4	–9,4	–8,3	–7,3	–6,3

Beeriger Frozen Yogurt

Zubereitungszeit: 10 Minuten
Für 2 Personen

5 g Zartbitterschokolade
(60 % Kakaoanteil)
2 Minzeblätter
½ kleine rohe Rote Bete (50 g)
100 g TK-Himbeeren
200 g Joghurt (3,8 % Fett)
1–2 EL Zuckerrübensirup

Nährwerte pro Portion:
167 kcal, 6 g E, 5 g F, 22 g KH, 4 g B

Schokolade grob raspeln oder hacken, **Minzeblätter** abbrausen und trocken tupfen. ● **Rote Bete** schälen, in Stücke schneiden und mit gefrorenen **Himbeeren, Joghurt** und **Zuckerrübensirup** im Mixer fein pürieren. ● Den Frozen Yogurt auf zwei Dessertgläser verteilen, mit Schokoraspeln bestreuen, mit Minzeblättern garnieren und genießen.

Säure-Basen-Wert (PRAL) pro Person

30-Jährige	40-Jährige	50-Jährige	60-Jährige	70-Jährige
–10,1	–9,1	–8,1	–7,0	–6,0

vegetarisch, glutenfrei

SUPPEN

Cremige Kürbis-Fenchel-Suppe mit Joghurt und Oliven

Zubereitungszeit: 20 Minuten plus 10 Minuten Garzeit
Für 2 Personen

1 kleine Zwiebel
2 Möhren (insgesamt 160 g)
½ kleiner Hokkaidokürbis (300 g)
1 kleine Fenchelknolle (200 g)
1 kleine Knoblauchzehe
4 EL Bratöl
Kräutersalz
frisch gemahlener schwarzer Pfeffer
6 in Öl eingelegte, entsteinte grüne oder schwarze Oliven
1 EL gehackter Dill (frisch oder TK-Ware)
Saft und abgeriebene Schale von ½ Biozitrone
1 EL Reissirup (alternativ Agavendicksaft)
1–2 EL Joghurt (3,8 % Fett; ca. 50 g)
2 TL Kürbiskernöl (alternativ Mandelöl)

Nährwerte pro Portion:
385 kcal, 7 g E, 30 g F, 29 g KH, 8 g B

Zwiebel schälen und würfeln. **Möhren** schälen und in dünne Scheiben schneiden. **Kürbis** waschen, Stielansatz und harte Stellen an der Schale entfernen, dann Kerne und Fasern herauskratzen und das Fruchtfleisch ungeschält in etwa 1 cm große Stücke schneiden. **Fenchel** putzen, waschen und in dünne Streifen schneiden. Die **Knoblauchzehe** schälen. ● **Bratöl** in einem großen Topf erhitzen. Gemüse hineingeben, Knoblauch dazupressen und 5 Minuten bei mittlerer Hitze anbraten. 400 ml Wasser angießen. Mit **Kräutersalz** und **Pfeffer** würzen und abgedeckt 10 Minuten bei mittlerer Hitze köcheln lassen, bis das Gemüse gar ist. ● Die **Oliven** in dünne Scheibchen schneiden. Den Topf vom Herd nehmen, die Suppenmischung je nach gewünschter Konsistenz zerstampfen oder pürieren und eventuell mit Wasser verdünnen. ● **Dill** zufügen. 1–2 EL **Zitronensaft, Zitronenabrieb, Reissirup** und **Joghurt** in die Suppe rühren und mit **Kräutersalz** und **Pfeffer** abschmecken. ● In zwei tiefe Teller oder Suppenschalen füllen, mit Oliven bestreuen und mit **Kürbiskernöl** beträufeln.

Säure-Basen-Wert (PRAL) pro Person

30-Jährige	40-Jährige	50-Jährige	60-Jährige	70-Jährige
–21,1	–19,0	–16,9	–14,8	–12,7

vegetarisch, glutenfrei, frei von raffiniertem Zucker

Marokkanische Süßkartoffelsuppe mit Gurke-Minze-Topping

Zubereitungszeit: 20 Minuten plus 10 Minuten Garzeit
Für 2 Personen

Für die Suppe:
1 kleine Zwiebel
½ rote Chilischote (alternativ 1 Prise Cayennepfeffer)
½ kleine Aubergine
1 rote Paprikaschote
1 Süßkartoffel (300 g)
1 kleine Knoblauchzehe
2 EL Rapsöl
½ TL gemahlene Kurkuma
½ TL gemahlener Zimt
½ TL gemahlener Kreuzkümmel (Cumin)
6 entsteinte Backpflaumen (insgesamt 50 g)
1 Dose stückige Tomaten (400 g)
125 g gegarte Kichererbsen aus der Dose
Saft von ½ Zitrone
1 EL Kräutersalz
frisch gemahlener schwarzer Pfeffer

Für das Topping:
3 Stängel Minze
5-cm-Stück Salatgurke
1–2 EL Joghurt (3,8 % Fett; ca. 50 g)

Nährwerte pro Portion:
534 kcal, 14 g E, 15 g F, 78 g KH, 17 g B

Für die Suppe die **Zwiebel** schälen und grob würfeln. **Chilischote** waschen, entkernen und fein würfeln. **Aubergine** putzen, waschen und klein würfeln. Die **Paprika** halbieren, entkernen, waschen und in dünne Streifen schneiden. **Süßkartoffel** schälen und in etwa 5 mm große Stücke schneiden. **Knoblauchzehe** schälen. • **Rapsöl** in einem Topf erhitzen. Zwiebeln, Chili, Aubergine, Paprika und Süßkartoffeln hineingeben, den Knoblauch darüberpressen. **Kurkuma, Zimt** und **Kreuzkümmel** einrühren und bei mittlerer Hitze unter Rühren 5 Minuten anbraten, bis die Zwiebeln glasig und die Auberginen goldgelb sind. • **Backpflaumen** klein hacken und mit den **Tomatenstücken** dazugeben. 350 ml Wasser angießen und abgedeckt bei mittlerer Hitze 10 Minuten köcheln lassen, bis das Gemüse gar ist. • **Kichererbsen** in ein Sieb abgießen und hinzufügen. **Zitronensaft** einrühren und je nach Konsistenz noch etwas Wasser angießen. Mit **Kräutersalz** und **Pfeffer** würzen. • Für das Topping die **Minze** waschen, trocken schütteln und die Blätter fein hacken. **Gurke** schälen und raspeln. Minze und Gurke mit dem **Joghurt** mischen. • Die Süßkartoffelsuppe in zwei tiefe Teller oder Suppenschalen füllen und dazu den Gurken-Minze-Joghurt reichen.

Tipp Als Topping passt auch fertig gekaufte indische Raita.

Säure-Basen-Wert (PRAL) pro Person

30-Jährige	40-Jährige	50-Jährige	60-Jährige	70-Jährige
–27,2	–24,4	–21,7	–19,0	–16,3

vegetarisch, glutenfrei, frei von raffiniertem Zucker

Selleriecremesüppchen mit Kokos und Limette

Zubereitungszeit: 15 Minuten plus 15 Minuten Garzeit
Für 2 Personen

½ kleine Zwiebel
1 Knoblauchzehe
¼ Knollensellerie (ca. 300 g)
2-cm-Stück Ingwer
2 EL Olivenöl
450 ml Gemüsebrühe plus eventuell etwas mehr
3 Stängel Koriandergrün
3 Stängel glatte Petersilie
125 ml Kokosmilch (20 % Fett)
Saft und abgeriebene Schale von ½ Biolimette
Meersalz
frisch gemahlener grüner Pfeffer

Nährwerte pro Portion:
264 kcal, 4 g E, 23 g F, 8 g KH, 5 g B

Zwiebel schälen und würfeln, **Knoblauchzehe** schälen. **Sellerie** schälen und in etwa 1 cm große Würfel schneiden. **Ingwer** schälen und fein hacken. ● **Olivenöl** in einem großen Topf erhitzen und die Zwiebeln darin bei mittlerer Hitze glasig dünsten. Knoblauch hineinpressen, Sellerie und Ingwer dazugeben und unter Rühren 3 Minuten mitdünsten. Die **Brühe** angießen, umrühren und abgedeckt bei mittlerer Hitze 15 Minuten weich kochen. ● Inzwischen **Koriandergrün** und **Petersilie** waschen, trocken schütteln und hacken. ● Gemüsemischung mit dem Stabmixer pürieren. **Kokosmilch** angießen, je nach gewünschter Konsistenz noch etwas **Brühe** zufügen und noch mal erhitzen, aber nicht mehr aufkochen. ● **Limettensaft** und **-abrieb** zufügen und mit **Salz** und **Pfeffer** würzen. In zwei tiefe Teller oder Suppenschalen füllen und mit den Kräutern bestreuen.

Säure-Basen-Wert (PRAL) pro Person

30-Jährige	40-Jährige	50-Jährige	60-Jährige	70-Jährige
–13,2	–11,9	–10,5	–9,2	–7,9

vegan, laktosefrei, glutenfrei, frei von raffiniertem Zucker

Minestrone mit Schinken

Zubereitungszeit: 30 Minuten plus ca. 10 Minuten Garzeit
Für 2 Personen

1 rote Zwiebel
50 g luftgetrockneter roher Schinken in dünnen Scheiben
1 Knoblauchzehe
½ Kohlrabi (alternativ ½ Stange Staudensellerie)
100 g Weißkohl
2 EL Olivenöl
½ Bund glatte Petersilie
150 g kleine weiße Bohnen aus der Dose
300 g Passata (fein passierte Tomaten)
Kräutersalz
frisch gemahlener schwarzer Pfeffer
50 g Spaghetti (aus Hartweizen)
1 rote Paprikaschote
30 g TK-Erbsen
10 g Parmesan

Nährwerte pro Portion:
444 kcal, 20 g E, 16 g F, 39 g KH, 11 g B

Zwiebel schälen und fein würfeln. **Schinken** in etwa 1 cm breite Streifen schneiden. **Knoblauchzehe** schälen. **Kohlrabi** schälen und in feine Stifte schneiden. Den **Weißkohl** putzen, waschen und in feine Streifen schneiden. ● **Olivenöl** in einem großen Topf erhitzen. Zwiebeln und Schinken zufügen, Knoblauch hineinpressen und bei mittlerer Hitze unter Rühren dünsten, bis die Zwiebeln glasig sind. ● Inzwischen die **Petersilie** waschen, trocken schütteln und hacken. **Bohnen** in ein Sieb abgießen, abbrausen und abtropfen lassen. ● Kohlrabi, Kohl, die Hälfte der Petersilie, Bohnen, **Passata** und 300 ml Wasser in den Topf geben, aufkochen und bei mittlerer Hitze abgedeckt 10 Minuten köcheln lassen. Mit **Kräutersalz** und **Pfeffer** würzen. ● In der Zwischenzeit **Spaghetti** in kurze Stücke brechen. **Paprika** halbieren, entkernen, waschen und in 1 cm große Stücke schneiden. Spaghetti, Paprika und **Erbsen** zur Suppenmischung geben und etwa 10 Minuten garen. Nach Bedarf mit Wasser verdünnen. ● In der Zwischenzeit den **Parmesan** reiben. ● Minestrone in zwei vorgewärmte tiefe Teller oder Suppenschalen füllen. Mit Parmesan und restlicher Petersilie bestreuen.

Säure-Basen-Wert (PRAL) pro Person

30-Jährige	40-Jährige	50-Jährige	60-Jährige	70-Jährige
–40,5	–36,4	–32,4	–28,3	–24,3

Pastinakencremesuppe mit Roter Bete

Zubereitungszeit: 20 Minuten plus
10 Minuten Garzeit
Für 2 Personen

1 kleine Zwiebel
2 vorwiegend festkochende Kartoffeln (insgesamt 160 g)
1 Pastinake (200 g)
1 kleine rohe Rote Bete (100 g)
1 EL Butter
700 ml Gemüsebrühe
½ Bund Schnittlauch
100 g Crème fraîche (30 % Fett; alternativ Schmand (24 % Fett))
1 TL geriebener Meerrettich aus dem Glas
1 TL Tomatenmark
1 Msp. gemahlener Ingwer
Meersalz
frisch gemahlener schwarzer Pfeffer

Nährwerte pro Portion:
392 kcal, 5 g E, 26 g F, 30 g KH, 5 g B

Zwiebel und **Kartoffeln** schälen und würfeln. Die **Pastinake** schälen und in dünne Scheiben schneiden. **Rote Bete** schälen (am besten mit Handschuhen) und in kleine Würfel schneiden. • **Butter** in einem Topf bei mittlerer Hitze zerlassen und die Zwiebeln darin glasig dünsten. Kartoffeln, Pastinaken und Rote Beten zufügen und 5 Minuten mitdünsten. Die **Brühe** angießen, aufkochen und abgedeckt bei mittlerer Hitze 10 Minuten gar köcheln lassen. • Inzwischen **Schnittlauch** waschen, trocken schütteln und in feine Röllchen schneiden. • Den Topf vom Herd nehmen, die Suppenmischung mit dem Stabmixer je nach gewünschter Konsistenz fein oder stückig pürieren. 50 g **Crème fraîche** mit **Meerrettich** und **Tomatenmark** einrühren und mit **Ingwer, Salz** und **Pfeffer** würzen. • In zwei tiefe Teller oder Suppenschalen füllen, restliche **Crème fraîche** als Klecks daraufgeben und mit Schnittlauch bestreuen.

Säure-Basen-Wert (PRAL) pro Person

30-Jährige	40-Jährige	50-Jährige	60-Jährige	70-Jährige
–18,6	–16,7	–14,9	–13,0	–11,1

vegetarisch, glutenfrei, frei von raffiniertem Zucker

Rote-Bete-Kohlsuppe mit Steakstreifen

Zubereitungszeit: 20 Minuten plus 10 Minuten Garzeit
Für 2 Personen

1 kleine Zwiebel
½ kleiner Weißkohl (300 g)
250 g vorgegarte Rote Beten
150 g Rindersteak
4 EL Bratöl
Meersalz
frisch gemahlener schwarzer Pfeffer
je 1 Msp. gemahlener Kümmel und gemahlener Piment
½ Bund Schnittlauch
1 EL Rotweinessig
2 TL Crème fraîche (30 % Fett)

Nährwerte pro Portion:
382 kcal, 22 g E, 19 g F, 24 g KH, 6 g B

Zwiebel schälen und fein würfeln. **Weißkohl** waschen, vom Strunk befreien und quer in feine Streifen schneiden. Die **Roten Beten** in etwa 1 cm große Würfel schneiden. ● Das **Steak** in feine Streifen schneiden. 2 EL **Bratöl** in einer Pfanne erhitzen und die Steakstreifen darin bei hoher Hitze kräftig braten. Mit **Salz** und **Pfeffer** würzen. ● Restliches **Bratöl** in einen Topf geben und die Zwiebeln darin glasig dünsten. Weißkohl hinzufügen und 5 Minuten mitbraten. Rote Beten dazugeben und 2 Minuten mitbraten. 500 ml Wasser angießen, mit **Salz, Pfeffer, Kümmel** und **Piment** würzen und 10 Minuten bei mittlerer Hitze gar köcheln lassen. ● Inzwischen den **Schnittlauch** waschen, trocken schütteln und in feine Röllchen schneiden. ● Den **Essig** in die Suppe rühren und Suppe in zwei tiefe Teller oder Suppenschalen füllen. Steakstreifen und einen Klecks **Crème fraîche** daraufgeben und mit Schnittlauch bestreuen.

Säure-Basen-Wert (PRAL) pro Person

30-Jährige	40-Jährige	50-Jährige	60-Jährige	70-Jährige
–9,8	–8,8	–7,8	–6,9	–5,9

Omas deftige Kartoffelterrine

Zubereitungszeit: 15 Minuten plus
20 Minuten Garzeit
Für 2 Personen

½ Zwiebel
1 kleine Porreestange (100 g)
2 Möhren (insgesamt 160 g)
1 Stück Knollensellerie (100 g)
300 g mehligkochende Kartoffeln
1 EL Schweineschmalz
40 g gewürfelter roher Schinken
500 ml Rinderbouillon (alternativ Gemüsebrühe)
3 Wacholderbeeren
1 Lorbeerblatt
1 Msp. getrocknetes Bohnenkraut
60 g Sahne
1 Prise Vollrohrzucker
Meersalz
Cayennepfeffer
2 EL Röstzwiebeln (Fertigprodukt)

Nährwerte pro Portion:
416 kcal, 10 g E, 26 g F, 30 g KH, 7 g B

Zwiebel schälen und fein würfeln. **Porree** putzen, das Grüne längs bis zum weißen Schaft vierteln, gründlich waschen und in feine Ringe schneiden. ● **Möhren, Sellerie** und **Kartoffeln** schälen, waschen und in etwa 5 mm große Würfel schneiden. ● **Schweineschmalz** in einem Topf erhitzen und die **Schinkenwürfel** darin unter Rühren braten. Zwiebeln, Porree, Möhren und Sellerie hinzufügen und unter Rühren 5 Minuten mitbraten. ● Die Kartoffeln dazugeben und die **Bouillon** angießen. **Wacholderbeeren** zerdrücken, mit dem **Lorbeerblatt** in einen Teebeutel geben, verschließen und mit dem **Bohnenkraut** in die Terrine geben. Abgedeckt bei mittlerer Hitze 20 Minuten köcheln lassen, bis die Kartoffeln weich sind. Bei Bedarf etwas Wasser angießen. ● Den Kräuterbeutel entfernen und die Suppenmischung mit dem Schneebesen kräftig durchrühren. **Sahne** unterrühren, je nach Konsistenz etwas Wasser zugießen und mit **Vollrohrzucker, Salz** und **Cayennepfeffer** würzen. In zwei tiefe Teller oder Suppenschalen füllen und mit den **Röstzwiebeln** bestreuen.

Säure-Basen-Wert (PRAL) pro Person

30-Jährige	40-Jährige	50-Jährige	60-Jährige	70-Jährige
–18,1	–16,3	–14,5	–12,7	–10,9

SALATE UND BOWLS

Ofengemüse-Bowl mit Kräuterhirse

Zubereitungszeit: 20 Minuten plus 10 Minuten Marinierzeit und 40 Minuten Backzeit
Für 2 Personen

Für das Ofengemüse:
500 g Gemüse (z. B. Paprika, Möhren, Zucchini, Kohlrabi, Petersilienwurzel)
4 Zweige Thymian
1 Zweig Rosmarin
4 Zweige Majoran
4 EL Olivenöl
2 EL Kräutersalz
1 EL Balsamico-Essig
frisch gemahlener schwarzer Pfeffer
3 EL geröstete ungesalzene Pistazien mit Schale
1–2 TL Balsamico-Creme

Für die Kräuterhirse:
125 g Hirse
350 ml Gemüsebrühe
1 Bund glatte Petersilie
Kräutersalz
frisch gemahlener schwarzer Pfeffer

Nährwerte pro Portion:
561 kcal, 12 g E, 27 g F, 62 g KH, 9 g B

Den Backofen auf 150 °C (Umluft) vorheizen. • Für das Ofengemüse das **Gemüse** waschen, schälen, putzen, in mundgerechte Stücke schneiden und in eine Schüssel geben. • **Kräuter** waschen, trocken schütteln, Blätter von den Zweigen streifen und fein hacken. **Olivenöl** mit **Kräutersalz, Balsamico-Essig,** gehackten Kräutern und **Pfeffer** verrühren, über das Gemüse träufeln, vermischen und 10 Minuten durchziehen lassen. • Das marinierte Gemüse auf einem Backblech verteilen und im vorgeheizten Ofen auf der mittleren Schiene 40 Minuten bissfest backen. • Für die Kräuterhirse **Hirse** mit der **Gemüsebrühe** in einen Topf geben und abgedeckt 15 Minuten bei schwacher Hitze garen, dabei gelegentlich umrühren. Bei ausgeschalteter Herdplatte abgedeckt 15 Minuten nachquellen lassen. • Die **Pistazien** schälen. • **Petersilie** waschen, trocken schütteln und hacken. Gekochte Hirse mit **Kräutersalz** und **Pfeffer** würzen und die Petersilie unterheben. • Kräuterhirse auf zwei Schalen verteilen. Das Ofengemüse darauf anrichten, die Pistazien auf den Bowls verteilen und mit **Balsamico-Creme** beträufeln.

Säure-Basen-Wert (PRAL) pro Person

30-Jährige	40-Jährige	50-Jährige	60-Jährige	70-Jährige
–12,6	–11,3	–10,1	–8,8	–7,6

vegan, laktosefrei, glutenfrei

Linsensalat mit Kapern und Schafskäse

Zubereitungszeit: 15 Minuten plus 30 Minuten Garzeit und mind. 10 Minuten Marinierzeit
Für 2 Personen

80 g braune Tellerlinsen
1 große rote Zwiebel
1 Apfel
½ rote Paprikaschote
1 Bund glatte Petersilie
Saft von ½ Zitrone
2 EL Olivenöl
1–2 EL Kräutersalz
1 Msp. frisch gemahlener schwarzer Pfeffer
2 EL in Öl eingelegte Kapern
30 g Schafskäse

Nährwerte pro Portion:
343 kcal, 14 g E, 15 g F, 34 g KH, 11 g B

Linsen in einem Sieb abbrausen, mit 200 ml Wasser in einen Topf geben und abgedeckt etwa 30 Minuten gar kochen. In eine Schüssel geben und etwas abkühlen lassen. ● **Zwiebel** schälen und fein würfeln. **Apfel** waschen, vierteln, entkernen und ungeschält quer in schmale Stücke schneiden. **Paprika** waschen, entkernen und in dünne Streifen schneiden. **Petersilie** waschen, trocken schütteln und hacken. Alles zu den Linsen in die Schüssel geben. ● **Zitronensaft** mit **Olivenöl, Kräutersalz** und **Pfeffer** zu einem Dressing verrühren und über die Salatmischung träufeln. Die **Kapern** dazugeben und vermengen. **Schafskäse** darüberkrümeln und bis zum Servieren mindestens 10 Minuten durchziehen lassen.

Säure-Basen-Wert (PRAL) pro Person

30-Jährige	40-Jährige	50-Jährige	60-Jährige	70-Jährige
–3,6	–3,2	–2,9	–2,5	–2,2

vegetarisch, glutenfrei, frei von raffiniertem Zucker

Wirsing-Bowl mit karamellisierten Maronen und Granatapfelkernen

Zubereitungszeit: 40 Minuten
Für 2 Personen

Für den Wirsing:
1 kleiner Wirsingkopf (500 g)
Meersalz
1–2 Prisen Cayennepfeffer
1–2 Prisen frisch geriebene Muskatnuss
4–5 EL Olivenöl

Für die Joghurtcreme:
1 Stängel glatte Petersilie
1 Zweig Thymian
1 Zweig Majoran
½ rote Zwiebel
100 g griechischer Joghurt (10 % Fett)
Kräutersalz

Für die Maronen:
1 EL Vollrohrzucker
100 ml Gemüsebrühe
100 g gegarte geschälte Maronen (vakuumiert oder TK-Ware)
40 g Granatapfelkerne

Nährwerte pro Portion:
736 kcal, 11 g E, 27 g F, 40 g KH, 11 g B

Den Backofen auf 150 °C (Umluft) vorheizen. ● **Wirsing** putzen, Blätter vom Strunk lösen und waschen. Dicke Rippen flach schneiden, dann die Blätter in reichlich kochendem **Salzwasser** 4 Minuten blanchieren, bis sie weich sind. Herausnehmen, abtropfen lassen und auseinanderlegen. ● Wirsingblätter zu Bällchen formen und in eine Auflaufform legen. Mit **Salz, Cayennepfeffer** und **Muskat** bestreuen. **Olivenöl** darüberträufeln und im vorgeheizten Ofen auf der mittleren Schiene 30 Minuten backen. ● Inzwischen für die Joghurtcreme **Kräuter** waschen, trocken schütteln, von dicken Stielen befreien und hacken. **Zwiebel** schälen und fein würfeln. **Joghurt** mit Kräutern und Zwiebeln verrühren und mit **Kräutersalz** würzen. ● Für die Maronen **Vollrohrzucker** in einer kleinen Pfanne erhitzen und karamellisieren, bis er goldgelb und flüssig ist. **Brühe** angießen, dabei zischt es und der Zucker wird erst zähflüssig, löst sich aber dann in der heißen Brühe auf. **Maronen** in die Brühe geben und 5 Minuten einkochen lassen. ● Den Wirsing aus dem Ofen nehmen und auf zwei Schalen verteilen. Maronen mit dem Sud sowie Joghurtcreme darübergeben und mit **Granatapfelkernen** bestreuen.

Säure-Basen-Wert (PRAL) pro Person

30-Jährige	40-Jährige	50-Jährige	60-Jährige	70-Jährige
–12,7	–11,5	–10,2	–8,9	–7,6

vegetarisch, glutenfrei, frei von raffiniertem Zucker

Aromatischer Tomaten-Pfirsich-Salat

Zubereitungszeit: 15 Minuten
Für 2 Personen

1–2 EL Mandelstifte
250 g feste Tomaten
1 Pfirsich
2 Frühlingszwiebeln
2 Stängel Basilikum
2 Zweige Thymian (alternativ ½ TL getrockneter Thymian)
2 Stängel Lavendel mit Blüten
1 EL weißer Balsamico-Essig
1 TL Honig
Kräutersalz
frisch gemahlener schwarzer Pfeffer
3 EL Olivenöl

Nährwerte pro Portion:
256 kcal, 4 g E, 19 g F, 15 g KH, 4 g B

Mandelstifte in einer beschichteten Pfanne ohne Fettzugabe bei mittlerer Hitze unter Rühren kurz rösten und auskühlen lassen. ● **Tomaten** waschen, Stielansätze entfernen und Fruchtfleisch würfeln. **Pfirsich** waschen, halbieren, vom Stein befreien und in etwa 5 mm große Würfel schneiden. Die **Frühlingszwiebeln** waschen, putzen und in feine Ringe schneiden. ● **Basilikum, Thymian** und **Lavendel** waschen und trocken schütteln. Basilikumblätter in feine Streifen schneiden. Thymianblättchen von den Zweigen abstreifen. Von den Lavendelstängeln die Blüten abstreifen, dann einige Lavendelblätter abzupfen und klein schneiden. ● Für das Dressing **Balsamico-Essig, Honig,** etwas **Kräutersalz, Pfeffer** und **Olivenöl** mit Basilikum, Thymian, Lavendelblüten und -blättern verrühren. ● Tomaten, Pfirsiche und Frühlingszwiebeln zum Dressing geben und gut mischen. Den Salat auf zwei Schalen aufteilen und mit Mandelstiften bestreuen.

Tipp Noch feiner wird der Salat, wenn man den Pfirsich häutet. Ist die Frucht sehr reif, dafür die Haut mit der Messerspitze einschneiden und vom Fruchtfleisch lösen. Festeren Pfirsich kurz in kochend heißes Wasser geben, kalt abbrausen und dann die Haut abziehen.

Säure-Basen-Wert (PRAL) pro Person

30-Jährige	40-Jährige	50-Jährige	60-Jährige	70-Jährige
–9,5	–8,6	–7,6	–6,7	–5,7

vegetarisch, laktosefrei, glutenfrei, frei von raffiniertem Zucker

Weiße-Bohnen-Frühlingssalat mit Kapern

Zubereitungszeit: 15 Minuten plus mind. 10 Minuten Marinierzeit
Für 2 Personen

1 Dose kleine weiße Bohnen (240 g Abtropfgewicht)
2 Handvoll junge Spinatblätter (50 g)
½ Zwiebel
4 Radieschen mit Grün
1 kleiner Apfel
30 g getrocknete, in Öl eingelegte Tomaten
2 EL Apfelessig
2 TL Kräutersalz
1 EL Olivenöl
3 EL in Öl eingelegte Kapern

Nährwerte pro Portion:
233 kcal, 5 g E, 7 g F, 16 g KH, 7 g B

Bohnen in ein Sieb abgießen, abbrausen und abtropfen lassen. **Spinatblätter** verlesen, grobe Stiele entfernen, Spinat waschen und trocken schleudern. **Zwiebelhälfte** schälen und fein würfeln. ● Vom **Radieschengrün** zwei große Blätter abzupfen, waschen, trocken tupfen und in feine Streifen schneiden. Die **Radieschen** waschen, putzen und in dünne Scheiben schneiden. **Apfel** waschen, vierteln, entkernen und ungeschält in dünne Scheiben schneiden. **Tomaten** in feine Streifen schneiden oder hacken. ● In einer großen Schüssel **Essig, Kräutersalz** und **Olivenöl** zu einem Dressing verrühren. Die Bohnen mit vorbereitetem Gemüse, Apfelscheiben, Tomaten und **Kapern** zum Dressing geben, alles gut mischen und den Salat bis zum Servieren mindestens 10 Minuten durchziehen lassen.

Säure-Basen-Wert (PRAL) pro Person

30-Jährige	40-Jährige	50-Jährige	60-Jährige	70-Jährige
–10,6	–9,5	–8,4	–7,4	–6,3

vegan, laktosefrei, glutenfrei, frei von raffiniertem Zucker

Feldsalat mit Wildkräutern und Sardinenfilets

Zubereitungszeit: 15 Minuten
Für 2 Personen

180 g Feldsalat
1 Handvoll Wildkräuter (25 g; z. B. Bärlauch, Portulak, Wilder Senf)
Saft von ½ Limette
3 EL Olivenöl
½ TL körniger Senf
½ TL Honig
25 ml Apfelsaft
1 TL Kräutersalz
½ Dose in Öl eingelegte Sardinenfilets (40 g)
1 EL Röstzwiebeln (Fertigprodukt)

Nährwerte pro Portion:
230 kcal, 8 g E, 19 g F, 5 g KH, 2 g B

Feldsalat und **Wildkräuter** verlesen, waschen, trocken tupfen und in eine Schüssel geben. ● **Limettensaft** mit **Olivenöl, Senf, Honig, Apfelsaft** und **Kräutersalz** zu einem Dressing verrühren und über die Salatmischung träufeln. ● **Sardinenfilets** quer in Stücke schneiden und auf dem Salat anrichten. Mit **Röstzwiebeln** bestreuen.

Säure-Basen-Wert (PRAL) pro Person

30-Jährige	40-Jährige	50-Jährige	60-Jährige	70-Jährige
–5,5	–4,9	–4,4	–3,8	–3,3

laktosefrei, frei von raffiniertem Zucker

Blattsalat mit Johannisbeerdressing und Rinderfiletstreifen

Zubereitungszeit: 15 Minuten
Für 2 Personen

200 g Rucola- und Eichblattsalatblätter gemischt
80 g Rote Johannisbeeren
1 EL Olivenöl
1 EL Agavendicksaft
1 TL Kräutersalz
frisch gemahlener schwarzer Pfeffer
2 Stängel Basilikum
2 EL Bratöl
100 g Rinderfilet
Meersalz

Nährwerte pro Portion:
253 kcal, 13 g E, 17 g F, 9 g KH, 3 g B

Salatblätter waschen, trocken schleudern und in eine Schüssel geben. ● **Johannisbeeren** waschen, etwa zwei Drittel der Beeren von den Rispen streifen, mit **Olivenöl, Agavendicksaft, Kräutersalz** und **Pfeffer** in einen Mixbecher geben und mit dem Stabmixer fein zu einem Dressing pürieren. Über den Salat gießen. ● **Basilikum** waschen, trocken schütteln, die Blätter in feine Streifen schneiden, zum Salat geben und vermengen. ● **Bratöl** in einer Pfanne erhitzen. Das **Fleisch** in etwa 5 mm schmale Streifen schneiden und in der heißen Pfanne bei starker Hitze 4 Minuten scharf anbraten. Mit **Salz** und **Pfeffer** würzen. ● Die Filetstreifen auf dem Salat anrichten und mit den restlichen Johannisbeerrispen garnieren.

Säure-Basen-Wert (PRAL) pro Person

30-Jährige	40-Jährige	50-Jährige	60-Jährige	70-Jährige
–7,1	–6,4	–5,7	–4,9	–4,2

laktosefrei, glutenfrei, frei von raffiniertem Zucker

Zucchini-Bowl mit Spinat-Mandel-Creme und gerösteten Haselnüssen

Zubereitungszeit: 30 Minuten
Für 2 Personen

2 EL Haselnusskerne
2 Zwiebeln
1 Knoblauchzehe
50 g getrocknete, in Öl eingelegte Tomaten
100 g frischer Babyspinat (alternativ TK-Ware)
4 Zucchini (insgesamt 750 g)
4 EL Olivenöl
Kräutersalz
50 g Mandelmus
½ TL gemahlene Kurkuma
frisch gemahlener schwarzer Pfeffer

Außerdem:
Spiralschneider (alternativ Sparschäler)

Nährwerte pro Portion:
467 kcal, 15 g E, 35 g F, 21 g KH, 10 g B

Die **Haselnüsse** hacken und in einer beschichteten Pfanne ohne Fettzugabe unter Rühren rösten, bis sie duften. • **Zwiebeln** schälen und würfeln, **Knoblauchzehe** schälen. Die **Tomaten** in feine Streifen schneiden. **Spinat** verlesen und waschen. • **Zucchini** waschen und putzen, dann mit dem Spiralschneider rundum lange bandnudelartige Streifen abschälen, bis nur noch das weiche Innere mit den Kernen übrig bleibt. 2 EL **Olivenöl** in einer beschichteten Pfanne erhitzen und die Zucchininudeln darin 5 Minuten dünsten. Kräftig mit **Kräutersalz** bestreuen. • Parallel dazu das **Mandelmus** mit 200 ml warmem Wasser verrühren. Restliches **Olivenöl** in der Pfanne erhitzen, Zwiebeln und **Kurkuma** darin unter Rühren braten. Knoblauch hineinpressen, die Tomaten hinzufügen, dann Mandelmuswasser und Spinat in die Pfanne geben und 2 Minuten unter Rühren bei mittlerer Hitze garen, bis der Spinat zusammengefallen ist. Gut mit **Kräutersalz** und **Pfeffer** würzen. • Die Zucchininudeln auf zwei Schalen verteilen, Spinat-Mandel-Creme darübergeben und mit Haselnüssen bestreuen.

Tipp Zucchinireste nicht wegwerfen, sondern mit zu einer Suppe verarbeiten.

Säure-Basen-Wert (PRAL) pro Person

30-Jährige	40-Jährige	50-Jährige	60-Jährige	70-Jährige
–21,1	–19,0	–16,9	–14,8	–12,7

vegan, laktosefrei, glutenfrei, frei von raffiniertem Zucker

Romanasalat mit Kürbisstreifen

Zubereitungszeit: 25 Minuten
Für 2 Personen

1 EL Kürbiskerne
½ kleiner Hokkaidokürbis (250 g)
Meersalz
1 kleine Zwiebel
2 EL Bratöl
1 kleiner Romanasalat (150 g)
½ Bund Schnittlauch
1 EL Balsamico-Essig
2 EL Kürbiskernöl
(alternativ Olivenöl)
1 TL Dijonsenf
1–2 EL Honig
frisch gemahlener
schwarzer Pfeffer

Nährwerte pro Portion:
330 kcal, 5 g E, 22 g F, 26 g KH, 5 g B
Variante mit Rucola:
333 kcal, 6 g E, 22 g F, 23 g KH, 26 g B

Kürbiskerne in einer beschichteten Pfanne ohne Fettzugabe unter Rühren rösten und abkühlen lassen. • **Kürbis** waschen, Stielansatz und harte Stellen an der Schale entfernen, dann Fasern und Kerne herauskratzen. Ungeschält in dünne längliche Streifen schneiden und mit 1 TL **Salz** mischen. **Zwiebel** schälen und in dünne Scheiben schneiden. • **Bratöl** in einer beschichteten Pfanne erhitzen und die Zwiebeln darin glasig dünsten. Kürbisstreifen hinzufügen und 10 Minuten unter gelegentlichem Rühren anbraten. • Inzwischen **Romanasalat** waschen, längs halbieren, Strunk entfernen, Salat in etwa 2 cm breite Streifen schneiden und trocken schleudern. Den **Schnittlauch** waschen, trocken schütteln und in feine Röllchen schneiden. • **Balsamico-Essig, Kürbiskernöl, Senf** und **Honig** in einer Schüssel zu einem Dressing verrühren und mit **Salz** und **Pfeffer** würzen. Salatstreifen und Schnittlauch zum Dressing geben, mischen und auf zwei Schalen aufteilen. Die gebratenen Kürbisstreifen darauf anrichten und mit Kürbiskernen bestreuen.

Variante mit Rucola

Romanasalat durch zwei Handvoll gewaschenen und verlesenen Rucola (100 g) ersetzen.

Säure-Basen-Wert (PRAL) pro Person

30-Jährige	40-Jährige	50-Jährige	60-Jährige	70-Jährige
−9,8	−8,8	−7,9	−6,9	−5,9

Variante mit Rucola

30-Jährige	40-Jährige	50-Jährige	60-Jährige	70-Jährige
−11,0	−9,9	−8,8	−7,7	−6,6

 vegetarisch, laktosefrei, glutenfrei, frei von raffiniertem Zucker

TO GO

ZUM VORKOCHEN UND MITNEHMEN

Pastinaken-Hackbällchen

Zubereitungszeit: 20 Minuten plus 10 Minuten Garzeit und 30 Minuten Backzeit
Ergibt 30 Stück

3 Pastinaken (350 g)
½ Bund Liebstöckel (20 g)
½ kleine Zwiebel
200 g Rinderhackfleisch
3 EL körniger Senf (30 g)
2 EL Kräutersalz
1–2 Msp. frisch gemahlener schwarzer Pfeffer
1–2 EL Sojamehl (ca. 30 g)
2 Stängel glatte Petersilie

Nährwerte pro Stück:
28 kcal, 2 g E, 2 g F, 1 g KH, 0 g B
ⓘ Basenbooster mit Möhrensaft:
30 kcal, 2 g E, 2 g F, 2 g KH, 1 g B

Den Backofen auf 175 °C (Umluft) vorheizen. Ein Backblech mit Backpapier auslegen. • **Pastinaken** schälen und in etwa 1 cm große Stücke schneiden. Mit 250 ml Wasser in einen Topf geben und bei mittlerer Hitze 10 Minuten weich kochen. In ein Sieb abgießen, dabei den Sud auffangen. Pastinaken zu einer glatten Paste zerstampfen und abkühlen lassen. • **Liebstöckel** waschen, trocken schütteln und hacken. **Zwiebel** schälen und fein würfeln. **Rinderhack** mit abgekühltem Pastinakenstampf, Liebstöckel, Zwiebeln, **Senf, Kräutersalz, Pfeffer** und **Sojamehl** vermischen. Wenn der Teig zu fest ist, so viel aufgefangenen Sud einarbeiten, dass die Masse weich genug ist und sich formen lässt. • Aus dem Teig mit leicht nassen Händen teelöffelweise 30 Bällchen formen und auf das Backblech legen. Im vorgeheizten Ofen auf der mittleren Schiene 30 Minuten knusprig backen. • Aus dem Ofen nehmen, die Hackbällchen auf Küchenpapier setzen und auskühlen lassen. **Petersilie** waschen, trocken schütteln, hacken und darüberstreuen.

ⓘ Basenbooster mit Möhrensaft

Für mehr Basenpower in den Fleischbällchen die Pastinaken statt in Wasser in Möhrensaft weich kochen.

Säure-Basen-Wert (PRAL) pro Stück

30-Jährige	40-Jährige	50-Jährige	60-Jährige	70-Jährige
-0,67	-0,60	-0,54	-0,47	-0,40

ⓘ Gericht mit Basenbooster

30-Jährige	40-Jährige	50-Jährige	60-Jährige	70-Jährige
-0,93	-0,84	-0,74	-0,65	-0,56

laktosefrei, glutenfrei, frei von raffiniertem Zucker

Mediterrane Knusperstangen

Zubereitungszeit: 15 Minuten plus 10 Minuten Backzeit
Ergibt 12 Stück

- 1 Bund Basilikum
- 3 Zweige Thymian
- 100 g gemahlene Haselnusskerne
- 1 kleine Knoblauchzehe
- 70 ml Olivenöl
- 1 EL Zitronensaft
- 2 EL Kräutersalz
- 80 g getrocknete, in Öl eingelegte Tomaten
- 1 Rolle Blätterteig (Fertigprodukt aus dem Kühlregal; 275 g, 24 × 40 cm)
- 1 Ei (Größe M)

Nährwerte pro Stück:
228 kcal, 3 g E, 20 g F, 9 g KH, 2 g B

Den Backofen auf 175 °C (Umluft) vorheizen. Ein Backblech mit Backpapier auslegen. • **Basilikum** und **Thymian** waschen und trocken schütteln. Basilikum von dicken Stielen befreien und hacken. Thymianblättchen von den Zweigen streifen und mit Basilikum und **Haselnüssen** mischen. **Knoblauchzehe** schälen und dazupressen. **Olivenöl** und **Zitronensaft** hineingeben, verrühren und mit **Kräutersalz** würzen. • **Tomaten** in feine Streifen schneiden. • Den **Blätterteig** entrollen und die Nuss-Kräuter-Paste darauf verstreichen. Dann parallel zur kurzen Seite in zwölf etwa 3 cm breite Streifen schneiden. Die Enden von jedem Streifen festhalten und zweimal gegeneinanderdrehen und auf das Backblech legen. Auf die offenen Stellen der Streifen getrocknete Tomaten verteilen. • Das **Ei** verquirlen und die Teigstangen damit einstreichen. Im vorgeheizten Ofen auf der mittleren Schiene 10 Minuten backen, bis die Stangen bräunen und knusprig sind. • Herausnehmen, etwas abkühlen lassen, dann die noch warmen Stangen nach Belieben halbieren und auskühlen lassen.

Säure-Basen-Wert (PRAL) pro Stück

30-Jährige	40-Jährige	50-Jährige	60-Jährige	70-Jährige
-0,44	-0,40	-0,35	-0,31	-0,26

Grüne Falafeln aus dem Ofen

Zubereitungszeit: 20 Minuten plus 12 Stunden Einweichzeit und 15 Minuten Backzeit
Ergibt 20 Stück

125 g geschälte, getrocknete halbe grüne Erbsen (Schälerbsen)
1 Bund Frühlingszwiebeln (150 g)
1 kleine Knoblauchzehe
3 Stängel glatte Petersilie
3 TL Kräutersalz
½ TL gemahlener Kreuzkümmel
½ TL Koriandersamen
½ TL Weinsteinbackpulver

Nährwerte pro Stück:
237 kcal, 16 g E, 2 g F, 34 g KH, 12 g B

Schälerbsen 12 Stunden (oder über Nacht) in Wasser einweichen und quellen lassen. In ein Sieb abgießen, kalt abbrausen und abtropfen lassen. ● Den Backofen auf 175° (Umluft) vorheizen. Ein Backblech mit Backpapier auslegen. ● **Frühlingszwiebeln** waschen, putzen und grob in Stücke schneiden. Die **Knoblauchzehe** schälen und in Stücke schneiden. **Petersilie** waschen, trocken schütteln und grob hacken. ● Gequollene Schälerbsen, Frühlingszwiebeln, Knoblauch, Petersilie, **Kräutersalz, Kreuzkümmel** und **Koriander** im Mixer pürieren. Dann das **Backpulver** unterrühren. ● Aus dem Teig teelöffelweise mit leicht nassen Händen 20 Bällchen formen und auf das Backblech setzen. Im vorgeheizten Ofen auf der mittleren Schiene 15 Minuten backen, bis die Bällchen anfangen zu bräunen. ● Aus dem Ofen nehmen und die Falafeln auskühlen lassen.

Säure-Basen-Wert (PRAL) pro Stück

30-Jährige	40-Jährige	50-Jährige	60-Jährige	70-Jährige
-0,68	-0,61	-0,55	-0,48	-0,41

vegan, laktosefrei, glutenfrei, frei von raffiniertem Zucker

Mediterrane Wirsing-Tomaten-Schnecken

Zubereitungszeit: 20 Minuten
plus 15 Minuten Backzeit
Ergibt 18 Stück

1 kleiner Wirsingkopf (400 g)
Meersalz
1 Rolle Pizzateig (Fertigprodukt aus dem Kühlregal; 400 g, 36 × 25 cm)
120 g Tomatenmark
50 g italienische TK-Kräuter
Kräutersalz
1 TL frisch gemahlener schwarzer Pfeffer
1 Ei (Größe M)

Nährwerte pro Stück:
107 kcal, 3 g E, 2 g F, 12 g KH, 1 g B

Den Backofen auf 175 °C (Umluft) vorheizen. Ein Backblech mit Backpapier auslegen. • **Wirsing** putzen, halbieren, vom Strunk befreien und die Blätter ablösen. Dicke Blattrippen abschneiden und die Blätter waschen. • Reichlich Wasser mit **Salz** zum Kochen bringen und die Wirsingblätter darin 6 Minuten blanchieren. In ein Sieb abgießen, mit kaltem Wasser abbrausen und abtropfen lassen. Abgekühlte Blätter zwischen zwei Lagen Küchenpapier trocken tupfen. • **Pizzateig** mit dem Backtrennpapier entrollen. Mit **Tomatenmark** bestreichen. Dabei an den langen Seiten einen 2 cm breiten Rand frei lassen. Wirsingblätter darauf verteilen, mit **Kräutern** bestreuen, mit **Kräutersalz** und **Pfeffer** würzen. Den Teig von der langen Seite mithilfe des Backtrennpapiers aufrollen und dann die Naht leicht andrücken. • **Ei** verquirlen und die Rolle mit etwas Ei bestreichen. Dann in 18 etwa 2 cm dicke Scheiben schneiden, die „Schnecken" mit den Schnittflächen auf das Backblech legen und mit dem restlichen Ei bestreichen. Im vorgeheizten Ofen auf der mittleren Schiene 15 Minuten backen. • Herausnehmen und auf einem Kuchengitter abkühlen lassen.

Säure-Basen-Wert (PRAL) pro Stück

30-Jährige	40-Jährige	50-Jährige	60-Jährige	70-Jährige
-2,0	-1,8	-1,6	-1,4	-1,2

vegetarisch, laktosefrei, frei von raffiniertem Zucker

Kidneybohnenpüfferchen

Zubereitungszeit: 20 Minuten
plus 12 Stunden Einweichzeit
und ca. 60 Minuten Garzeit
Für 2 Personen

- 100 g getrocknete rote Kidneybohnen
- ½ Zwiebel
- 1 kleine Knoblauchzehe
- 1–2 große Salatblätter
- 1–2 getrocknete Tomaten
- 2 EL Olivenöl
- 1–2 EL Zitronensaft
- 1 TL Kräutersalz
- 1 Msp. Cayennepfeffer
- 2 Tropfen zuckerfreie Tabascosauce (scharfe Chilisauce)
- 4 EL Bratöl
- 2 Stängel glatte Petersilie

Nährwerte pro Portion:
405 kcal, 12 g E, 30 g F, 22 g KH, 12 g B

Kidneybohnen 12 Stunden (oder über Nacht) in Wasser einweichen. In ein Sieb abgießen und abbrausen. Mit frischem Wasser in einen Topf geben und ohne Salz abgedeckt bei mittlerer Hitze etwa 60 Minuten gar kochen. Abgießen und abtropfen lassen. • **Zwiebel** schälen und grob würfeln. **Knoblauchzehe** schälen und in Stücke schneiden. **Salatblätter** waschen und trocken schleudern. • Zwiebeln, Knoblauch und **Tomaten** im Mixer fein hacken. Bohnen, Salat, **Olivenöl, Zitronensaft, Kräutersalz, Cayennepfeffer** und **Tabascosauce** zufügen und alles fein pürieren. • Das **Bratöl** in einer beschichteten Pfanne erhitzen. Mithilfe eines Teelöffels Teigportionen in die Pfanne geben, etwas flach drücken und von beiden Seiten 3–4 Minuten goldbraun braten. Püfferchen aus der Pfanne nehmen, auf Küchenpapier legen und auskühlen lassen. Die **Petersilie** waschen, trocken schütteln, hacken und darüberstreuen.

Tipp Wenn man zusätzlich ein verquirltes Eiweiß in den Teig gibt, werden die Püfferchen stabiler, wirken aber etwas weniger basisch. Reste vom Teig eignen sich vorzüglich als veganer Leberwurstersatz auf Brot.

Säure-Basen-Wert (PRAL) pro Person

30-Jährige	40-Jährige	50-Jährige	60-Jährige	70-Jährige
–9,7	–8,7	–7,7	–6,8	–5,8

vegan, laktosefrei, glutenfrei,
frei von raffiniertem Zucker

AM FEIERABEND SCHNELL WAS AUF DIE GABEL

Schnittlauch-Tomaten-Quiche mit Kräutersalat

Zubereitungszeit: 25 Minuten
Für 3 Personen

Für die Quiche:
1 Rolle Blätterteig (Fertigprodukt aus dem Kühlregal; 275 g, 24 × 40 cm)
100 g getrocknete, in Öl eingelegte Tomaten
1 Bund Schnittlauch
200 g Schmand (24 % Fett)
½ TL gemahlene Kurkuma
1 TL Kräutersalz
½ TL frisch gemahlener schwarzer Pfeffer

Für den Kräutersalat:
150 g griechischer Joghurt (10 % Fett)
1 TL Dijonsenf
1 EL Balsamico-Essig
1 TL Agavendicksaft
Meersalz
frisch gemahlener schwarzer Pfeffer
½ kleiner Kopf Radicchio (80 g)
50 g gemischte Kräuter (z. B. Postelein, Wilder Senf, Brunnenkresse)
2 EL Alfalfasprossen (alternativ Brokkolisprossen)
30 g Emmentaler Käse am Stück
½ Apfel
1 EL Zitronensaft

Den Backofen auf 175 °C (Umluft) vorheizen. ● Für die Quiche den **Blätterteig** mit dem Backtrennpapier auf einem Backblech entrollen und im vorgeheizten Ofen auf der mittleren Schiene 10 Minuten vorbacken. ● Währenddessen **Tomaten** hacken. **Schnittlauch** waschen, trocken schütteln und in feine Röllchen schneiden. Beides in eine Schale geben und den **Schmand** einrühren. Mit **Kurkuma, Kräutersalz** und **Pfeffer** würzen, auf dem vorgebackenen Blätterteig verteilen und noch 15 Minuten backen. ● Inzwischen für den Kräutersalat **Joghurt, Senf, Balsamico-Essig** und **Agavendicksaft** verrühren und das Dressing mit **Salz** und **Pfeffer** würzen. ● Den **Radicchio** und die **Kräuter** putzen, waschen, trocken schleudern und in mundgerechte Stücke zupfen. **Sprossen** unter fließendem Wasser gründlich abbrausen und hinzufügen. Den **Käse** fein würfeln. Salatblätter, Kräuter, Sprossen und Käse in eine Schüssel geben und mit dem Dressing mischen. ● **Apfel** waschen, entkernen und ungeschält in hauchdünne Scheiben schneiden. Diese sofort mit **Zitronensaft** beträufeln, damit sie nicht braun werden, und auf dem Salat anrichten. ● Die Quiche aus dem Ofen nehmen, in Stücke schneiden und mit dem Salat servieren.

Nährwerte pro Portion:
769 kcal, 16 g E, 56 g F, 46 g KH, 6 g B

Säure-Basen-Wert (PRAL) pro Person

30-Jährige	40-Jährige	50-Jährige	60-Jährige	70-Jährige
−4,8	−4,3	−3,8	−3,4	−2,9

Buchweizennudeln mit Petersilienpesto

Zubereitungszeit: 10 Minuten
Für 2 Personen

200 g Buchweizennudeln (alternativ Rote-Linsen-Nudeln)
80 g Mandelkerne
1–2 Bund glatte Petersilie (ca. 40 g)
Saft und abgeriebene Schale von ½ Biolimette
40 ml Olivenöl
½ TL Kräutersalz

Nährwerte pro Portion:
777 kcal, 20 g E, 44 g F, 72 g KH, 9 g B

Nudeln nach Packungsanweisung kochen. ● Inzwischen **Mandeln** grob hacken. Die **Petersilie** waschen, trocken schütteln und grob hacken. ● Mandeln mit Petersilie, 1 EL **Limettensaft, Limettenabrieb, Olivenöl** und **Kräutersalz** in den Mixer geben und zu einem feinen Pesto pürieren. ● Die Nudeln abgießen, auf zwei Schalen verteilen und dazu das Pesto reichen.

Tipp Buchweizennudeln gibt es im Bioladen und im Reformhaus. Zu diesem Gericht passt ein Eisbergsalat mit Tomaten und Schafskäse.

Säure-Basen-Wert (PRAL) pro Person

30-Jährige	40-Jährige	50-Jährige	60-Jährige	70-Jährige
−4,3	−3,9	−3,4	−3,0	−2,6

vegan, laktosefrei, glutenfrei, frei von raffiniertem Zucker

Grüne Shakshuka mit Dampfkartoffeln

Zubereitungszeit: 10 Minuten plus ca. 25 Minuten Garzeit
Für 2 Personen

400 g festkochende Kartoffeln (alternativ vorwiegend festkochende Kartoffeln)
2 EL Bratöl
1 Bund glatte Petersilie
1 kleine Knoblauchzehe
2 TL Kräutersalz
1 Msp. Cayennepfeffer
300 g TK-Blattspinat
100 g TK-Erbsen
2 Eier (Größe M)

Nährwerte pro Portion:
405 kcal, 19 g E, 16 g F, 41 g KH, 9 g B

Kartoffeln schälen und in dünne Spalten schneiden. **Öl** in einer beschichteten Pfanne erhitzen und Kartoffeln darin anbraten. Abdecken und 10 Minuten bei mittlerer Hitze garen, dabei gelegentlich wenden. ● Inzwischen die **Petersilie** waschen, trocken schütteln und hacken. **Knoblauchzehe** schälen. ● **Kräutersalz** und **Cayennepfeffer** über die Kartoffeln streuen. Petersilie, Knoblauch, gefrorenen **Spinat** und gefrorene **Erbsen** zufügen und abgedeckt 5 Minuten bei mittlerer Hitze auftauen und garen. ● In die Gemüsemischung zwei Vertiefungen drücken, die **Eier** hineingeben und abgedeckt bei niedriger Hitze etwa 10 Minuten weitergaren, bis die Eier gestockt sind.

Tipp Shakshuka ist eine Spezialität aus der nordafrikanischen und israelischen Küche und wird traditionell mit Tomaten, Chilis, Zwiebeln und Eiern zubereitet. Das geht zwar schneller, ist aber weniger basisch und auch weniger sättigend.

Säure-Basen-Wert (PRAL) pro Person

30-Jährige	40-Jährige	50-Jährige	60-Jährige	70-Jährige
–24,7	–22,2	–19,8	–17,3	–14,8

vegetarisch, laktosefrei, glutenfrei, frei von raffiniertem Zucker

Glasnudeln mit Kürbisketchup

Zubereitungszeit: 10 Minuten
plus 10 Minuten Garzeit und
ca. 5 Minuten Quellzeit
Für 2 Personen

½ Hokkaidokürbis (450 g)
300 ml Apfelsaft
1 Lorbeerblatt
1 Msp. gemahlene Gewürznelke
1–2 EL Apfelessig
1 EL Honig
Kräutersalz
½ TL gemahlener Piment
1 Msp. Cayennepfeffer
1 Msp. frisch gemahlener schwarzer Pfeffer
500 ml Möhrensaft
100 g Glasnudeln

Nährwerte pro Portion:
440 kcal, 4 g E, 2 g F, 98 g KH, 7 g B

Kürbis waschen, Stielansatz und harte Stellen an der Schale entfernen, Fasern und Kerne herauskratzen und Fruchtfleisch ungeschält in 2 cm große Stücke schneiden. • **Apfelsaft** mit **Lorbeerblatt** und **Nelkenpulver** in einem kleinen Topf erhitzen. Kürbis zugeben und abgedeckt 10 Minuten bei mittlerer Hitze weich kochen. Das Lorbeerblatt entfernen und die Kürbismischung je nach gewünschter Konsistenz zerstampfen oder fein pürieren. Zum Schluss **Apfelessig, Honig** und **Gewürze** unter den Kürbisketchup rühren. • **Möhrensaft** erhitzen. Die **Glasnudeln** in kurze Stücke brechen, mit dem kochend heißen Möhrensaft übergießen und etwa 5 Minuten quellen lassen. • Glasnudeln abgießen, auf zwei Schalen verteilen und mit dem Kürbisketchup servieren.

Tipp Dazu passt ein frischer Feldsalat. Der Kürbisketchup hält sich im Kühlschrank gut verschlossen bis zu 1 Woche.

(!) Basenbooster-Tipp

Glasnudeln sind schnell fertig und wirken nur schwach säurebildend. Die Basenbooster unter den Nudeln sind Rote-Linsen-Nudeln, Buchweizennudeln und insbesondere Kichererbsennudeln. Wählen Sie eine dieser Varianten als Basenbooster-Alternative zu den Glasnudeln.

Säure-Basen-Wert (PRAL) pro Person

30-Jährige	40-Jährige	50-Jährige	60-Jährige	70-Jährige
–22,0	–19,8	–17,6	–15,4	–13,2

vegetarisch, laktosefrei, glutenfrei,
frei von raffiniertem Zucker

Kichererbsenpasta mit Rote-Bete-Creme

Zubereitungszeit: 10 Minuten
Für 2 Personen

250 g Kichererbsennudeln
200 g vorgegarte Rote Beten
Saft und abgeriebene Schale von ½ Biolimette
4 Zweige Thymian
1 TL geriebener Meerrettich aus dem Glas
1 TL Kräutersalz
100 g Doppelrahmfrischkäse

Nährwerte pro Portion:
659 kcal, 43 g E, 15 g F, 42 g KH, 7 g B

Nudeln nach Packungsanweisung kochen. ● In der Zwischenzeit **Rote Beten** in etwa 2 cm große Stücke schneiden und in einen Mixbecher geben. 1 EL **Limettensaft** und **Limettenabrieb** dazugeben. **Thymian** waschen, trocken schütteln und Blättchen abzupfen. Bis auf 1 EL in den Mixbecher geben, **Meerrettich, Kräutersalz** und **Frischkäse** hinzufügen und mit dem Stabmixer fein pürieren. ● Kichererbsennudeln abgießen, auf zwei Schalen verteilen, die Rote-Bete-Creme darübergeben und mit restlichem Thymian bestreuen.

Säure-Basen-Wert (PRAL) pro Person

30-Jährige	40-Jährige	50-Jährige	60-Jährige	70-Jährige
−7,2	−6,4	−5,7	−5,0	−4,3

AUS EINER PFANNE UND EINEM TOPF

Vegetarische Paella

Zubereitungszeit: 20 Minuten plus 15 Minuten Garzeit und 5 Minuten Ruhezeit
Für 2 Personen

1 Knoblauchzehe
1 Bund Frühlingszwiebeln (150 g)
2–3 Möhren (insgesamt 200 g)
1 kleine Zucchini (150 g)
200 g braune Biochampignons
2 EL Bratöl
½ Tasse Parboiled-Langkornreis (100 g; alternativ Risottoreis (20 Minuten Garzeit))
Kräutersalz
frisch gemahlener schwarzer Pfeffer
300 ml Gemüsebrühe
2 Zweige Thymian
2 Zweige Majoran
2 Zweige Oregano
3–4 Stängel glatte Petersilie
150 g Cocktailtomaten

Nährwerte pro Portion:
386 kcal, 10 g E, 11 g F, 58 g KH, 9 g B

Knoblauchzehe schälen. **Frühlingszwiebeln** waschen, putzen und in feine Ringe schneiden. **Möhren** schälen und längs in etwa 4 cm lange, dünne Streifen schneiden. **Zucchini** waschen, putzen und ebenfalls in etwa 4 cm lange, dünne Streifen schneiden. **Pilze** vorsichtig trocken abreiben und vierteln. ● **Bratöl** in einer großen, hohen beschichteten Pfanne erhitzen. Knoblauch hineinpressen, **Reis** dazugeben und unter Rühren glasig braten. Frühlingszwiebeln und Möhren hinzufügen und 5 Minuten mitbraten. Zucchini und Champignons einrühren und mit **Salz** und **Pfeffer** würzen. ● Inzwischen die **Brühe** erhitzen und hinzugießen. **Kräuter** waschen, trocken schütteln, Blätter hacken, in die Pfanne geben und bei niedriger Hitze ohne Deckel 15 Minuten köcheln lassen, bis der Reis gar ist, aber noch Biss hat. Dabei immer wieder umrühren. Mit **Kräutersalz** und **Pfeffer** würzen. ● **Tomaten** waschen, halbieren und mit den Schnittflächen nach oben auf der Paella verteilen. Die Pfanne abdecken und auf der ausgeschalteten Herdplatte 5 Minuten nachdicken lassen, bis die Tomaten warm sind.

Tipp Parboiled-Reis wird vor dem Schälen mit Dampf und Druck behandelt. Dadurch enthält er mehr Vitamine und Mineralstoffe als weißer Reis, der nur geschält wurde, und wirkt deutlich basischer. Statt der frischen Kräuter können Sie auch 25 g TK-Kräuter der Provence nehmen.

Säure-Basen-Wert (PRAL) pro Person

30-Jährige	40-Jährige	50-Jährige	60-Jährige	70-Jährige
–18,8	–16,9	–15,1	–13,2	–11,3

vegan, laktosefrei, glutenfrei, frei von raffiniertem Zucker

LE CREUSET

Orientalische Kürbispfanne mit Petersiliencreme

Zubereitungszeit: 20 Minuten plus 10 Minuten Garzeit
Für 2 Personen

1 kleiner Hokkaidokürbis (500 g)
1 Zwiebel
1 kleine Knoblauchzehe
2 EL Bratöl
1 TL Zuckerrübensirup
2 EL Rosinen (50 g)
1 Msp. Cayennepfeffer
1 Msp. gemahlener Koriander
1 Msp. gemahlener Zimt
1 Msp. gemahlener Piment
2 TL gemahlener Kreuzkümmel (Cumin)
frisch gemahlener schwarzer Pfeffer
65 g Kichererbsen aus der Dose (Abtropfgewicht)
Meersalz
1 Bund glatte Petersilie
3 EL Crème fraîche (30 % Fett)

Nährwerte pro Portion:
422 kcal, 9 g E, 17 g F, 55 g KH, 10 g B

Kürbis waschen, halbieren, Stielansatz und harte Stellen an der Schale entfernen, Fasern und Kerne herauskratzen und Fruchtfleisch ungeschält in 1–2 cm große Würfel schneiden. ● Die **Zwiebel** schälen und in dünne Ringe schneiden, die **Knoblauchzehe** schälen. **Bratöl** in einer hohen beschichteten Pfanne erhitzen und die Zwiebeln darin glasig dünsten. Knoblauch hineinpressen. **Zuckerrübensirup, Rosinen** und **Gewürze** hinzufügen und unter Rühren etwa 2 Minuten weiterdünsten. ● **Kichererbsen** in einem Sieb kurz abtropfen lassen, mit Kürbis in die Pfanne geben und 5 Minuten garen. 100 ml Wasser angießen und abgedeckt 10 Minuten köcheln lassen, bis der Kürbis gar, aber noch bissfest ist. Mit **Salz** und **Pfeffer** würzen. ● **Petersilie** waschen, trocken schütteln und hacken. 1 EL gehackte Petersilie mit **Crème fraîche** verrühren. ● Restliche Petersilie über die Kürbispfanne streuen und mit der Petersiliencreme servieren.

Säure-Basen-Wert (PRAL) pro Person

30-Jährige	40-Jährige	50-Jährige	60-Jährige	70-Jährige
–22,1	–19,9	–17,6	–15,4	–13,2

vegetarisch, glutenfrei, frei von raffiniertem Zucker

Rote-Linsen-Curry mit Brokkoli

Zubereitungszeit: 15 Minuten plus
15 Minuten Garzeit
Für 2 Personen

1 Zwiebel
2 festkochende Kartoffeln (insgesamt 160 g)
2 Möhren (insgesamt 160 g)
300 g Brokkoli
2 EL Bratöl
1 TL Currypaste (alternativ 2 TL Currypulver)
400 ml Gemüsebrühe
50 ml Kokosmilch (20 % Fett)
125 g rote Linsen
Saft und abgeriebene Schale von ½ Biolimette
1–2 Prisen Cayennepfeffer
Kräutersalz
frisch gemahlener schwarzer Pfeffer

Nährwerte pro Portion:
484 kcal, 24 g E, 16 g F, 57 g KH, 11 g B

Zwiebel schälen und klein würfeln. **Kartoffeln** schälen und in 2 cm große Stücke schneiden. **Möhren** schälen und in dünne Scheiben schneiden. **Brokkoli** waschen und in kleine Röschen teilen. ● **Bratöl** in einer großen beschichteten Pfanne erhitzen und die Zwiebeln darin bei mittlerer Hitze glasig dünsten. Kartoffeln, Möhren und Brokkoli zufügen und 5 Minuten mitbraten. ● **Currypaste, Brühe** und **Kokosmilch** einrühren und 5 Minuten köcheln lassen. **Linsen** in einem Sieb abbrausen, zum Curry geben und bei reduzierter Hitze 15 Minuten fertig garen. Nach Bedarf etwas Wasser zugießen. ● Zum Schluss **Limettensaft** und **-abrieb** einrühren und das Curry mit **Cayennepfeffer, Kräutersalz** und **Pfeffer** würzen.

Säure-Basen-Wert (PRAL) pro Person

30-Jährige	40-Jährige	50-Jährige	60-Jährige	70-Jährige
–16,2	–14,5	–12,9	–11,3	–9,7

vegan, laktosefrei, glutenfrei, frei von raffiniertem Zucker

Sommerliches Hirsotto mit Zucchini und Schafskäse

Zubereitungszeit: 20 Minuten plus 15 Minuten Garzeit und 10 Minuten Ruhezeit
Für 2 Personen

1–2 Zwiebeln
2–3 Möhren (insgesamt 250 g)
4 EL Bratöl
½ TL gemahlene Kurkuma
100 g Hirse
150 ml Weißwein
450 ml Gemüsebrühe
1 Zucchini (200 g)
50 g frische oder TK-Erbsen
Kräutersalz
frisch gemahlener schwarzer Pfeffer
50 g Schafskäse
1 Bund glatte Petersilie

Nährwerte pro Portion:
589 kcal, 16 g E, 27 g F, 54 g KH, 9 g B
Winterliche Variante mit Grünkohl:
560 kcal, 13 g E, 27 g F, 49 g KH, 8 g B

Zwiebel(n) und **Möhren** schälen und fein würfeln. **Bratöl** in einem großen Topf erhitzen. Zwiebel- und Möhrenwürfel hineingeben und unter Rühren 5 Minuten anbraten. • **Kurkuma** und **Hirse** dazugeben und 3 Minuten mitbraten. **Wein** und **Brühe** angießen und abgedeckt 15 Minuten bei mittlerer Hitze köcheln lassen, dabei zwischendurch umrühren. • **Zucchini** waschen, putzen, in etwa 5 mm große Würfel schneiden und mit den frisch ausgepulten oder gefrorenen **Erbsen** untermischen. Mit **Kräutersalz** und **Pfeffer** würzen. • **Schafskäse** darüberkrümeln, abdecken und auf der abgeschalteten Herdplatte 10 Minuten nachquellen und den Käse schmelzen lassen. • **Petersilie** waschen, trocken schütteln und hacken. Das Hirsotto auf zwei Teller verteilen und mit der Petersilie bestreuen.

Winterliche Variante mit Grünkohl
Zucchini und Erbsen weglassen und 50 g gewaschenen, krümelig gehackten Grünkohl (am besten im Blitzhacker verarbeiten) mit Zwiebeln und Möhren in die Pfanne geben und anbraten.

Säure-Basen-Wert (PRAL) pro Person

30-Jährige	40-Jährige	50-Jährige	60-Jährige	70-Jährige
–5,4	–4,9	–4,3	–3,8	–3,2

Winterliche Variante mit Grünkohl

30-Jährige	40-Jährige	50-Jährige	60-Jährige	70-Jährige
–5,1	–4,6	–4,1	–3,6	–3,1

vegetarisch, glutenfrei, frei von raffiniertem Zucker

Orientalischer Süßkartoffel-Schmortopf

Zubereitungszeit: 25 Minuten
Für 2 Personen

2 Zwiebeln
1 kleine Knoblauchzehe
1 Süßkartoffel (300 g)
2 EL Bratöl
½ TL gemahlene Kurkuma
1 TL Vollrohrzucker
Kräutersalz
½ TL Sambal Oelek
1 Msp. Cayennepfeffer
1 Dose stückige Tomaten (400 g)
2 EL Erdnussmus
(alternativ 1 EL Mandelmus)
2 EL geröstete gesalzene Erdnüsse
½ Bund glatte Petersilie
2 Stängel Minze
(alternativ ½ TL getrocknete Minze aus einem Teebeutel)
2 Stängel Majoran (alternativ ½ TL getrockneter Majoran)
2 EL saure Sahne (10 % Fett)

Nährwerte pro Portion:
566 kcal, 15 g E, 29 g F, 56 g KH, 9 g B

Zwiebeln schälen und würfeln, **Knoblauchzehe** schälen. **Süßkartoffel** schälen und in kleine Stifte schneiden. ● **Bratöl** in einem Topf erhitzen und Zwiebeln darin bei mittlerer Hitze glasig dünsten. Knoblauch hineinpressen und mitdünsten. Süßkartoffeln zugeben und bei mittlerer Hitze unter Rühren 5 Minuten mitbraten. ● **Kurkuma, Vollrohrzucker,** ½ TL **Kräutersalz, Sambal Oelek** und **Cayennepfeffer** einrühren. Dann **Tomaten** mit Saft dazugeben und bei mittlerer Hitze 5 Minuten köcheln lassen, bis die Süßkartoffeln weich sind. **Erdnussmus** unterrühren, je nach gewünschter Konsistenz etwa 400 ml Wasser hinzufügen und aufkochen. ● **Erdnüsse** grob hacken. Frische **Kräuter** abbrausen, trocken schütteln, Blätter hacken und die Hälfte davon in den Schmortopf einrühren. Auf zwei tiefe Teller oder Schalen verteilen. Einen Klecks **saure Sahne** daraufgeben und mit restlichen Kräutern und gehackten Erdnüssen bestreuen.

Säure-Basen-Wert (PRAL) pro Person

30-Jährige	40-Jährige	50-Jährige	60-Jährige	70-Jährige
–20,7	–18,6	–16,6	–14,5	–12,4

Spitzkohlpfanne mit gerösteten Pistazien

Zubereitungszeit: 20 Minuten
Für 2 Personen

1 kleine Zwiebel
1 kleiner Spitzkohl (500 g)
1 Möhre
1 kleine Porreestange (60 g)
2 EL Bratöl
160 ml Gemüsebrühe
80 g Couscous
½ TL Currypulver
1 TL Sojasauce
Kräutersalz
frisch gemahlener schwarzer Pfeffer
100 g saure Sahne (10 % Fett; alternativ Schmand (24 % Fett))
50 g geröstete ungesalzene Pistazienkerne

Außerdem:
Juliennereibe oder Spiralschneider

Nährwerte pro Portion:
565 kcal, 17 g E, 34 g F, 44 g KH, 12 g B

Zwiebel schälen und würfeln. **Spitzkohl** halbieren, erst äußere Blätter und Strunk entfernen, dann in etwa 1 cm breite Streifen schneiden. **Möhre** schälen und längs auf einer Juliennereibe oder mit einem Spiralschneider in feine Streifen schneiden. **Porree** putzen, das Grüne längs bis zum weißen Schaft vierteln, gründlich waschen und quer in feine Streifen schneiden. • **Bratöl** in einer großen beschichteten Pfanne erhitzen und die Zwiebeln darin glasig dünsten. Das vorbereitete Gemüse dazugeben und unter ständigem Rühren 5 Minuten bissfest garen. • Inzwischen **Brühe** aufkochen, **Couscous** damit übergießen und abgedeckt 5 Minuten quellen lassen. • Kohlmischung mit **Currypulver, Sojasauce, Kräutersalz** und **Pfeffer** würzen. Zum Schluss Couscous, **saure Sahne** und **Pistazien** unterrühren.

Säure-Basen-Wert (PRAL) pro Person

30-Jährige	40-Jährige	50-Jährige	60-Jährige	70-Jährige
−13,6	−12,3	−10,9	−9,5	−8,2

Fenchel-Pastinaken-Couscousotto

Zubereitungszeit: 30 Minuten
Für 2 Personen

1 Zwiebel
1 kleine Knoblauchzehe
½ kleine Fenchelknolle (80 g)
1 kleine Pastinake (100 g)
3 EL Bratöl
100 g frische oder TK-Erbsen
100 ml Weißwein
1 TL gemahlene Kurkuma
Kräutersalz
100 g Couscous
½ Bund glatte Petersilie
1 TL edelsüßes Paprikapulver
frisch gemahlener schwarzer Pfeffer

Nährwerte pro Portion:
427 kcal, 13 g E, 12 g F, 54 g KH, 10 g B
Variante mit Möhre:
416 kcal, 13 g E, 12 g F, 52 g KH, 10 g B

Zwiebel schälen und würfeln, **Knoblauchzehe** schälen. Den **Fenchel** waschen, vom Strunk befreien und quer in feine Streifen schneiden. **Pastinake** schälen und grob raspeln. ● **Bratöl** in einem Topf erhitzen und die Zwiebeln darin glasig dünsten. Knoblauch hineinpressen, Fenchel und Pastinaken hinzufügen und 3 Minuten mitdünsten. ● Frisch ausgepulte oder gefrorene **Erbsen** zugeben, **Wein** und 400 ml Wasser angießen, mit **Kurkuma** und 2–3 TL **Kräutersalz** würzen und aufkochen. **Couscous** unterrühren und abgedeckt bei niedriger Hitze 10 Minuten quellen lassen, dabei immer wieder umrühren. ● Inzwischen **Petersilie** waschen, trocken schütteln und hacken. ● Couscousotto mit **Paprikapulver, Pfeffer** und **Kräutersalz** würzen und mit Petersilie bestreuen.

Tipp Dazu passt ein Tomatensalat.

Variante mit Möhre
Für das Fenchel-Möhren-Couscousotto die Pastinake durch eine große Möhre ersetzen.

Säure-Basen-Wert (PRAL) pro Person

30-Jährige	40-Jährige	50-Jährige	60-Jährige	70-Jährige
−10,6	−9,5	−8,5	−7,4	−6,4

Variante mit Möhre

−9,4	−8,4	−7,5	−6,6	−5,6

 vegan, laktosefrei, frei von raffiniertem Zucker

Basenbooster-Wirsingtopf mit Wurzelgemüse

Zubereitungszeit: 40 Minuten
Für 2 Personen

1 Zwiebel
1 kleine Porreestange (100 g)
1 Pastinake (125 g)
2 Möhren (insgesamt 160 g)
1 kleiner Wirsingkopf (400 g)
2 EL Bratöl
600 ml Möhrensaft
3 Zweige Thymian
Kräutersalz
frisch gemahlener schwarzer Pfeffer
2 EL Röstzwiebeln (Fertigprodukt)

Nährwerte pro Portion:
543 kcal, 10 g E, 11 g F, 37 g KH, 10 g B

Zwiebel schälen und würfeln. **Porree** putzen, das Grüne längs bis zum weißen Schaft vierteln, gründlich waschen und quer in etwa 1 cm breite Streifen schneiden. **Pastinake** und **Möhren** schälen und in dünne Scheiben schneiden. **Wirsing** putzen, vierteln, vom Strunk befreien und quer in feine Streifen schneiden. ● Das **Bratöl** in einem großen Topf erhitzen, die Zwiebeln darin glasig dünsten. Dunkelgrüne Porreestreifen, Pastinaken, Möhren und Wirsing hinzufügen und mitdünsten. ● 100 ml **Möhrensaft** angießen und köcheln lassen, bis das Gemüse bissfest gegart ist. ● **Thymian** waschen, trocken schütteln, Blättchen von den Zweigen streifen und in den Eintopf geben. Mit **Salz** und **Pfeffer** würzen, restlichen **Möhrensaft** und die restlichen Porreeringe hinzufügen und alles erhitzen. ● Auf zwei tiefe Teller oder Schalen verteilen und mit den **Röstzwiebeln** bestreuen.

Säure-Basen-Wert (PRAL) pro Person

30-Jährige	40-Jährige	50-Jährige	60-Jährige	70-Jährige
–29,0	–26,1	–23,2	–20,3	–17,4

vegan, laktosefrei, frei von raffiniertem Zucker

AUS DEM OFEN

Kartoffelgratin mit Tomaten und Zucchini

Zubereitungszeit: 20 Minuten plus 40–50 Minuten Backzeit
Für 2 Personen

1–2 Zucchini (200 g)
250 g Tomaten
2 Zwiebeln
300 g vorwiegend festkochende Kartoffeln
Kräutersalz
frisch gemahlener schwarzer Pfeffer
3 Zweige Thymian
2 Zweige Bohnenkraut (alternativ 1 TL getrocknetes Bohnenkraut)
50 g entsteinte schwarze Oliven
3 EL Olivenöl
100 ml Gemüsebrühe

Nährwerte pro Portion:
327 kcal, 7 g E, 19 g F, 29 g KH, 6 g B

Den Backofen auf 175 °C (Umluft) vorheizen. • Die **Zucchini** waschen und in dünne Scheiben schneiden. **Tomaten** waschen, von den Stielansätzen befreien und ebenfalls in dünne Scheiben schneiden. **Zwiebeln** und **Kartoffeln** schälen und in sehr dünne Scheiben schneiden. • Abwechselnd Zucchini-, Tomaten-, Zwiebel- und Kartoffelscheiben hochkant hintereinander in eine Auflaufform schichten. Dann kräftig mit **Kräutersalz** und **Pfeffer** bestreuen. • **Kräuter** waschen und trocken schütteln. Blätter von den Zweigen streifen und fein hacken. **Oliven** hacken und mit den Kräutern über das Gemüse streuen. **Öl** und **Brühe** verrühren und darübergießen. • Im vorgeheizten Ofen 40–50 Minuten backen, bis die Kartoffeln gar sind.

Tipp Dazu passt ein Eichblatt- oder Romanasalat.

Säure-Basen-Wert (PRAL) pro Person

30-Jährige	40-Jährige	50-Jährige	60-Jährige	70-Jährige
−19,2	−17,3	−15,4	−13,5	−11,5

vegan, laktosefrei, glutenfrei, frei von raffiniertem Zucker

Mangold-Tomaten-Strudel mit Schinken

Zubereitungszeit: 15 Minuten plus 20 Minuten Backzeit
Für 4 Personen

100 g Mangoldblätter (siehe Tipp)
Salz
400 g Tomaten
3–4 Frühlingszwiebeln (100 g)
3 Zweige Thymian
Kräutersalz
frisch gemahlener schwarzer Pfeffer
1 Rolle Blätterteig (Fertigprodukt aus dem Kühlregal; 275 g, 24 × 40 cm)
70 g dünn geschnittener Bacon (alternativ roher Schinkenspeck)
100 g Schmand (24 % Fett)
1 Eigelb
2 EL Milch (3,8 % Fett; alternativ Sahne)

Nährwerte pro Portion:
451 kcal, 9 g E, 34 g F, 26 g KH, 3 g B
Vegetarische Variante:
438 kcal, 8 g E, 33 g F, 26 g KH, 3 g B
Variante mit Rucola:
449 kcal, 9 g E, 34 g F, 26 g KH, 2 g B

Den Backofen auf 175 °C (Umluft) vorheizen. Ein Backblech mit Backpapier auslegen. ● **Mangoldblätter** waschen, in große Stücke zupfen und in kochendem **Salzwasser** etwa 1 Minute blanchieren, bis sie sich biegen lassen. Kalt abbrausen und in einem Sieb abtropfen lassen. Dann zwischen zwei Lagen Küchenpapier trocken tupfen. ● Die **Tomaten** waschen, die Stielansätze entfernen, entkernen und würfeln. **Frühlingszwiebeln** waschen, putzen und in feine Ringe schneiden. **Thymian** waschen, trocken schütteln und Blättchen von den Zweigen streifen. Tomaten, Frühlingszwiebeln und Thymian mischen. Mit **Kräutersalz** und **Pfeffer** kräftig würzen. ● **Blätterteig** mit dem Backtrennpapier entrollen. Mangoldblätter auf der Teigplatte verteilen. Dabei rundherum einen 2 cm breiten Rand frei lassen. **Bacon** in feine Streifen schneiden und darauf verteilen. **Schmand** in Klecksen darübergeben und die Tomaten-Frühlingszwiebel-Mischung darauf verteilen. ● Die Teigränder an den Seiten nach innen schlagen und mithilfe des Trennpapiers von der langen Seite her aufrollen. Mit der Naht nach unten auf das Backblech legen. **Eigelb** mit **Milch** verquirlen und den Strudel damit bestreichen. Im vorgeheizten Ofen auf der mittleren Schiene 20 Minuten goldgelb backen. ● Herausnehmen, den Strudel in vier Stücke schneiden und servieren.

Säure-Basen-Wert (PRAL) pro Person

30-Jährige	40-Jährige	50-Jährige	60-Jährige	70-Jährige
−5,0	−4,5	−4,0	−3,5	−3,0

Vegetarische Variante

30-Jährige	40-Jährige	50-Jährige	60-Jährige	70-Jährige
−4,9	−4,4	−3,9	−3,4	−3,0

Variante mit Rucola

30-Jährige	40-Jährige	50-Jährige	60-Jährige	70-Jährige
−4,0	−3,6	−3,2	−2,8	−2,4

Vegetarische Variante
Anstelle von Schinken 50 g Schafskäse auf der Füllung verteilen.

Variante mit Rucola
Statt blanchiertem Mangold 50 g gewaschenen und trocken geschleuderten Rucola auf dem Teig verteilen.

Tipp Dazu passt ein sommerlicher Blattsalat. Die Mangoldstiele für eine Suppe oder ein anderes Gericht verwenden.

Kürbisrisotto aus dem Ofen

Zubereitungszeit: 15 Minuten plus 50 Minuten Backzeit
Für 2 Personen

1 rote Zwiebel
1 kleiner Hokkaidokürbis (500 g)
100 g Risottoreis (15 Minuten Garzeit)
300 ml heiße Gemüsebrühe
2 EL Olivenöl
Saft und abgeriebene Schale von ½ Biozitrone
1 Msp. gemahlener Zimt
1 Msp. gemahlener Piment
1–2 Prisen Cayennepfeffer
1–2 TL Kräutersalz
2–3 Stängel glatte Petersilie (alternativ Kerbel)

Nährwerte pro Portion:
304 kcal, 5 g E, 12 g F, 44 g KH, 6 g B

Den Backofen auf 175 °C (Umluft) vorheizen. ● **Zwiebel** schälen und in kleine Würfel schneiden. **Kürbis** waschen, Stielansatz und harte Stellen an der Schale entfernen, halbieren, dann Fasern und Kerne herauskratzen. Ungeschält in etwa 5 mm große Würfel schneiden. ● Zwiebeln und Kürbis mit **Reis,** heißer **Brühe** und **Olivenöl** in eine Auflaufform geben. **Zitronensaft** und **-abrieb** mit **Zimt, Piment, Cayennepfeffer** und **Kräutersalz** dazugeben und vorsichtig vermengen. Die Auflaufform abdecken (zum Beispiel mit Alufolie) und im vorgeheizten Ofen 50 Minuten backen, bis der Reis gar, aber noch leicht bissfest ist. Während der Backzeit zweimal umrühren. ● **Petersilie** waschen, trocken schütteln und hacken. Kürbisrisotto aus dem Ofen nehmen, auf zwei Tellern anrichten, mit Petersilie bestreuen und servieren.

Tipp Kein frischer Hokkaidokürbis verfügbar? Außerhalb der Saison oder wenn es schneller gehen muss, TK-Kürbis verwenden.

Säure-Basen-Wert (PRAL) pro Person

30-Jährige	40-Jährige	50-Jährige	60-Jährige	70-Jährige
–12,8	–11,6	–10,3	–9,0	–7,7

vegan, laktosefrei, glutenfrei, frei von raffiniertem Zucker

Ofen-Beten mit Avocadodip

Zubereitungszeit: 10 Minuten plus 90 Minuten Backzeit
Für 2 Personen

Für die Beten:
- 4 kleine rohe Rote Beten (Ø à 7–9 cm und 150–200 g, insgesamt 700 g)
- 2 TL grobes Meersalz (am besten Fleur de Sel)

Für den Dip:
- 1 Avocado
- 1 EL Zitronensaft
- 50 g griechischer Joghurt (10 % Fett)
- Salz
- frisch gemahlener schwarzer Pfeffer
- 2 Stängel krause Petersilie

Nährwerte pro Portion:
282 kcal, 7 g E, 15 g F, 25 g KH, 10 g B

Rote Beten gründlich waschen und einzeln in Alufolie wickeln. Auf den Backofenrost (mittlere Schiene) in den kalten Backofen geben, die Temperatur auf 175 °C (Umluft) regeln und 90 Minuten backen, bis die Knollen weich sind. Am besten mit einem Spieß prüfen. • Für den Dip die **Avocado** halbieren, entkernen, das Fruchtfleisch mit einem Löffel aus den Schalen lösen und grob in Stücke schneiden. Mit dem **Zitronensaft** in einen Mixbecher geben und mit dem Stabmixer pürieren. **Joghurt** unterrühren, mit **Salz** und **Pfeffer** würzen und in eine Schale geben. • **Petersilie** waschen, trocken schütteln, von dicken Stielen befreien, hacken und über den Dip streuen. • Die Beten aus dem Ofen nehmen, ein wenig abkühlen lassen und schälen. Dazu am besten Einmalhandschuhe anziehen, da die Beten stark färben. Beten mit **Meersalz** bestreuen und mit dem Dip servieren.

Säure-Basen-Wert (PRAL) pro Person

30-Jährige	40-Jährige	50-Jährige	60-Jährige	70-Jährige
–26,3	–23,7	–21,0	–18,4	–15,8

vegetarisch, glutenfrei, frei von raffiniertem Zucker

Porree-Haselnuss-Gratin mit Kartoffel-Sellerie-Stampf

Zubereitungszeit: 30 Minuten
Für 2 Personen

Für das Gratin:
1 Porreestange (250 g)
5 entsteinte getrocknete Pflaumen (insgesamt 35 g)
Salz
frisch gemahlener schwarzer Pfeffer
100 g Schmand (24 % Fett)
30 g Parmesan
50 g Haselnusskerne
1 EL Butter
60 g Mandelmehl

Für den Stampf:
3–4 mehligkochende Kartoffeln (250 g; alternativ vorwiegend festkochende Kartoffeln)
1 Stück Knollensellerie (125 g)
Meersalz
½ EL Butter
50 ml Milch (3,8 % Fett)
1–2 Prisen frisch geriebene Muskatnuss
frisch gemahlener schwarzer Pfeffer

Nährwerte pro Portion:
799 kcal, 31 g E, 56 g F, 34 g KH, 14 g B

Den Backofen auf 150 °C (Umluft) vorheizen. ● Für das Gratin **Porree** putzen, das Grüne längs bis zum weißen Schaft vierteln, gründlich waschen und quer in feine Streifen schneiden. **Pflaumen** in kleine Stücke schneiden, mit dem Porree in eine Auflaufform geben und mischen. Mit **Salz** und **Pfeffer** bestreuen, den **Schmand** in kleinen Klecksen darauf verteilen und glatt streichen. ● **Parmesan** fein reiben und **Haselnusskerne** hacken. Beides in eine Schüssel geben, **Butter** und **Mandelmehl** hinzufügen, die Mischung zu feinen Streuseln verkneten und über der Porreemischung verteilen. Im vorgeheizten Ofen auf der mittleren Schiene 20 Minuten backen. ● Inzwischen für den Stampf **Kartoffeln** und **Sellerie** schälen und würfeln. Mit 250 ml Wasser und etwas **Salz** in einen Topf geben und abgedeckt bei mittlerer Hitze 15 Minuten weich kochen. Abgießen, stampfen, dann **Butter** und **Milch** unterrühren. Mit **Muskatnuss, Salz** und **Pfeffer** würzen. ● Das Gratin aus dem Ofen nehmen und mit dem Stampf servieren.

Tipp Falls kein Mandelmehl verfügbar ist, gemahlene Haselnüsse verwenden. Damit wird das Gratin nussiger.

Säure-Basen-Wert (PRAL) pro Person

30-Jährige	40-Jährige	50-Jährige	60-Jährige	70-Jährige
-15,0	-13,5	-12,0	-10,5	-9,0

vegetarisch, glutenfrei, frei von raffiniertem Zucker

Stielmusstrudel mit Schafskäse

Zubereitungszeit: 30 Minuten plus 20 Minuten Backzeit
Für 2 Personen

3 Strudelteigblätter (Fertigprodukt aus dem Kühlregal; ca. 75 g, 30 × 31 cm; alternativ Filo- oder Yufkateigblätter)
400 g Stielmus
2 EL Bratöl
1 TL Meersalz
1–2 Prisen frisch geriebene Muskatnuss
3 EL Rapsöl
50 g Schafskäse

Nährwerte pro Portion:
446 kcal, 11 g E, 31 g F, 28 g KH, 5 g B

Die **Strudelteigblätter** aus dem Kühlschrank nehmen. Den Backofen auf 175 °C (Umluft) vorheizen. Ein Backblech mit Backpapier auslegen. ● **Stielmus** putzen, quer in etwa 1 cm breite Streifen schneiden, waschen und trocken schleudern. ● Das **Bratöl** in einer hohen beschichteten Pfanne erhitzen und das Stielmus darin bei mittlerer Hitze 10 Minuten garen, bis es zusammengefallen ist. Mit **Salz** und **Muskatnuss** würzen. ● Jedes Strudelteigblatt von einer Seite mit je 1 EL **Rapsöl** einpinseln. Alle drei Blätter übereinander auf ein Backtrennpapier legen und das Stielmus darauf verteilen. **Schafskäse** darüberkrümeln und die Teigblätter durch Anheben des Papiers von der langen Seite her aufrollen. Mit der Naht nach unten auf das Backblech legen und im vorgeheizten Ofen auf der mittleren Schiene 20 Minuten goldgelb backen. ● Aus dem Ofen nehmen, in Stücke schneiden und servieren.

Tipp Stielmus, auch Rübstiel genannt, ist vor allem im Frühjahr und im Herbst erhältlich.

Säure-Basen-Wert (PRAL) pro Person

30-Jährige	40-Jährige	50-Jährige	60-Jährige	70-Jährige
–24,9	–22,4	–19,9	–17,4	–14,9

vegetarisch, frei von raffiniertem Zucker

Möhren- und Pastinakenspäne aus dem Ofen mit Rote-Linsen-Creme

Zubereitungszeit: 30 Minuten
Für 2 Personen

Für die Linsencreme:
1 kleine Zwiebel
1 kleine Knoblauchzehe
4 getrocknete Aprikosen (insgesamt 20 g)
80 g rote Linsen
2 EL Olivenöl
1–2 EL Currypulver
400 ml Gemüsebrühe plus eventuell etwas mehr
1 Lorbeerblatt
3 Stängel glatte Petersilie
50 ml Kokosmilch (20 % Fett)
1 Msp. frisch gemahlener schwarzer Pfeffer
1 Prise Cayennepfeffer
Kräutersalz

Für das Ofengemüse:
3 Pastinaken (300 g)
3 große Möhren (insgesamt 400 g)
4 EL Olivenöl
1 EL Zitronensaft
2 EL Kräutersalz
½ TL Vollrohrzucker

Nährwerte pro Portion:
698 kcal, 17 g E, 38 g F, 64 g KH, 17 g B

Den Backofen auf 175 °C (Umluft) vorheizen. • Für die Linsencreme **Zwiebel** schälen und würfeln, **Knoblauchzehe** schälen. **Aprikosen** hacken. **Linsen** in einem Sieb abbrausen. • **Olivenöl** in einem kleinen Topf erhitzen und Zwiebeln darin glasig dünsten. Knoblauch hineinpressen. Aprikosen, Linsen, **Currypulver, Brühe** und **Lorbeerblatt** dazugeben und bei mittlerer Hitze abgedeckt 15 Minuten garen, bis die Linsen zerfallen. • Währenddessen für das Ofengemüse **Pastinaken** und **Möhren** schälen und dann mit einer Reibe in gleichmäßig dünne „Späne" hobeln. • **Olivenöl** mit **Zitronensaft, Kräutersalz** und **Vollrohrzucker** verrühren, über die Späne träufeln und vermischen. Das marinierte Gemüse auf einem Backblech verteilen und im vorgeheizten Ofen auf der mittleren Schiene 15 Minuten bissfest garen. • Inzwischen **Petersilie** waschen, trocken schütteln und hacken. Das Lorbeerblatt aus der Linsenmischung entfernen und **Kokosmilch** einrühren. Je nach gewünschter Konsistenz die Linsen zerstampfen oder pürieren. Nach Bedarf noch **Brühe** zufügen. Mit **Pfeffer, Cayennepfeffer** und **Kräutersalz** würzen, in eine Schale geben und mit der Petersilie bestreuen. • Die Gemüsespäne aus dem Ofen nehmen, auf zwei vorgewärmten Tellern anrichten und mit der Linsencreme servieren.

Tipp Gemüsespäne und Linsencreme lassen sich auch als Bowl anrichten. Statt einer Reibe kann man auch einen Spiralschneider verwenden.

Säure-Basen-Wert (PRAL) pro Person

30-Jährige	40-Jährige	50-Jährige	60-Jährige	70-Jährige
-33,1	-29,7	-26,4	-23,1	-19,8

vegan, laktosefrei, glutenfrei, frei von raffiniertem Zucker

Wildkräuterquiche mit Buchweizen

Zubereitungszeit: 20 Minuten plus 45 Minuten Backzeit
Für 4 Personen

Für den Teig:
125 g Buchweizenmehl
75 g Dinkelmehl (Type 630)
1 TL Weinsteinbackpulver
1 TL Kräutersalz
125 g Butter plus etwas mehr zum Einfetten
1 Ei (Größe M)

Für den Belag:
300 g Wildkräuter (z. B. Postelein, Löwenzahn und Rucola)
Salz
150 g Crème fraîche (30 % Fett)
2–3 EL Sojamehl (ca. 50 g)
1–2 Prisen frisch geriebene Muskatnuss
1 Msp. frisch gemahlener schwarzer Pfeffer

Außerdem:
Springform (Ø 26 cm)

Nährwerte pro Portion:
651 kcal, 16 g E, 46 g F, 40 g KH, 7 g B

Den Backofen auf 175 °C (Umluft) vorheizen. ● Für den Teig beide **Mehlsorten** mit **Backpulver** und **Kräutersalz** mischen. **Butter** und **Ei** hinzugeben und zu einem Mürbeteig verkneten. ● Die Springform mit **Butter** einfetten. Den Teig gleichmäßig in die Form drücken, dabei einen kleinen Rand arbeiten. Im vorgeheizten Ofen auf der mittleren Schiene 20 Minuten vorbacken. ● Inzwischen für den Belag **Kräuter** verlesen, waschen und in kochendem **Salzwasser** kurz blanchieren. Abgießen und abtropfen lassen. Mit **Crème fraîche** und **Sojamehl** in den Mixer geben und pürieren oder mit dem Stabmixer in einem Mixbecher cremig mixen. Mit **Muskat, Pfeffer** und **Salz** würzen. ● Die Kräutercreme auf dem vorgebackenen Boden verteilen und im Ofen weitere 25 Minuten backen. ● Herausnehmen und aus der Form lösen. Quiche in Stücke schneiden und servieren.

Tipp Auch Wild- und Gartenunkräuter wie junge Triebe von Giersch und Brennnessel eignen sich für die Quiche.

Säure-Basen-Wert (PRAL) pro Person

30-Jährige	40-Jährige	50-Jährige	60-Jährige	70-Jährige
–15,5	–13,9	–12,4	–10,8	–9,3

vegetarisch, frei von raffiniertem Zucker

AM WOCHENENDE SCHLEMMEN UND GENIESSEN

Mediterrane Lammfilets mit Süßkartoffelspalten aus dem Ofen

Zubereitungszeit: 20 Minuten plus 20–25 Minuten Backzeit
Für 2 Personen

Für die Süßkartoffeln:
1 Zweig Rosmarin
3 EL Olivenöl
1 TL Meersalz
½ TL frisch gemahlener schwarzer Pfeffer
2 Süßkartoffeln (à 350 g)
3 Zwiebeln
4 Knoblauchzehen

Für den Dip:
½ Handvoll Minzeblätter
100 g Joghurt (3,8 % Fett)
Meersalz
frisch gemahlener schwarzer Pfeffer

Für das Fleisch:
2 Lammfilets (à 100 g; alternativ Schweinefilet)
1 Zweig Thymian
2 Zweige Rosmarin
2 EL Olivenöl
1 Knoblauchzehe
Meersalz
frisch gemahlener schwarzer Pfeffer

Nährwerte pro Portion:
727 kcal, 31 g E, 57 g F, 84 g KH, 12 g B

Den Backofen auf 175 °C (Umluft) vorheizen. • Für die Süßkartoffeln **Rosmarin** abbrausen, trocken schütteln und Nadeln fein hacken. Mit **Olivenöl, Salz** und **Pfeffer** in eine Schüssel geben und verrühren. • **Süßkartoffeln** schälen und in Spalten schneiden. Die **Zwiebeln** schälen und in Spalten schneiden. **Knoblauchzehen** schälen und vierteln. Süßkartoffeln und Zwiebeln mit Knoblauch in der Ölmischung wenden, sodass das Gemüse rundum benetzt ist. Auf einem Backblech verteilen und im vorgeheizten Ofen 20–25 Minuten backen. • Inzwischen für den Dip **Minze** abbrausen und fein hacken. Mit **Joghurt,** etwas **Salz** und **Pfeffer** verrühren. • Für das Fleisch die **Lammfilets** kalt abbrausen und trocken tupfen. **Thymian** und **Rosmarin** abbrausen und trocken schütteln. Vom Thymian die Blättchen abstreifen, von einem Rosmarinzweig die Nadeln fein hacken. Das **Olivenöl** in einer Pfanne erhitzen. • **Knoblauchzehe** ungeschält flach drücken, mit gehacktem Rosmarin, restlichem Rosmarinzweig und Thymianblättchen in die Pfanne geben und anbraten. Lammfilets hineingeben und von beiden Seiten jeweils 1–2 Minuten goldbraun braten. • Filets **salzen** und **pfeffern,** dann im Ofen zum Gemüse aufs Blech legen und mindestens 6 Minuten fertig garen. Knoblauchzehe aus der Pfanne entsorgen. • Lammfilets in Stücke schneiden, mit Süßkartoffelspalten und Zwiebeln auf zwei Tellern anrichten und nach Belieben mit dem Rosmarin aus der Pfanne garnieren. Dazu den Joghurt-Minze-Dip reichen.

Säure-Basen-Wert (PRAL) pro Person

30-Jährige	40-Jährige	50-Jährige	60-Jährige	70-Jährige
–13,0	–11,7	–10,4	–9,1	–7,8

glutenfrei, frei von raffiniertem Zucker

Kartoffel-Möhren-Nocken mit Salbei-Bacon und Pilzsauce

Zubereitungszeit: 30 Minuten plus 20 Minuten Garzeit
Für 2 Personen

Für die Nocken:
1–2 Möhren (100 g)
400 g mehligkochende Kartoffeln
Salz
150 g Kastanienmehl (alternativ Dinkelmehl (Type 630))
1–2 EL Sojamehl (ca. 30 g)
3 TL Kräutersalz
1–2 Prisen frisch geriebene Muskatnuss
50 g Bacon
5–10 Salbeiblätter
½ EL Butter

Für die Pilzsauce:
200 g frische Pfifferlinge (alternativ braune Biochampignons)
Saft von ½ Zitrone
½ Bund glatte Petersilie
½ EL Butter
80 g Sahne
Meersalz
frisch gemahlener schwarzer Pfeffer

Nährwerte pro Portion:
771 kcal, 21 g E, 35 g F, 83 g KH, 19 g B
Vegetarische Variante:
795 kcal, 24 g E, 36 g F, 82 g KH, 19 g B

Für die Nocken die **Möhren** waschen und die Enden abschneiden. **Kartoffeln** waschen und mit den Möhren ungeschält 20 Minuten in **Salzwasser** weich kochen. Abgießen, kurz ausdampfen lassen und die Kartoffeln pellen. ● Kartoffeln und Möhren in einer Schüssel stampfen oder durch die Presse drücken. **Kastanienmehl, Sojamehl, Kräutersalz** und **Muskatnuss** dazugeben und zu einem Teig stampfen. Glatt streichen, mit zwei nassen Esslöffeln längliche glatte Nocken formen und auf ein Küchenbrett legen. ● Für die Pilzsauce **Pfifferlinge** säubern (siehe Tipp) und mit **Zitronensaft** mischen. **Petersilie** waschen, trocken schütteln und hacken. **Butter** in einer beschichteten Pfanne zerlassen und die Pilze darin 4 Minuten braten. Petersilie hinzufügen, **Sahne** angießen und 3 Minuten bei mittlerer Hitze köcheln lassen. Nach Bedarf etwas Wasser angießen. Die Pilzsauce mit **Salz** und **Pfeffer** würzen. ● **Bacon** in Streifen schneiden. **Salbeiblätter** waschen. **Butter** in einer beschichteten Pfanne zerlassen. Bacon und Salbeiblätter darin knusprig braten. ● Inzwischen reichlich **Salzwasser** zum Kochen bringen und die Nocken hineingeben. Sobald sie an die Oberfläche steigen, mit dem Schaumlöffel herausheben. ● Die Nocken auf zwei Teller verteilen, den Salbei-Bacon darübergeben und mit der Pilzsauce servieren.

Säure-Basen-Wert (PRAL) pro Person

30-Jährige	40-Jährige	50-Jährige	60-Jährige	70-Jährige
–34,2	–30,7	–27,3	–23,9	–20,5

Vegetarische Variante

–30,2	–27,2	–24,1	–21,1	–18,1

Tipp Wer Gluten verträgt, kann Pfifferlinge mit folgender Methode von Erde befreien: Pfifferlinge mit Mehl bestäuben. Kurz in stehendem Wasser waschen, in ein Sieb abgießen und abbrausen. Das Mehl bindet die anhaftenden Erdkrümel, die dann mit dem Wasser weggespült werden. Zu diesem Gericht passen in Scheiben geschnittene, mit Salz und fein geschnittenem Salbei bestreute und mit Olivenöl beträufelte Tomaten.

Vegetarische Variante
Bacon weglassen und in den Kartoffelteig 50 g fein geriebenen kräftigen Hartkäse wie Parmesan mischen.

Stielmusquiche

Zubereitungszeit: 30 Minuten plus 30 Minuten Backzeit
Für 4 Personen

1 Zwiebel
50 g getrocknete Tomaten
3–4 Möhren (ca. 250 g)
1 Bund Stielmus (Rübstiel; ca. 700 g)
2 EL Bratöl
½ TL frisch gemahlener schwarzer Pfeffer
1–2 Prisen frisch geriebene Muskatnuss
1 TL Kräutersalz
50 g Rapsöl
1–2 EL Sojamehl (ca. 30 g)
1 Rolle Quicheteig (Fertigprodukt aus dem Kühlregal; 300 g, Ø 30 cm)
50 g Schafskäse

Außerdem:
Springform (Ø 26 cm)

Nährwerte pro Portion:
631 kcal, 14 g E, 41 g F, 44 g KH, 10 g B

Den Backofen auf 175 °C (Umluft) vorheizen. ● **Zwiebel** schälen und würfeln. **Tomaten** hacken. **Möhren** schälen und in dünne Scheiben schneiden. Das **Stielmus** putzen, quer in etwa 1 cm breite Streifen schneiden, waschen und trocken schleudern. ● Das **Bratöl** in einer hohen beschichteten Pfanne erhitzen und die Zwiebeln darin glasig dünsten. Tomaten und Möhren hinzufügen und 5 Minuten bei mittlerer Hitze dünsten. Stielmus dazugeben und weitere 5 Minuten dünsten. Mit **Pfeffer, Muskat** und **Kräutersalz** würzen, dann **Rapsöl** und **Sojamehl** untermischen. ● Den **Quicheteig** mit dem Backtrennpapier in die Springform legen und den Rand formen. Die Stielmusfüllung auf dem Quicheboden verteilen und den **Schafskäse** darüberkrümeln. Im vorgeheizten Ofen auf der mittleren Schiene 30 Minuten backen. ● Herausnehmen und aus der Form lösen. Die Quiche in Stücke schneiden und servieren.

Tipp Dazu passt ein Rucolasalat mit Radieschen.

Säure-Basen-Wert (PRAL) pro Person

30-Jährige	40-Jährige	50-Jährige	60-Jährige	70-Jährige
–4,9	–4,4	–3,9	–3,4	–2,9

Rotbarschfilets mit Haselnuss-Senf-Kruste auf Spinat und Kartoffeln

Zubereitungszeit: 30 Minuten plus
30 Minuten Garzeit und
20 Minuten Backzeit
Für 2 Personen

Für das Gemüse:
5 vorwiegend festkochende Kartoffeln (400 g)
Salz
400 g frischer Blattspinat
1 Bund Frühlingszwiebeln (150 g)
1 Knoblauchzehe
2 EL Bratöl
1–2 Prisen frisch geriebene Muskatnuss

Für den Fisch:
2 Rotbarschfilets (à 130 g)
Saft von ½ Zitrone
3 EL Haselnusskerne (50 g)
1 EL Dijonsenf
4 EL Crème fraîche (30 % Fett)
1 EL frisch gehackter Dill (oder TK-Ware)
Meersalz
frisch gemahlener schwarzer Pfeffer

Nährwerte pro Portion:
683 kcal, 37 g E, 41 g F, 38 g KH, 9 g B

Für das Gemüse **Kartoffeln** waschen und ungeschält in wenig **Salzwasser** bei mittlerer Hitze abgedeckt 30 Minuten weich kochen. Abgießen, pellen und in etwa 5 mm dicke Scheiben schneiden. ● Den Backofen auf 175 °C (Umluft) vorheizen. ● Für den Fisch die **Rotbarschfilets** kalt abbrausen und mit Küchenpapier trocken tupfen. **Zitronensaft** darüberträufeln, mit einem umgedrehten Teller abdecken und 10 Minuten ruhen lassen. ● Inzwischen **Spinat** verlesen und waschen. **Frühlingszwiebeln** waschen, putzen und in schmale Röllchen schneiden. **Knoblauchzehe** schälen. ● Das **Bratöl** in einer tiefen beschichteten Pfanne erhitzen und die Frühlingszwiebeln darin glasig dünsten. Knoblauch hineinpressen, Spinat tropfnass hinzufügen, abdecken und bei mittlerer Hitze 4 Minuten zusammenfallen lassen. Mit **Muskat** würzen. ● **Haselnüsse** grob hacken und mit **Senf, Crème fraîche** und **Dill** verrühren. Mit **Salz** und **Pfeffer** würzen. ● In eine Auflaufform nacheinander Kartoffeln, Spinatmischung und Fischfilets schichten. Auf den Fisch die Haselnussmischung geben und im vorgeheizten Ofen auf der mittleren Schiene 20 Minuten backen. ● Herausnehmen, Gemüse und Fischfilets auf zwei Tellern anrichten und genießen.

Säure-Basen-Wert (PRAL) pro Person

30-Jährige	40-Jährige	50-Jährige	60-Jährige	70-Jährige
–25,6	–23,1	–20,5	–17,9	–15,4

glutenfrei, frei von raffiniertem Zucker

Minutensteaks mit Pilzen und Süßkartoffel-Steckrüben-Stampf

Zubereitungszeit: 60 Minuten
Für 2 Personen

Für die Steaks:
2 Schweineschnitzel (à 80 g)
Salz
frisch gemahlener schwarzer Pfeffer
½ EL Schweineschmalz

Für den Stampf:
1 Süßkartoffel (300 g)
½ Steckrübe (300 g)
3 EL Bratöl
100 ml milchsauer vergorener Gemüsesaft (alternativ Möhrensaft)
Kräutersalz
1 Zwiebel
½ Bund glatte Petersilie

Für die Pilze:
1 Zwiebel
½ Bund glatte Petersilie
250 g braune Biochampignons
1 TL Butter
100 ml Weißwein
75 g Sahne
2 Msp. getrockneter Rosmarin
1 TL in Öl eingelegter grüner Pfeffer
Meersalz
frisch gemahlener schwarzer Pfeffer

Nährwerte pro Portion:
800 kcal, 32 g E, 46 g F, 52 g KH, 11 g B

Den Backofen auf 100 °C (Umluft) vorheizen. • Für die Steaks das **Fleisch** kalt abbrausen, mit Küchenpapier trocken tupfen und eventuell flacher klopfen. Von beiden Seiten mit **Salz** und **Pfeffer** bestreuen. **Schmalz** in einer großen Pfanne erhitzen und die Steaks darin von beiden Seiten 4 Minuten scharf anbraten. Aus der Pfanne in eine Auflaufform geben, abdecken und in den vorgeheizten Ofen stellen. • Für den Stampf **Süßkartoffel** und **Steckrübe** schälen und fein würfeln. 2 EL **Bratöl** in einem hohen Topf erhitzen, Süßkartoffeln und Steckrüben darin 5 Minuten unter Rühren anbraten. Mit **Gemüsesaft** ablöschen, mit **Kräutersalz** würzen und 10 Minuten köcheln lassen, bis das Gemüse weich ist. • Inzwischen **Zwiebel** schälen und in dünne Scheiben schneiden. Restliches **Bratöl** in einer beschichteten Pfanne erhitzen und die Zwiebeln darin braten. **Petersilie** waschen, trocken schütteln und hacken. • Das Gemüse zerstampfen und mit Zwiebeln und Petersilie bestreuen. Im Ofen warm halten. • Für die Pilze **Zwiebel** schälen und würfeln. Die **Petersilie** waschen, trocken schütteln und hacken. **Champignons** vorsichtig abreiben und vierteln. **Butter** in einer beschichteten Pfanne zerlassen und die Zwiebeln darin anbraten. Die Pilze hineingeben und 1 Minute mitbraten. Mit dem **Weißwein** ablöschen und bei mittlerer Hitze köcheln lassen, bis die Flüssigkeit reduziert ist. • **Sahne** zu den Pilzen geben. **Rosmarin** und **grünen Pfeffer** hinzufügen und mit **Salz** und **Pfeffer** würzen. Einköcheln lassen, bis die Sauce leicht sämig ist. Den Fleischsaft aus der Auflaufform hinzugießen und bis auf 1 TL die Petersilie untermischen. • Die Steaks mit Pilzen und Stampf auf zwei Tellern anrichten und mit der restlichen Petersilie garnieren.

Säure-Basen-Wert (PRAL) pro Person

30-Jährige	40-Jährige	50-Jährige	60-Jährige	70-Jährige
–12,5	–11,2	–10,0	–8,7	–7,5

Rote-Bete-Schokokuchen

Zubereitungszeit: 20 Minuten plus 30 Minuten Backzeit
Ergibt 8 Stücke

100 g Butter plus etwas mehr zum Einfetten
70 g Vollkorn-Dinkelmehl plus etwas mehr zum Bestäuben
100 g Zartbitterschokolade (60 % Kakaoanteil)
125 g vorgegarte Rote Bete
2 EL warmer konzentrierter Kaffee
100 g brauner Rohzucker
1 Prise Meersalz
2 EL Kakaopulver
3 EL Sojamehl (50 g)
2 TL Weinsteinbackpulver

Außerdem:
Springform (Ø 20 cm)

Nährwerte pro Stück:
299 kcal, 6 g E, 17 g F, 27 g KH, 4 g B

Den Backofen auf 175 °C (Umluft) vorheizen. Springform mit **Butter** einfetten und mit **Mehl** ausstreuen. • **Butter** und **Schokolade** in einem kleinen Topf bei niedriger Hitze schmelzen. **Rote Bete** in etwa 2 cm große Stücke schneiden und in einen Mixbecher geben. Geschmolzene Schokobutter, **Kaffee, Zucker** und **Salz** dazugeben und mit dem Stabmixer pürieren. • **Dinkelmehl** mit **Kakao, Sojamehl** und **Backpulver** mischen und die pürierte Masse unterheben. • Den Teig in die vorbereitete Form füllen und im vorgeheizten Ofen auf der mittleren Schiene 30 Minuten backen. • Herausnehmen und etwas abkühlen lassen, dann aus der Form heben und auf einem Kuchengitter erkalten lassen.

Tipp Am besten mit einem Holzstäbchen prüfen, ob der Kuchen durchgebacken ist. Wenn nach dem Hineinstechen kein Teig und nur trockene Krümel daran hängen bleiben, ist er fertig gebacken. Der Kuchen eignet sich auch sehr gut zum Einfrieren. Für die doppelte Menge eine 28-cm-Springform verwenden und 40 Minuten backen.

Säure-Basen-Wert (PRAL) pro Stück

30-Jährige	40-Jährige	50-Jährige	60-Jährige	70-Jährige
–6,0	–5,4	–4,8	–4,2	–3,6

Mousse-au-Chocolat-Nocken mit tropischem Obstsalat

Zubereitungszeit: 15 Minuten
Für 2 Personen

½ Mango
½ kleine Ananas (ca. 200 g)
1 Limette
1 kleine Banane
2 EL flüssiger Honig
100 g Sahne
1 EL Kakaopulver
30 g Zartbitterschokolade (60 % Kakaoanteil)

Nährwerte pro Portion:
397 kcal, 4 g E, 21 g F, 44 g KH, 4 g B

Mango schälen, Fruchtfleisch vom Stein und dann in schmale Spalten schneiden. **Ananas** schälen, halbieren, vom Strunk befreien und quer in schmale Spalten schneiden. **Limette** auspressen. **Banane** schälen und in Scheiben schneiden. Alles in eine Schüssel geben. ● 1 EL **Honig** mit 2 EL Limettensaft verrühren, über das Obst träufeln, vermischen und den Obstsalat in zwei Schalen füllen. ● **Sahne** steif schlagen. **Kakaopulver** und restlichen **Honig** unterheben. **Schokolade** fein hacken und ebenfalls unterheben. Von der Schokosahne Nocken abstechen und auf dem Obstsalat anrichten.

Säure-Basen-Wert (PRAL) pro Person

30-Jährige	40-Jährige	50-Jährige	60-Jährige	70-Jährige
–12,8	–11,5	–10,2	–8,9	–7,7

SALZIGE UND SÜSSE SNACKS

Wurzelgemüsechips

Zubereitungszeit: 10 Minuten
plus 60 Minuten Backzeit
und Auskühlzeit
Für 2 Personen

400 g Wurzelgemüse (z. B. Möhre, Rote Bete, Petersilienwurzel, Pastinake, Mairübe)
3 EL glutenfreie Sojasauce
1 Msp. Cayennepfeffer
Kräutersalz

Nährwerte pro Portion:
90 kcal, 5 g E, 1 g F, 14 g KH, 5 g B

Den Backofen auf 100 °C (Umluft) vorheizen. Zwei Backbleche mit Backpapier auslegen. • **Wurzelgemüse** schälen, waschen und in sehr dünne Scheiben hobeln, zum Beispiel mit dem Schnitzelwerk einer Küchenmaschine. • **Sojasauce** mit **Cayennepfeffer** und mit etwas **Kräutersalz** in einer großen Schüssel verrühren. Das Gemüse darin sorgfältig wenden, sodass es rundum mit der Marinade benetzt ist. • Die Gemüsestücke auf den Backblechen in einer Lage verteilen - sie sollen nicht übereinanderliegen. Im vorgeheizten Ofen auf der mittleren Schiene 60 Minuten backen, bis sie trocken und knusprig sind. • Herausnehmen und etwas abkühlen lassen. - Schmecken am besten ganz frisch.

Säure-Basen-Wert (PRAL) pro Person

30-Jährige	40-Jährige	50-Jährige	60-Jährige	70-Jährige
-11,3	-10,2	-9,1	-7,9	-6,8

vegan, laktosefrei, glutenfrei, frei von raffiniertem Zucker

Erdnuss-Wirsing-Chips

Zubereitungszeit: 10 Minuten und 60 Minuten Backzeit
Für 2 Personen

½ kleiner Wirsing (ca. 250 g)
2 EL geröstete gesalzene Erdnusskerne
1 TL gemahlene Kurkuma
3 EL Olivenöl
1 TL Meersalz

Nährwerte pro Portion:
346 kcal, 7 g E, 16 g F, 6 g KH, 4 g B
Variante mit Paprikapulver:
345 kcal, 7 g E, 16 g F, 5 g KH, 4 g B

Den Backofen auf 100 °C (Umluft) vorheizen. Ein Backblech mit Backpapier auslegen. ● **Wirsinghälfte** halbieren, vom Strunk befreien, in etwa 5 cm große Stücke zupfen, waschen und trocken schleudern. ● **Erdnüsse** fein hacken und mit **Kurkuma, Olivenöl** und **Salz** verrühren. Mit den Händen die Wirsingstücke mit der Erdnusscreme einreiben. ● Auf dem Backblech verteilen und im vorgeheizten Ofen auf der mittleren Schiene 60 Minuten backen, bis sie fest und knusprig sind. ● Herausnehmen und abkühlen lassen. – Schmecken frisch am besten.

Variante mit Paprikapulver
Statt Kurkuma edelsüßes Paprikapulver verwenden. So erhalten die Chips eine andere Geschmacksnote und wirken fast genauso basisch.

Säure-Basen-Wert (PRAL) pro Person

30-Jährige	40-Jährige	50-Jährige	60-Jährige	70-Jährige
-4,6	-4,1	-3,7	-3,2	-2,8

Variante mit Paprikapulver

30-Jährige	40-Jährige	50-Jährige	60-Jährige	70-Jährige
-4,3	-3,9	-3,5	-3,0	-2,6

vegan, laktosefrei, glutenfrei, frei von raffiniertem Zucker

Avocados mit Krabbenfüllung auf Salat und Pumpernickel

Zubereitungszeit: 15 Minuten
Für 2 Personen

125 g Tomaten
½ Bund Schnittlauch
1 TL Zitronensaft
1 Msp. Kräutersalz
1 Msp. frisch gemahlener schwarzer Pfeffer
50 g gegarte geschälte Nordseekrabben (Nordseegarnelen)
2 große Salatblätter
2 Pumpernickelscheiben (à 9 g)
1 reife Avocado

Nährwerte pro Portion:
213 kcal, 7 g E, 19 g F, 4 g KH, 6 g B

Tomaten kurz in kochendes Wasser legen, kalt abschrecken, mit einem scharfen Messer die Haut einritzen und abziehen. Dann vierteln, die Stielansätze entfernen und die Samenkörner mit der Flüssigkeit entfernen. Das Fruchtfleisch würfeln. ● **Schnittlauch** waschen, trocken schütteln und in feine Röllchen schneiden. Tomaten mit der Hälfte des Schnittlauchs, **Zitronensaft, Kräutersalz** und **Pfeffer** mischen und die **Nordseekrabben** unterheben. ● **Salat** waschen, trocken schleudern und auf zwei Teller legen. Eine **Pumpernickelscheibe** halbieren und die Stücke auf die Salatblätter setzen. ● **Avocado** halbieren, entkernen und mit einem Löffel aus den Schalen lösen. Je eine Avocadohälfte mit den Schnittflächen nach oben auf dem Pumpernickel platzieren, mit der Krabbenmischung füllen und mit übrigem Schnittlauch bestreuen. Die restliche **Pumpernickelscheibe** vierteln und auf die Avocados legen.

Tipp Wenn Nordseekrabben nicht so einfach zu bekommen sind, kann jede andere Garnelensorte verwendet werden.

Säure-Basen-Wert (PRAL) pro Person

30-Jährige	40-Jährige	50-Jährige	60-Jährige	70-Jährige
–9,8	–8,8	–7,8	–6,9	–5,9

laktosefrei, frei von raffiniertem Zucker

Gemüsesticks mit Schnittlauchdip

Zubereitungszeit: 10 Minuten
Für 2 Personen

Für die Gemüsesticks:
2–3 Möhren (insgesamt 150 g)
½ Salatgurke

Für den Dip:
100 g griechischer Joghurt (10 % Fett)
60 g Crème fraîche (30 % Fett)
½ Bund Schnittlauch
1 EL Zitronensaft
1 TL Honig
Meersalz
frisch gemahlener schwarzer Pfeffer

Nährwerte pro Portion:
207 kcal, 5 g E, 14 g F, 18 g KH, 3 g B
Variante mit anderem Gemüse:
209 kcal, 7 g E, 14 g F, 12 g KH, 3 g B

Für die Gemüsesticks **Möhren** und **Gurke** schälen und in mundgerechte Stifte schneiden. ● Für den Dip **Joghurt** und **Crème fraîche** verrühren. **Schnittlauch** waschen, trocken schütteln, in feine Röllchen schneiden und hinzufügen. Dann **Zitronensaft** und **Honig** in den Dip rühren und mit **Salz** und **Pfeffer** würzen. ● Gemüsesticks mit dem Dip servieren.

Variante mit anderem Gemüse
Statt Möhre und Gurke zwei kleine geputzte Zucchini, zwei Stangen Staudensellerie und einen geschälten Kohlrabi in mundgerechte Stifte schneiden.

Säure-Basen-Wert (PRAL) pro Person

30-Jährige	40-Jährige	50-Jährige	60-Jährige	70-Jährige
–7,7	–6,9	–6,1	–5,4	–4,6

Variante mit anderem Gemüse

30-Jährige	40-Jährige	50-Jährige	60-Jährige	70-Jährige
–7,9	–7,1	–6,3	–5,5	–4,7

vegetarisch, glutenfrei, frei von raffiniertem Zucker

Salznüsse

Zubereitungszeit: 5 Minuten plus 20 Minuten Marinierzeit und ca. 15 Minuten Röstzeit
Für 6 Portionen

3–4 EL Meersalz
1 TL edelsüßes Paprikapulver
200 g Haselnusskerne (alternativ ungeschälte ganze Mandelkerne)

Nährwerte pro Portion:
226 kcal, 6 g E, 21 g F, 2 g KH, 3 g B

Den Backofen auf 150 °C (Umluft) vorheizen. Ein Backblech mit Backpapier auslegen. ● 200 ml Wasser in einem Topf aufkochen. **Salz** und **Paprikapulver** einrühren, die **Haselnüsse** dazugeben und im heißen Sud 20 Minuten ziehen lassen. ● Die Nüsse in ein Sieb abgießen, auf dem Backblech verteilen und im vorgeheizten Ofen auf der mittleren Schiene etwa 15 Minuten rösten. ● Herausnehmen und abkühlen lassen. – In einem luftdicht verschlossenen Gefäß sind die Salznüsse bis zu 2 Wochen haltbar.

Säure-Basen-Wert (PRAL) pro Portion

30-Jährige	40-Jährige	50-Jährige	60-Jährige	70-Jährige
–2,4	–2,2	–1,9	–1,7	–1,5

vegan, laktosefrei, glutenfrei, frei von raffiniertem Zucker

Schokonüsse

Zubereitungszeit: 15 Minuten plus ca. 10 Minuten Röstzeit und 60 Minuten Abkühlzeit
Ergibt 10 Portionen

200 g Haselnusskerne
100 g Zartbitterschokolade (60 % Kakaoanteil)
1 Msp. gemahlener Zimt
1 Prise gemahlener Kardamom
1 Prise gemahlene Gewürznelken
50 g Puderzucker
1 Msp. gemahlene Vanille

Nährwerte pro Portion:
182 kcal, 4 g E, 15 g F, 7 g KH, 2 g B

Den Backofen auf 150 °C (Umluft) vorheizen. Ein Backblech mit Backpapier auslegen. ● **Haselnüsse** auf dem Backblech verteilen und auf der mittleren Schiene im vorgeheizten Ofen etwa 10 Minuten rösten. Herausnehmen und abkühlen lassen. ● **Schokolade** in Stücke brechen und über einem Wasserbad schmelzen. **Gewürze** in die geschmolzene Schokolade rühren, dann die Nüsse gut untermischen, sodass sie mit Schokolade überzogen sind. ● **Puderzucker** und **Vanille** in einer Schüssel oder Dose mit Deckel mischen. Die feuchten Schokonüsse hineingeben, verschließen und kräftig schütteln, sodass die Nüsse mit Puderzucker überzogen sind. Auf ein Backblech geben, abkühlen und fest werden lassen. ● Die Schokonüsse auseinanderbrechen, in ein feinmaschiges Sieb geben und schütteln, um überschüssigen Puderzucker zu entfernen. Luftdicht verpacken und an einem kühlen Ort aufbewahren.

Tipp Für vegane Schokonüsse vegane Zartbitterschokolade nehmen.

Säure-Basen-Wert (PRAL) pro Portion

30-Jährige	40-Jährige	50-Jährige	60-Jährige	70-Jährige
–3,3	–3,0	–2,6	–2,3	–1,8

vegetarisch, laktosefrei, glutenfrei

Schoko-Bananen-Muffins mit Sahne

Zubereitungszeit: 25 Minuten plus 25 Minuten Backzeit und Auskühlzeit
Ergibt 12 Stück

50 g Bitterschokolade (85 % Kakaoanteil)
75 g Vollkorn-Dinkelmehl
2 TL Weinsteinbackpulver
150 g gemahlene Mandeln
1 EL Sojamehl
100 ml Rapsöl
2–3 EL Zuckerrübensirup
3 Bananen (insgesamt 500 g)
125 g Sahne

Außerdem:
12 Muffin-Papierbackförmchen
12er-Muffinblech

Nährwerte pro Stück:
299 kcal, 5 g E, 22 g F, 18 g KH, 5 g B
Variante mit Agavendicksaft:
294 kcal, 5 g E, 22 g F, 17 g KH, 4 g B
Variante mit Honig:
303 kcal, 5 g E, 22 g F, 19 g KH, 4 g B

Den Backofen auf 175 °C (Umluft) vorheizen. Die Papierförmchen in die Vertiefungen des Muffinblechs setzen. ● **Schokolade** in Stücke brechen und über einem heißen Wasserbad schmelzen. ● Das **Dinkelmehl** mit **Backpulver,** gemahlenen **Mandeln** und **Sojamehl** in einer Schüssel mischen. **Rapsöl** und **Zuckerrübensirup** in die geschmolzene Schokolade rühren. **Bananen** schälen, mit einer Gabel zerdrücken und unter die Schokomasse mischen. ● Zur Mehlmischung geben, vorsichtig mit einem Schneebesen unterheben und den Teig in die Förmchen füllen. Im vorgeheizten Ofen auf der mittleren Schiene 20 Minuten backen. ● Das Muffinblech herausnehmen und die Muffins auskühlen lassen. Die **Sahne** steif schlagen und mit den Muffins servieren.

Variante mit Honig oder Agavendicksaft
Wer den intensiveren Geschmack des Zuckerrübensirups hier nicht mag, kann stattdessen mit 3 EL Honig oder 3 EL Agavendicksaft süßen.

Säure-Basen-Wert (PRAL) pro Stück

30-Jährige	40-Jährige	50-Jährige	60-Jährige	70-Jährige
–4,9	–4,4	–3,9	–3,4	–2,9

Variante mit Honig oder Agavendicksaft

30-Jährige	40-Jährige	50-Jährige	60-Jährige	70-Jährige
–3,3	–2,9	–2,6	–2,3	–2,0

vegetarisch

Schoko-Pralinen mit rosa Pfeffer

Zubereitungszeit: 15 Minuten plus 30 Minuten Abkühlzeit und mind. 30 Minuten Kühlzeit
Ergibt 30 Stück

100 g Sahne
40 g Puderzucker
200 g Zartbitterschokolade (60 % Kakaoanteil)
1 TL rosa Pfefferbeeren
1–2 TL Kakaopulver

Außerdem:
Spritzbeutel mit großer Sterntülle

Nährwerte pro Stück:
54 kcal, 1 g E, 3 g F, 5 g KH, 1 g B
Variante mit Granatapfel:
54 kcal, 1 g E, 3 g F, 5 g KH, 1 g B

Sahne mit dem **Puderzucker** in einem kleinen Topf erhitzen, bis sie anfängt zu köcheln. Vom Herd nehmen und 5 Minuten abkühlen lassen. ● Inzwischen **Schokolade** fein hacken und unter die Sahne rühren. **Pfefferbeeren** mit einer Gabel zerdrücken, hinzufügen und rühren, bis die Schokolade geschmolzen und eine homogene Masse entstanden ist. ● Die Schokomasse 30 Minuten im kalten Wasserbad abkühlen lassen – sie soll noch formbar sein. In den Spritzbeutel mit großer Sterntülle füllen und auf eine mit Backpapier belegte Platte 30 Tupfen setzen. ● Die Pralinen mithilfe eines Teesiebs mit **Kakaopulver** bestreuen und mindestens 30 Minuten im Kühlschrank fest werden lassen. – Sie schmecken gekühlt am besten.

Tipp Auch ohne rosa Pfefferbeeren köstlich.

Variante mit Granatapfel
Noch edler werden die Pralinen, wenn Sie auf die Tupfen jeweils einen Granatapfelkern setzen.

Säure-Basen-Wert (PRAL) pro Stück

30-Jährige	40-Jährige	50-Jährige	60-Jährige	70-Jährige
–2,2	–2,0	–1,8	–1,6	–1,3

Variante mit Granatapfel

30-Jährige	40-Jährige	50-Jährige	60-Jährige	70-Jährige
–2,3	–2,1	–1,8	–1,6	–1,4

vegetarisch, glutenfrei

Lieblingsrezepte selbst basenboostern

Auch eigene Rezepte lassen sich im Alltag mit einfachen Tricks ins Basische beamen. Hier einige Tipps:

Anstelle von …	basenboostern mit …	maximal basenboostern mit …
Backpulver		Weinsteinbackpulver
Berglinsen, Sojabohnen	selbst gegarten Hülsenfrüchten	roten Linsen und Kidneybohnen oder kleinen weißen Bohnen
Ei im Teig		Sojamehl
Emmentaler Käse, Gouda	Mozzarella, Roquefort, Blauschimmelkäse oder deutlich geringeren Mengen besonders würzigem Käse (z. B. Parmesan)	süßen und herzhaften basischen Aufstrichen
Fleisch	kleineren Portionen	reichlich ausgleichendem Gemüse (z. B. sehr basisch wirkendem Spinat oder Mangold) und Kartoffeln dazu
Frischkäse, Quark	Ricotta	Crème fraîche, Schmand oder griechischem Joghurt
Gelatine		Agar-Agar
geschältem Reis	Parboiled-Reis	
Gewürzen mit Glutamat etc.	getrockneten Kräutern	frischen oder TK-Kräutern
Hafer- oder Getreideflocken	Reisflocken	Sojaflocken
Honig oder Zucker	Reis-, Dattel- oder Ahornsirup	Zuckerrübensirup oder zerkleinerten Trockenfrüchten
Hühnerbrühe	Rinderbouillon	Gemüsebrühe
Kabeljau, Rotbarsch	Scholle	Zander
Kochwasser		Gemüse- oder Obstsäften
Kuhmilch	ungesüßtem Sojadrink	ungesüßtem Mandeldrink

Anstelle von …	basenboostern mit …	maximal basenboostern mit …
Leitungswasser	hydrogencarbonathaltigem (hartem) Mineralwasser (ca. 2.000 mg)	Kokoswasser
Nudeln als Beilage		Kartoffeligem und Gemüse
Sahne	Sojasahne	Kokosmilch
Shiitake- oder Steinpilzen	Waldpilzen	Pfifferlingen oder Champignons
Steinsalz	Meersalz	Kräutersalz
Weizen oder Dinkel	Buchweizen oder Hirse	Kastanien, Erdmandeln oder Haselnüssen
Weizenmehl	Mandel- oder Kokosmehl	Kastanienmehl, gemahlenen Haselnüssen oder Kichererbsenmehl
Weizen- oder Dinkelnudeln	Glasnudeln	Kichererbsenpasta, Rote-Linsen-Nudeln oder Buchweizennudeln
Weizenstärke	Kartoffelstärke	Apfelpektin, Johannisbrotkern- oder Guarkernmehl

!

Ein starker Trick ist zudem das Topping

Herzhaftes lässt sich ganz leicht mit passenden Kräutern, gerösteten Haselnüssen oder Erdmandelflocken sowie gebratenen, gebackenen oder gedörrten Obst- und Gemüsechips oder Gemüsestreifen lecker ins Basische toppen. Auch Röstzwiebeln als Fertigprodukt eignen sich dafür.
Süßes lässt sich mit karamellisierten Erdmandelflocken, Kokosraspeln oder Haselnüssen, aber auch mit gehackten Bananenchips, Zartbitterschokolade, Trockenfrüchten (zum Beispiel getrockneten Aprikosen oder Cranberrys) und Kakaopulver lecker ins Basische toppen.
In frischen Kräutern stecken je 100 g extrem viele Mineralstoffe. Damit sind sie ganz besonders basenstark. Auch in TK-Kräutern sind noch viele Mineralstoffe enthalten. Daher sind Kräuter, ob im Gericht oder als Topping, sowohl eine willkommene Geschmacksnuance als auch ein einfacher Basenbooster.

Wissenschaftlicher Anhang

Grundlagen zur Chemie von Säuren und Basen *(Ergänzung zu Seite 19)*

Was sind eigentlich Säuren und Basen? Die Chemie bietet uns dafür einige Modelle und Theorien an. Grundsätzlich handelt es sich bei einer Säure um eine chemische Substanz, die ein Wasserstoffion (H^+-Ion oder auch Proton genannt) abgeben kann, während eine Base eine Substanz ist, die Wasserstoffionen aufnimmt. Wenn man von Säuren spricht, ist automatisch auch immer ein Bezug zu Basen gegeben, denn eine Substanz, die ein Proton (H^+) abgegeben hat und ohne dieses Proton zurückbleibt, wird zur Base. Weil es sich in der Säure-Basen-Chemie meistens um reversible Prozesse handelt, können also Substanzen sowohl ein Proton abgeben, aber natürlich auch wieder aufnehmen.

Hier ein Beispiel dafür:

Essigsäure = H^+ (Säure) **+ Azetat$^-$**
(Essigsäure-Anion, Base)

Die Aufnahme von Protonen durch verschiedene Basen ist für einen Entsäuerungseffekt von entscheidender Bedeutung.

Die Menge der positiv geladenen Wasserstoffionen in einer Lösung kann man als „pH-Wert" mit bestimmten Indikatorpapieren relativ einfach bestimmen. Der pH-Wert (aus dem Lateinischen von *potentia hydrogenii* abgeleitet) ist also ein Maß für die Säurekonzentration. Stark saure Lösungen sind durch eine hohe Konzentration an Wasserstoffionen gekennzeichnet, mit abnehmender Säurestärke wird sie geringer.

Um eine leicht anwendbare Messskala zur Verfügung zu haben, wird die Wasserstoffionen-Konzentration mathematisch als negativer dekadischer Logarithmus dargestellt: $pH = -\log[H^+]$ mol/l. Anders ausgedrückt, bedeutet pH die Zehnerpotenz der Wasserstoffionen-Konzentration mit umgekehrtem Vorzeichen. Ein Beispiel soll das verdeutlichen: 1 Liter neutrales Wasser enthält 10^{-7} Moleküle Wasserstoffionen und die gleiche Anzahl OH^--Ionen, da ein geringer Teil der Wassermoleküle (H_2O) in H^+-Ionen und OH^--Ionen zerfällt. Formuliert man das nach obiger Gleichung um, ergibt sich $pH = -\log 10^{-7} = 7$. Der pH-Wert von neutralem Wasser beträgt also 7. pH 7 ist gleichzeitig der Neutralpunkt auf der pH-Skala von 0 bis 14, da bei diesem pH gleich viel positive wie negative Ladung vorhanden ist. Werte unter 7 sind gemäß der Definition dem sauren Bereich zugeordnet – mit einem Überschuss von H^+-Ionen. Werte über 7 sind dem basischen Bereich zugeordnet, mit einem Überschuss von OH^--Ionen. In unserem Stoffwechsel gibt es eine Vielzahl von Substanzen, die H^+ abgeben können (als Säuren bezeichnet), aber mit dem pH-Wert bestimmt man ausschließlich die Konzentration von H^+-Ionen und nicht derjenigen Substanzen, aus denen sie freigesetzt wurden. Es gibt auch keine „Säureablagerungen" in unserem Organismus, sondern es gibt nur Bereiche mit unterschiedlichem pH-Wert, also unterschiedlicher Konzentration von H^+.

Wir Menschen sind mit einem Geschmackssinn für sauer ausgestattet. Doch leider hat die Natur uns nicht mit einem Geschmackssinn für basisch ausgestattet. Erklärbar wäre das damit, dass Säure für den Organismus auch in geringer Konzentration schädlich ist und die Natur uns daher mit einem Warnsystem ausgestattet hat, das wir für Basen nicht benötigen, da unser Stoffwechsel überwiegend im schwach basischen Bereich abläuft. Allerdings sind stärkere Basen ebenso gesundheitsgefährdend wie stärkere Säuren – es kommt also entscheidend auf die Menge an!

Beispiel: Eine starke Säure wie die Salzsäure (HCl) zerfällt (dissoziiert) im Wasser sofort praktisch vollständig in Wasserstoffionen (H^+) und Chloridionen (Cl^-); eine schwache Säure gibt dagegen nur einen Teil ihrer Wasserstoffionen ab. Im Fall von Zitronensäure findet man im Wasser dann sowohl undissoziierte Zitronensäure, freies H^+ und das Zitronensäure-Anion (Citrat^{3-}). Alle Säuren geben also H^+ ab, das dann durch basische Substanzen gebunden werden kann. Gibt man zu Salzsäure (HCl) Natronlauge (NaOH), wird die Säure neutralisiert und es entsteht Natriumchlorid (NaCl = Kochsalz) und Wasser. Gibt man Natriumhydrogencarbonat (Soda) zu Zitronensäure, werden ebenfalls die freien H^+-Ionen gebunden und es entstehen das Natriumsalz der Zitronensäure, Natriumcitrat sowie Kohlensäure, die zu Kohlendioxid (CO_2) und Wasser zerfällt.

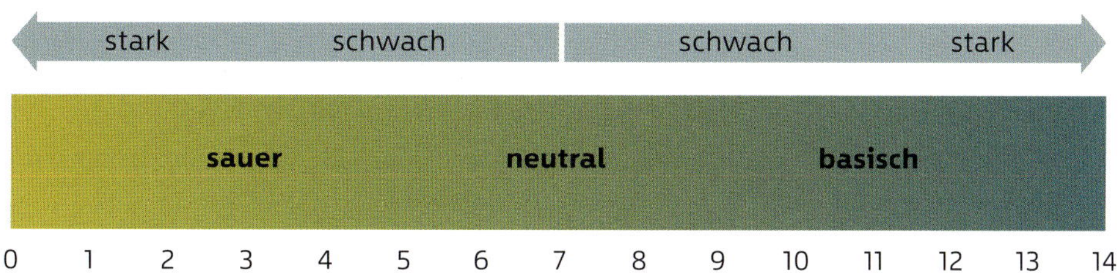

pH-Wert

Säureregulation im Körper: ein extrem fein austariertes System *(Ergänzung zu Seite 16)*

In unserem Körper werden täglich sehr große Mengen von Kohlendioxid (CO_2) produziert, da Nährstoffe letztendlich unter Verbrauch von Sauerstoff zu CO_2 und Wasser (H_2O) abgebaut werden. Die Bildung von CO_2 hat eine fundamentale Bedeutung für unseren Säure-Basen-Haushalt. Eine kleine Exkursion in die Chemie soll verdeutlichen, wie gerade der Säure-Basen-Haushalt durch die Bildung oder Entfernung von CO_2 gesteuert wird. Grundlage hierfür ist eine sehr wichtige Reaktionsgleichung, die zum Verständnis der Regulation des Säure-Basen-Haushalts fundamental ist. Mit dieser Reaktion kann Säure sowohl gebildet als auch entfernt werden. Obwohl diese Reaktion auch spontan schon sehr schnell abläuft, besitzen wir ein Enzym, das den Reaktionsablauf nochmals erheblich beschleunigt: die Carboanhydrase. Aus diesem Grund wird die Reaktion auch Carboanhydrase-Reaktion genannt.

Die Carboanhydrase-Reaktion:

$$CO_2 + H_2O \leftrightarrow H_2CO_3 \leftrightarrow H^+ + HCO_3^-$$

Kohlendioxid + Wasser ↔ Kohlensäure ↔ Wasserstoffion + Bicarbonat

Da es sich um eine Gleichgewichtsreaktion handelt, kann diese Reaktion sowohl von rechts nach links als auch umgekehrt ablaufen. Grundsätzlich bedeutet das also, dass je nach Bedarf aus CO_2 und Wasser sowohl Säure (H^+) als auch Bicarbonat gewonnen werden kann. Andererseits können sich Bicarbonat und H^+ zur Kohlensäure zusammenlagern, die dann in CO_2 und Wasser zerfällt. Mit diesem Mechanismus können wir Säure aus dem Körper entfernen, da CO_2 leicht über die Lunge abgeatmet werden kann und Wasser ebenfalls kein Problem darstellt. Allerdings hat das zur Folge, dass die Entfernung von H^+-Ionen auch den Verlust von Bicarbonat verursacht. Wird Bicarbonat aus CO_2 und Wasser wieder regeneriert, fällt auch wieder Säure an. Somit ist es mit dieser Reaktion nicht möglich, netto Säure oder

Basen aus dem Körper zu entfernen. Das erklärt, dass über die Lungen zwar die Säurekonzentration im Blut durch vermehrtes oder vermindertes Abatmen von CO_2 effektiv eingestellt und konstant gehalten werden kann, das gleichzeitig aber immer Änderungen der Bicarbonat-Konzentration, also des wichtigsten Blutpuffers, verursacht.

Säure-Basen-Ausgleich auf Kosten der Knochen *(Ergänzung zu Seite 29)*

Der physikalisch-chemische Effekt wird erheblich dadurch verstärkt, dass auch die Aktivität von knochenauf- und -abbauenden Zellen verändert wird. Die Aktivität der für den Knochenabbau zuständigen Osteoklasten wird durch eine leichte Azidose erheblich gesteigert, wohingegen die für den Knochenaufbau zuständigen Osteoblasten gehemmt werden. Die „Ansäuerung" um den Knochen herum wird deshalb als der lange gesuchte „osteoklastische Aktivierungsfaktor" angesehen.

Hintergründe zur PRAL-Tabelle

(Ergänzung zu Seite 85)

Der PRAL-Wert berücksichtigt:

- Menge schwefelhaltiger Aminosäuren in einem Nahrungsmittel
- Menge organischer Anionen (gemessen anhand der Menge der Mineralien)
- Durchschnittliche Resorptionsquote der sauren oder basischen Nahrungsmittelbestandteile im Darm (die verschiedenen Bestandteile werden unterschiedlich stark aufgenommen)

Maßeinheit: Milliäquivalent (mÄq) pro 100 g Nahrungsmittel

negativer Wert (-mÄq) = Basenüberschuss

positiver Wert (+mÄq) = Säureüberschuss

Kann man zu basisch sein? – Ein Fazit *(Ergänzung zu Seite 98)*

Das Wissen um die pathobiochemischen Folgen einer latenten Azidose sowie die Mechanismen, die zu einer effizienten homöostatischen pH-Regulation führen, wird immer besser. Von besonderer Bedeutung sind dabei die Adaptationsmechanismen der Niere.

1. Erhöhte Ausscheidung von Ammonium-Ionen (NH_4^+)

Ammoniak (NH_3), der in den Tubuluszellen hergestellt wird und frei durch Membranen diffundieren kann, verbindet sich im Primärharn mit H^+-Ionen zu Ammonium (NH_4^+), das kaum zurückdiffundiert und mit dem Urin ausgeschieden wird. NH_3 entsteht in der Tubuluszelle aus dem Abbau der stickstoffhaltigen Aminosäure Glutamin und trägt in hoher Konzentration langfristig zur Nierenschädigung bei. Bei einer Azidose ist die Aktivität der glutaminabbauenden Enzyme erhöht. Entsprechend kommt es zu einem erhöhten Verbrauch von Glutamin und nachfolgend anderer stickstoffliefernder Aminosäuren. Eine latente Azidose führt deshalb auch zu einer erhöhten Aktivität der proteinabbauenden Systeme in der Muskulatur mit einem entsprechenden Verlust von Muskelprotein.

2. Erhöhte H^+-Ionen-Sekretion in den Nierentubuli

Bereits durch eine leichte Azidose wird die Menge und Aktivität des Na^+/H^+-Ionen-Austauschers in der Niere erhöht, wodurch es zu einer vermehrten Ausscheidung von H^+-Ionen bei gleichzeitiger Na^+-Rückresorption kommt.

3. Citrat-Ausscheidung im Urin ist bei latenter Azidose signifikant vermindert

Die relative Rückresorption von Citrat^{3-}, dem Anion der Zitronensäure, aus dem Primärharn ist bei einer Azidose erhöht. Die Adaptation erfolgt durch zwei Mechanismen: Die Aufnahme von Citrat^{3-} in die Tubuluszelle erfolgt bevorzugt in der protonierten Form H-Citrat^{2-}. Die Aktivität der Citrat-Transporter ist deshalb bei vermindertem pH-Wert erhöht. Intrazellulär wird Citrat^{3-} nach Anlagerung von weiteren Protonen zur ungeladenen Zitronensäure, die dann pH-neutral zu Kohlendioxid und Wasser abgebaut wird. Durch die Aufnahme von einem Molekül

Citrat^{3-} aus dem Primärharn können also drei H^+-Ionen entfernt werden. Als Folge sinkt die Konzentration von Citrat^{3-} im Primärharn. Citrat^{3-} ist jedoch auch in der Lage, Calcium-Ionen (Ca^{2+}) zu komplexieren. Diese fehlende Ca^{2+}-Komplexbildung erhöht die Konzentration freier Ca^{2+}-Ionen und damit das Risiko für die Bildung von Nierensteinen.

4. Vermehrte Freisetzung von Mineralstoffen aus den Knochen

Die leichte Azidose führt einerseits physikalisch zu einer Ablösung von Mineralstoffen von der Knochenmatrix, andererseits wird durch die Azidose die Aktivität der knochenabbauenden Osteoklasten erhöht und die Aktivität der knochenaufbauenden Osteoblasten gehemmt. Insgesamt kommt es zu einer vermehrten Ausscheidung von Ca^{2+}-Ionen über die Niere mit den bereits unter 3. beschriebenen Auswirkungen eines erhöhten Risikos für die Bildung von Calcium-Nierensteinen.

Kompensationsmechanismen der latenten Azidose

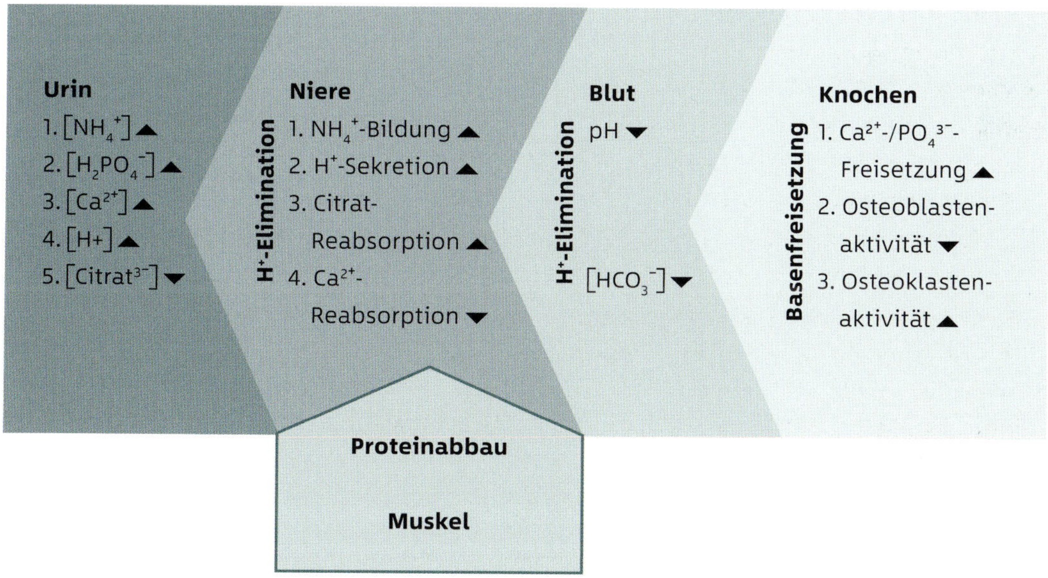

Rezeptindex

Quellen

1 Cordain L, Eaton S, Sebastian A, Mann N, Lindeberg S, Watkins BA et al. Origins and evolution of the Western diet: health implications for the 21st century. Am J Clin Nutr 2005; 81: 341-54.

2 Eaton SB, Konner MJ, Cordain L. Diet-dependent acid load, Paleolithic nutrition, and evolutionary health promotion. Am J Clin Nutr 2010; 91: 295-7.

3 Vormann J. Säure-Basen-Gehalt der Nahrung und Knochengesundheit. Osteologie 2008; 17: 55-59.

4 Jonge E de, Koromani F, Hofman A, Uitterlinden A, Franco O, Rivadeneira F et al. Dietary acid load, trabecular bone integrity, and mineral density in an ageing population: the Rotterdam study. Osteoporosis International 2017; 28: 2357-2365.

5 Jehle S, Hulter HN, Krapf R. Effect of Potassium Citrate on Bone Density, Microarchitecture, and Fracture Risk in Healthy Older Adults without Osteoporosis: A Randomized Controlled Trial. J Clin Endocrin Metab 2012.-3099.

6 Jehle S, Zanetti A, Muser J, Hulter HN, Krapf R. Partial neutralization of the acidogenic Western diet with potassium citrate increases bone mass in postmenopausal women with osteopenia. JASN 2006; 17: 3213-22.

7 Frassetto L, Banerjee T, Powe N, Sebastian A. Acid Balance, Dietary Acid Load, and Bone Effects—A Controversial Subject. Nutrients 2018; 10: 517.

8 Hayhoe RPG, Abdelhamid A, Luben RN, Khaw K-T, Welch AA. Dietary acid-base load and its association with risk of osteoporotic fractures and low estimated skeletal muscle mass. Eur J Clin Nutr 2020; 74: 33-42.

9 Welch AA, MacGregor AJ, Skinner J, Spector TD, Moayyeri A, Cassidy A. A higher alkaline dietary load is associated with greater indexes of skeletal muscle mass in women. Osteoporosis international 2013; 24: 1899-908.

10 Street D, Bangsbo J, Juel C. Interstitial pH in human skeletal muscle during and after dynamic graded exercise. J Physiol 2001; 537: 993-8.

11 Street D, Nielsen J-JJ, Bangsbo J, Juel C. Metabolic alkalosis reduces exercise-induced acidosis and potassium accumulation in human skeletal muscle interstitium. J Physiol 2005; 566: 481-9.

12 Ugawa S, Ueda T, Ishida Y, Nishigaki M, Shibata Y, Shimada S. Amiloride-blockable acid-sensing ion channels are leading acid sensors expressed in human nociceptors. J Clin Invest 2002; 110:1185-1190.

13 Wemmie JA, Taugher RJ, Kreple CJ. Acid-sensing ion channels in pain and disease. Nature Reviews Neuroscience 2013; 14: 461-471.

14 Lindahl O. Metabolic Treatment in Diffuse Pain (Varialgia). Acta Rheumatologica Scand 1966; 12: 153-160.

15 Lindahl O. Changes in the Acid-Base Balance in Metabolic Treatment for Pain. Acta Orthop Scand 1970; 41: 8-16.

16 Vormann J, Worlitschek M, Goedecke T, Silver B. Supplementation with alkaline minerals reduces symptoms in patients with chronic low back pain. J Trac Elem Med Biol 2001; 15: 179-83.

17 Cseuz R, Barna I, Bender T, Vormann J. Alkaline Mineral Supplementation Decreases Pain in Rheumatoid Arthritis Patients: A Pilot Study. Open Nutr J 2009; 2: 100-105.

18 Farr M, Garvey K, Bold AM, Kendall MJ, Bacon PA. Significance of the hydrogen ion concentration in synovial fluid in rheumatoid arthritis. Clin Exp Rheumatol 1985; 3: 99-104.

19 Jones DEJ, Hollingsworth KG, Jakovljevic DG, Fattakhova G, Pairman J, Blamire AM et al. Loss of capacity to recover from acidosis on repeat exercise in chronic fatigue syndrome: a case-control study. Eur J Clin Invest 2012; 42: 186-194.

20 Witasek A, Traweger C, Gritsch P, Kogelnig R, Trötscher G. Einflüsse von basischen Mineralsalzen auf den menschlichen Organismus. Erfahrungsheilkunde 1996.

21 Rae C, Scott R, Thompson C, Kemp G, Dumughn I, Styles P et al. Is pH a Biochemical Marker of IQ? Proc Royal Soc B: Biological Sciences 1996; 263: 1061-1064.

22 Bühlmeier J, Harris C, Koletzko S, Lehmann I, Bauer C-P, Schikowski T et al. Dietary Acid Load and Mental Health Outcomes in Children and Adolescents: Results from the GINIplus and LISA Birth Cohort Studies. Nutrients 2018; 10: 582.

23 Atwood CS, Moir RD, Huang X, Scarpa RC et al. RC. Dramatic aggregation of Alzheimer Aβ by Cu (II) is induced by conditions representing physiological acidosis. J Biol Chem 1998; 273, 12817-12826.

24 Hagihara H, Catts VS, Katayama Y, Shoji H, Takagi T, Huang FL et al. Decreased Brain pH as a Shared Endophenotype of Psychiatric Disorders. Neuropsychopharmacol 2017; 43: 459-468.

25 Fagherazzi G, Vilier A, Bonnet F, Lajous M, Balkau B, Boutron-Rualt M-CC et al. Dietary acid load and risk of type 2 diabetes: the E3N-EPIC cohort study. Diabetologia 2014; 57: 313-20.

26 Williams RS, Heilbronn LK, Chen DL, Coster A, Greenfield JR, Samocha-Bonet D. Dietary acid load, metabolic acidosis and insulin resistance - Lessons from cross-sectional and overfeeding studies in humans. Clin Nutr 2016; 35: 1084-1090.

27 Adeva MM, Souto G. Diet-induced metabolic acidosis. Clin Nutr 2011; 30: 416-21.

28 Kiefte-de Jong JC, Li Y, Chen M, Curhan GC, Mattei J, Malik VS et al. Diet-dependent acid load and type 2 diabetes: pooled results from three prospective cohort studies. Diabetologia 2017; 60: 270-279.

29 Akter S, Eguchi M, Kuwahara K, Kochi T, Ito R, Kurotani K et al. High dietary acid load is associated with insulin resistance: The Furukawa Nutrition and Health Study. Clin Nutr 2016; 35: 453-459.

30 Vormann J. Magnesium - essenzieller Mineralstoff für Therapie und Prävention. Zeitschr Komplementärmed 2020; 12: 18-23.

31 Zhang L, Curhan GC, Forman JP. Diet-dependent net acid load and risk of incident hypertension in United States women. Hypertension 2009; 54: 751-5.

32 Akter S, Eguchi M, Kurotani K, Kochi T, Pham NM, Ito R et al. High dietary acid load is associated with increased prevalence of hypertension: the Furukawa Nutrition and Health Study. Nutrition 2015; 31: 298-303.

33 Carnauba R, Baptistella A, Paschoal V, Hübscher G. Diet-Induced Low-Grade Metabolic Acidosis and Clinical Outcomes: A Review. Nutrients 2017; 9: 538.

34 Trinchieri A, Maletta A, Lizzano R, Marchesotti F. Potential renal acid load and the risk of renal stone formation in a case-control study. Eur J Clin Nutr 2013; 67: 1077.

35 Caudarella R, Vescini F. Urinary citrate and renal stone disease: the preventive role of alkali citrate treatment. Associazione ricerche in urologia 2009; 81: 182-7.

36 Kanbara A, Miura Y, Hyogo H, Chayama K, Seyama I. Effect of urine pH changed by dietary intervention on uric acid clearance mechanism of pH-dependent excretion of urinary uric acid. Nutrition J 2012; 11: 39.

37 Canney M, Birks P, Levin A. Chronic Renal Disease. 2020; 75-89.

38 Scialla JJ, Anderson CA. Dietary acid load: a novel nutritional target in chronic kidney disease? Adv Chron Kidney Dis 2013; 20: 141-9.

39 Frassetto L, Sebastian A. Age and Systemic Acid-Base Equilibrium: Analysis of Published Data. J Gerontol 1996; 51A: B91-B99.

40 Berkemeyer S, Vormann J, Günther ALB, Rylander R, Frassetto LA, Remer T. Renal Net Acid Excretion Capacity Is Comparable in Prepubescence, Adolescence, and Young Adulthood but Falls with Aging. J Am Geriatr Soc 2008; 56: 1442-1448.

41 Muntner P. Longitudinal Measurements of Renal Function. Semin Nephrol 2009; 29: 650-657.

42 Rylander R, Remer T, Berkemeyer S, Vormann J. Acid-Base Status Affects Renal Magnesium Losses in Healthy, Elderly Persons. J Nutrition 2006; 136: 2374-2377.

43 Carrero JJ, González-Ortiz A, Avesani CM, Bakker SJ, Bellizzi V, Chauveau P et al. Plant-based diets to manage the risks and complications of chronic kidney disease. Nat Rev Nephrol 2020; 1-18.

44 Gatenby RA, Gawlinski ET, Gmitro AF, Kaylor B, Gillies RJ. Acid-mediated tumor invasion: a multidisciplinary study. Cancer Res 2006; 66: 5216-23.

45 Fais S, Venturi G, Gatenby B. Microenvironmental acidosis in carcinogenesis and metastases: new strategies in prevention and therapy. Cancer and Metastasis Reviews 2014; 34: 1095–1108.

46 Robey IF, Martin NK. Bicarbonate and dichloroacetate: Evaluating pH altering therapies in a mouse model for metastatic breast cancer. BMC Cancer 2011; 11: 235.

47 Verma A, Qayyum R. Anion gap and cancer mortality: Insight from NHANES database. J Clin Oncol 2017; 35: e13068-e13068.

48 Park Y, Steck SE, Fung TT, Merchant AT, Hodgson EM, Keller JA et al. Higher diet-dependent acid load is associated with risk of breast cancer: Findings from the sister study. Int J Cancer 2019; 144: 1834–1843.

49 Hamaguchi R, Narui R, Wada H. Effects of Alkalization Therapy on Chemotherapy Outcomes in Metastatic or Recurrent Pancreatic Cancer. Anticancer Res 2020; 40: 873–880.

50 Wada H. Can an Alkaline Diet Improve Cancer Outcomes? Scientia 2020. doi:10.33548/scientia483.

51 Avnet S, Pompo G, Lemma S, Baldini N. Cause and effect of microenvironmental acidosis on bone metastases. Cancer Metast Rev 2019; 38: 133–147.

52 Zhou F, Yu T, Du R, Fan G, Liu Y, Liu Z et al. Clinical course and risk factors for mortality of adult inpatients with COVID-19 in Wuhan, China: a retrospective cohort study. Lancet 2020; 395: 1054-1062.

53 Mir M. Lysosomototropic Properties of Sodium Bicarbonate and COVID-19. Farmacia 2020; 68: 771–778.

54 Cheney VS. "The Common Cold" Etiology, Prevention and Treatment. Am J Public Health N 1928; 18: 15–20.

55 Lönnqvist S, Emanuelsson P, Kratz G. Influence of acidic pH on keratinocyte function and re-epithelialisation of human in vitro wounds. J Plast Surg Hand Su 2015; 49: 346–352.

56 Jurecek L, Rajcigelova T, Kozarova A, Werner T, Vormann J, Kolisek M. Beneficial effects of an alkaline topical treatment in patients with mild atopic dermatitis. J Cosmetic Dermatol 2021

57 Hottenrott K, Werner T, Hottenrott L, Meyer TP, Vormann J. Exercise Training, Intermittent Fasting and Alkaline Supplementation as an Effective Strategy for Body Weight Loss: A 12-Week Placebo-Controlled Double-Blind Intervention with Overweight Subjects. Life 2020; 10: 74.

58 Hietavala E-M, Stout JR, Frassetto LA, Puurtinen R, Pitkänen H, Selänne H et al. Dietary acid load and renal function have varying effects on blood acid-base status and exercise performance across age and gender. Applied Physiology, Nutrition, and Metabolism 2017. doi:10.1139/apnm-2017-0279.

59 Chycki J, Golas A, Halz M, Maszczyk A, Toborek M, Zajac A. Chronic Ingestion of Sodium and Potassium Bicarbonate, with Potassium, Magnesium and Calcium Citrate Improves Anaerobic Performance in Elite Soccer Players. Nutrients 2018; 10: 1610.

60 Correia-Oliveira C, Kiss M. Induced metabolic acidosis by ammonium chloride: action mechanisms, dose and effects on athletic performance. J Phys Educ 2017; 28. doi:10.4025/jphyseduc.v28i1.2860.

61 Boschmann M, Kaiser N, Klasen A, Klug L, Mähler A, Michalsen A et al. Effects of dietary protein-load and alkaline supplementation on acid-base balance and glucose metabolism in healthy elderly. Eur J Clin Nutr 2020; 74: 48–56.

62 Remer T, Manz F. Potential Renal Acid Load of Foods and its Influence on Urine pH. J Am Diet Assoc 1995; 95: 791-797.

63 Remer T. Influence of nutrition on acid-base balance—metabolic aspects. Eur J Clin Nutr 2001; 40: 214–20.

64 Remer T, Dimitriou T, Manz F. Dietary potential renal acid load and renal net acid excretion in healthy, free-living children and adolescents. Am J Clin Nutr 2003; 77: 1255–60.

65 Stroup BM, Sawin EA, Murali SG, Binkley N, Hansen KE, Ney DM. Amino Acid Medical Foods Provide a High Dietary Acid Load and Increase Urinary Excretion of Renal Net Acid, Calcium, and Magnesium Compared with Glycomacropeptide Medical Foods in Phenylketonuria. J Nutr Metabol 2017; 2017: 1-12.

NOCH **GESÜNDER** UND **VITALSTOFFREICHER** WIRD ES MIT EIGENEN KRÄUTERN UND SALATEN.

Durch Transport und Lagerung gehen viele wichtige Vitalstoffe auf dem Weg zu Ihnen verloren. Die Eigenversorgung mit frisch geernteten Kräutern und knackfrischen Salaten ist deswegen ein echter Gewinn für Ihre Gesundheit und viel einfacher, als Sie glauben – auch ohne Vorkenntnisse.
In unserer App „gardify" können Sie Ihre Kräuter und Salate einfach in der Pflanzenliste aufrufen, markieren und so in Ihren eigenen virtuellen Garten kopieren. Automatisch sehen Sie dann im zugehörigen To-do-Kalender alle Pflegetipps für Ihre Kräuter und Salate zum richtigen Zeitpunkt und passend zu Ihrem Standort.

Pflegen, schneiden, düngen, säen, ernten, überwintern …

KURZ ERKLÄRT

- Kopieren Sie Ihre **eigenen Pflanzen in „Mein Garten"**
- Automatisch entsteht so Ihr **To-do-Kalender mit Erläuterungen**
- **Schon 2.600 Pflanzen** mit allen Infos verfügbar
- **Frost- und Sturmwarnungen** für genau Ihren Standort
- **Pflanzenbestimmung** mit iPhone- oder iPad-Foto

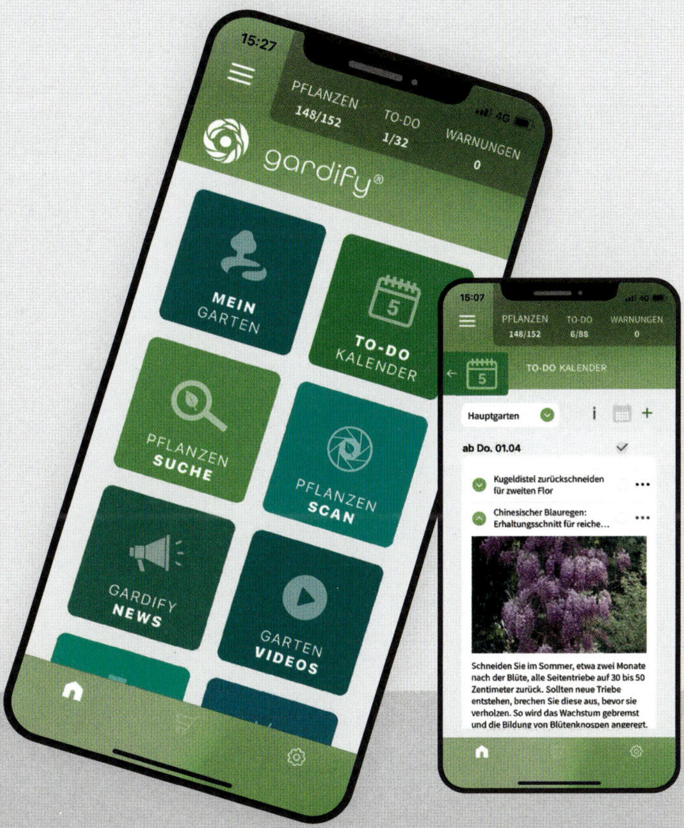

gardify®

Ab jetzt in den App-Stores verfügbar. Oder: www.gardify.de

Autorendank Sooo viele haben einzigartig zu diesem einzigartigen Grundlagenwerk beigetragen, allen voran das unglaublich engagierte Team im und um den BJV-Verlag herum. Alle sind von der Wunderwaffe Basenfood begeistert und überzeugt. Viele haben sie selbst erprobt. Alle haben dazu beigetragen, mit diesem Werk etwas Besonderes zu schaffen, und wollen Ihnen, liebe Leserinnen und Leser, damit etwas Gutes tun. Danke!

Auch ohne den Zuspruch, die immer wieder kritischen Nachfragen und Diskussionen und die Anmerkungen unserer Lieben und unserer Freunde, Nachbarn und Kochkursteilnehmer wäre das Werk nicht das, was es jetzt ist. Äußerungen wie „Gibt es nicht was anderes Basisches?" haben die Fantasie beflügelt und dafür gesorgt, dass nur das absolut leckerste Basenfood den Weg in dieses Buch geschafft hat. Danke!

Unser besonderer Dank gilt auch den zahlreichen Wissenschaftlern und Medizinern weltweit, die immer wieder die hier zugrunde liegenden Thesen infrage gestellt und überprüft haben. Mit zahllosen Studien liefern sie Belege für die hier dargestellten Zusammenhänge von Übersäuerung, Basenfood und Gesundheit.

Impressum

Originalausgabe Becker Joest Volk Verlag GmbH & Co. KG
Bahnhofsallee 5, 40721 Hilden, Deutschland

3. Auflage April 2021
ISBN 978-3-95453-196-7

Text: Prof. Dr. rer. nat. Jürgen Vormann
Rezepte: Karola Wiedemann
Food-Fotografie: Hubertus Schüler
Rezeptfoto-Assistenz: Benedikt Obermeier
Foodstylist: Stefan Mungenast
Projektleitung: Johanna Hänichen
Leitung Grafik: Dipl.-Des. Justyna Schwertner
Layout: Dipl.-Des. Anne Krause, Dipl.-Des. Caroline Mohr
Buchsatz: Dipl.-Des. Caroline Mohr, Maja Sauvant
Grafiken: Dipl.-Des. Caroline Mohr, Dipl.-Des. Melanie van Bentum (Seite 28)
Cover-Gestaltung: Dipl.-Des. Anne Krause, Dipl.-Des. Justyna Schwertner
Bildbearbeitung, Lithografie: Ellen Schlüter und Makro Chroma Joest & Volk GmbH & Co. KG, Werbeagentur
Lektorat: Doreen Köstler
Koordination Fachlektorat: Valerie Mayer
Fachlektorat Rezepte: Şebnem Yavuz
Druck: Firmengruppe Appl, aprinta druck GmbH

Bildcredits: Seite 21: © hippostudio/istock;
Seite 103: © Prof. Dr. rer. nat. Jürgen Vormann/privat

WWW.MENGENRECHNER.DE
kcal
UNSER KOSTENLOSER SERVICE FÜR SIE

Ausführliche Infos
Seite 282

Verlagsdank
Herzlichen Dank an Prof. Jürgen Vormann für das große persönliche Engagement bei der Entstehung dieses Werks. Vielen Dank an Karola Wiedemann für die raffiniert basengeboosterten Rezepte. Hubertus Schüler, Stefan Mungenast und Benedikt Obermeier, Danke für die wunderbare Food-Fotografie und das Foodstyling. Danke an Şebnem Yavuz für das Rezeptlektorat und Danke an Doreen Köstler für das Lektorat.

Herzlichen Dank auch an alle anderen Beteiligten und Mitarbeiter, die beim Ringen um die besondere Qualität dieses Buches dabei waren und alles gegeben haben.

Haftungsausschluss

Alle Ratschläge in diesem Buch wurden vom Autor und vom Verlag sorgfältig erwogen und geprüft. Eine Haftung des Autors oder des Verlags und seiner Beauftragten für Personen-, Sach- und Vermögensschäden ist jedoch ausgeschlossen.

Diese Publikation präsentiert die Methode, die Meinungen und Vorstellungen des Autors. Sie soll aktuelle Erkenntnisse aus der Ernährungswissenschaft sowie hilfreiche Informationen zu den behandelten Themen „Übersäuerung im Körper" und „Heilen mit Basen" vermitteln. Sie ersetzt jedoch nicht die individuelle und ärztliche Beratung.

Autor und Verlag des Buches erbringen keine medizinischen, gesundheitlichen oder fachlichen Leistungen. Bei Vorerkrankungen oder beim Auftreten von Komplikationen sollte der Leser in jedem Fall einen Arzt konsultieren, bevor Empfehlungen aus diesem Buch um- oder fortgesetzt werden.

Der Verlag weist ausdrücklich darauf hin, dass im Text enthaltene externe Links nur bis zum Zeitpunkt der Buchveröffentlichung eingesehen werden konnten. Auf spätere Veränderungen hat der Verlag keinerlei Einfluss. Eine Haftung für Links ist deshalb ausgeschlossen.